KB190580

믿음의 터를 견고히 하라

최 현 범 목 사 설 교 집 2 권

HOSANNA

1판 1쇄 발행 2019년 12월 21일

지은이 최현범 목사
발행인 장진우
펴낸곳 (주)호산나 미디어
주소 경기도 안양시 벌말로 123 905호
전화 1644-9154
홈페이지 www.hosanna.net
인쇄 창영프로세스
가격 13,000원

ISBN 979-11-89851-04-0

믿음의 터를 견고히 하라

최 현 범 목 사 설 교 집 2 권

견고한 믿음으로
세상을 도전하는 교회

1년 전인 2018년 말에 첫 설교집 "교회 울타리를 벗어나라"가 출간되었습니다. 독일유학을 마치고 부산중앙교회로 부임한 이후 지금까지 한 설교 중에 신앙의 통전성 내지는 공공성과 관련된 설교들만을 모아서 엮은 것입니다. 우리의 신앙이 교회 안에 또는 개인윤리에 갇혀있는 것이 아니라, 모든 삶의 영역, 특별히 공적인 영역에서 실천되고 실현되어야 한다는 간절한 염원에서 이 책을 내었습니다. 이런 저런 호응이 있었고 e-Book으로도 출간되어서 한국교회의 변화를 바라는 나에게는 의미 있게 느껴졌습니다.

이처럼 특별한 목적을 갖고 출간한 첫 설교집과 달리, 이번에는 믿음의 기초부터 시작해서 세상을 도전하는 믿음까지 신앙의 전반적인 주제를 돌아보고 싶었습니다. 그래서 그동안의 설교들을 주제별로 분류하여 1권은 "믿음의 터를 견고히 하라", 2권은 "믿음으로 세상을 도전하라"라는 제목으로 출간하게 되었습니다.

1권은 그야말로 신앙의 기초를 다지기 위한 것입니다. 기초가 부실한 집은 쉽게 무너지듯이, 신앙에서도 기초가 부실하면 그 위에 쌓은 모든 것이 부실하고 약해지기 마련입니다.

그런데 오늘날 의외로 믿음의 기초가 부실한 교인들이 많습니다. 매주일 설교를 듣지만, 그 속에 하나님과 예수 그리스도, 성령이 누구인지, 삼위일체가 무엇인지에 대한 지식과 아울러 구원과 종말 등에 관한 교리적인 기초가 체계적으로 세워지지 못합니다. 심지어 교회 안에는 아직 거듭나지 못한 사람들도 있고, 거듭남에 대한 확신이 없다보니 생명력

4

있는 영적생활을 하지 못하는 사람들도 많이 있습니다.

여러 가지 이유가 있겠지만, 다른 무엇보다도 강단에서 교리적인 설교와 복음의 핵심에 관한 설교가 약하기 때문이라고 봅니다. 교리적인 뼈대와 올바른 복음지식이 결여된 신앙은 잔바람에도 흔들리고 큰 시험에는 뿌리째 뽑힐 수 있으며 불건전한 사이비 신앙에 기웃거리고 이단에 대해 몹시 취약하기 마련입니다.

또한 거듭난 이후, 성도로서 살아가는 신앙 여정은 평탄하고 단순하지 않습니다. 우리의 믿음을 흔들고 넘어뜨리게 하는 많은 시험과 장애물들을 뛰어넘기 위해서는 우리 안의 내적인 힘, 영적인 내성이 필요합니다. 이것은 무엇보다도 좋은 신앙습관에 의해서 만들어집니다. 올바른 경건훈련과 교회공동체 생활은 우리를 그리스도의 강한 군사로 세워갈 것입니다.

더 나아가 이 광야의 여정에서 반드시 필요한 것은, 그림자 같이 따라다니는 수많은 시험과 고난들을 믿음의 눈으로 보고 해석할 수 있는 힘입니다. 고난 속에 감추어진 하나님의 축복을 발견하고 그 깊고 선하신 뜻을 이해하는 것이야 말로 승리하는 신앙의 비결입니다. 1권에서는 이러한 내용들을 다루고 있습니다.

2권에서는 단순히 세상을 살아가는 믿음이 아니라, 세상을 도전하는 믿음을 다루고 있습니다. 오늘날 우리가 처한 영적 환경은 박해를 받던 시대와는 다릅니다. 물론 아직도 가정이나 사회 구석구석에 기독교신앙으로 인하여 어려움을 겪는 일도 많이 있지만, 대체로 우리나라의 그리스도인들은 박해 상황과는 다른 유의 도전에 직면해 있습니다.

우리가 받고 있는 도전은 다름 아닌 기복신앙과 세속화입니다. 마치 이스라엘이 가나안에 정착하고 안정되었을 때에 그 땅의 바알종교의 영향을 받으면서 하나님을 섬기는 신앙이 흐려진 것처럼, 지금 교회는 경쟁과 성공, 재물과 권력, 안락함과 쾌락이라는 바알종교 즉 현대주의의 거대한 물결에 심히 흔들리고 있습니다. 특별히 맘모니즘은 가히 상상력을 초월할 만큼 이 사회를 지배하고 교회 안에까지 영향을 미치고 있습니다.

그러다보니 믿음을 가진 자들 속에서조차 하늘의 영광은 세상영광으로 대치되고, 영원한 것은 일시적인 것으로 덮여지며, 하늘의 시민권은 땅의 시민권에 묻혀버리고 말았습니다. 우리 시대의 교회는 500년 전 종교개혁자 마틴 루터가 당시 가톨릭교회를 비판한 그대로 '십자가신학'이 아닌 '영광의 신학'을 좇아가고 있습니다. 그러한 신앙은 세상을 도전하거나 세상을 변화시키기는커녕, 도리어 세상의 비웃음과 조롱거리가 되며 하나님의 영광을 가리게 될 것입니다.

그러므로 지금은 결단의 신앙, 양자택일의 신앙, 십자가 신앙이 선포되어야 할 때입니다. 우리 안에서 순결한 믿음의 양심이 회복되고 그것이 우직하게 지켜져야 할 때입니다. 영적인 자존감을 갖고 세속적인 가치에 초연해야 할 때입니다. 하늘의 영광을 소망하며 그리스도의 고난에 동참하여야 할 때입니다.

그러한 신앙이야말로 세상을 도전하는 신앙입니다. 그런 신앙은 우리의 가정, 직장과 국가사회에서 복음의 영향력을 비추고, 그러면서 세상을 하나님의 뜻에 합당한 모습으로 변화시켜갈 것입니다. 2권은 이러한 내용을 다루었습니다.

이번 책에서는 지난 첫 번째 설교집과 달리 유명한 분들의 추천보다는 나를 잘 아는 분들의 추천을 받고 싶었습니다. 오랫동안 나의 설교를 들어 충분히 이해하고, 또 이 책의 내용을 찬찬히 읽고 글을 써줄 분들에게 부탁하고 싶었습니다.

먼저 우리 교회에서 함께 사역한 동역자로서 하나님나라의 가치를 공유하고 또 그 길을 따라 목회하면서 살아가고 있는 두 분께 부탁했습니다. 귀한 추천의 글을 써준 김유현목사와 윤형순목사께 감사드립니다.

아울러 우리교회 안수집사로 늘 참된 기독교신앙을 갈망하고 오랫동안 캠퍼스의 지성사회와 부산 문화계에서 많은 활약을 하시면서 추천의 글을 써준 남송우교수께도 감사드립니다.

마지막으로 편집을 도와준 곽규종목사와 교정을 맡아준 서정희집사, 그리고 나의 설교를 위해 누구보다도 기도하며 내조해준 아내에게 감사를 드리며, 모쪼록 이 책이 그리스도인들을 강한 그리스도의 군사로 세우는 데 일조할 수 있기를 간절히 바랍니다.

〈출간을 함께 기뻐합니다〉

인간의 총체적 인격을 변화시키는 설교

강단에서 선포되는 설교는 음성언어의 전형적인 유형입니다. 그런데 음성언어는 생동감과 역동성을 지니지만, 일회성이라는 약점을 지닙니다. 이런 약점을 보완하기 위해 문자언어로의 기록이 필요합니다. 그러나 한국교회 목회자들의 설교집이 음성언어 차원의 설교를 문자언어로 온전히 전환하는 데에까지는 이르지 못하고 있습니다. 귀로 설교를 들을 때와 눈으로 설교집을 읽을 때는 인식하는 감각체계가 다르다는 것을 제대로 이해하지 못한 결과입니다.

그런데 최현범 목사의 설교집은 이를 지혜롭게 잘 극복한 모습을 보입니다. 이는 인간이 지닌 감성적 공감력을 최대한 활용하면서도, 이성적 논리를 배제하지 않는 토대 위에서 설교원고가 준비되고 있기 때문입니다. 이는 달리 말하면, 성경해석의 객관성과 온당성을 위해 다양하고 균형 잡힌 자료들을 활용할 뿐만 아니라, 성경 본문이 지닌 과거의 의미(meaning)를 지금 이곳의 의의(significance)로 펼쳐내는 데 남다른 은사를 지녔기 때문입니다.

또 다른 하나의 이유는 설교를 통해 한 인간의 총체적 인격을 변화시키려는 복음주의자의 열망과 전략이 개재되어 있기 때문입니다. 신자로서의 새 삶의 출발에서부터 이 땅에 하나님의 나라가 도래하는 종말에 이르기까지 어떻게 현실과 대응하며 살아야 할지에 대한 개혁신앙의 실천적 논리 전개는 독자의 눈을 번뜩이게 합니다. 무엇보다 이 설교집이 지닌 강점은 어렵고도 딱딱한 신학적 주제들을 편편이 완성도 높은 한 편의 이야기로 구성해 신자들의 마음을 뒤흔드는 은혜로운 말씀의 역동성에 있습니다. 이것이 다른 설교집에서 만날 수 없는 특장(特長)이며, 귀중한 한국 문서선교의 대열에 당당하게 자리할 수 있는 힘입니다.

(남송우/ 부경대 국어국문학과 명예교수, 전 동북아시아문화학회 회장)

이성과 감성과 영성을 움직이는 설교

누군가 제게 '당신의 설교에 가장 큰 영향을 끼친 분이 누구냐?'고 묻는다면 조금의 고민도 없이 '최현범 목사님이요'라고 대답할 것입니다. 제가 부산중앙교회의 부교역자로 9년을 섬기며 최목사님의 설교를 들을 수 있었던 것은 설교의 정석과 모범을 배울 수 있었던 하나님의 특별한 선물이었습니다.

후배 설교자로서 최목사님의 설교를 들으면, '저 한 편의 설교를 준비하면서 본문을 해석하는 과정부터 얼마나 많은 공부와 연구가 선행되었을까?'하는 감탄을 하게 됩니다. 그래서 단어 하나, 표현 하나에도 신학적 오류나 실수를 전혀 찾아볼 수 없고, 삼위일체 같은 어려운 신학주제가 등장해도 결코 피해가는 법 없이 정면으로 돌파하여 풀어갑니다. 그럼에도 설교는 누가 들어도 이해할 수 있을 만큼 쉽고 핵심을 간파합니다.

그렇다고 설교가 결코 이성의 영역에 머물지만 않습니다. 최 목사님의 설교는 이성에서 시작해서 어느새 감성을 움직이고, 마침내 우리의 영성을 압도합니다. 냉철한 논리로 말씀을 풀어가다가 어느 순간 놀라운 직관으로 정곡을 찌를 땐 내 심장과 폐부가 드러난 것 같은 충격을 경험합니다. 그리고 결론에서 사자의 포효처럼 회개와 순종할 것을 도전할 땐 하나님의 불타는 심장을 온 몸으로 느끼게 됩니다.

최목사님 설교의 큰 매력 중 하나는 결코 과하거나 과장되지 않은 절제된 언어, 정확하고 적절한 단어 선택입니다. 문장 하나, 단어 하나도 더 나은 표현이 없을 만큼 주옥같은 설교문에 빠져 들다보면 어느새 하나님의 보좌 앞에 서 있는 자신을 자각하게 될 것입니다.

(김유현목사, 다일교회 담임)

오직 복음과 성경과 삶을 말하는 설교

처음에는 거목이라고 생각했습니다. 그러나 부목사로 오랜 시간 지켜볼수록 최목사님은 산처럼 느껴졌습니다. 산과도 같은 그분의 영성과 지성의 깊이에서 배어 나온 설교를, 감히 짧은 글로 무어라 표현하기 송구스럽습니다. 그분의 메시지는 오직 복음과 성경을 말하고 삶을 말합니다. 그리고 무엇보다도 그분의 삶 자체가 곧 설교입니다. 주님의 눈을 가지신 분이고, 그것을 실천하시려고 무던히도 애쓰시는 분이라는 것을 설교를 보면 알 수 있습니다. 최목사님의 설교에는 주님의 마음으로 점철된 그분의 영성이 곳곳에서 묻어납니다.

추천사만 해도 그렇습니다. 필자의 명성과 인맥으로 얼마든지 교계의 유명인들에게 추천을 받을 수 있음에도 불구하고 너무나도 무명한 후배요, 사역을 가르쳐주신 부목사였던 나에게 추천을 받으십니다. 이것이 그분의 인품을 대변하고, 그분이 하신 설교가 그저 말이 아니라 삶임을 알게 해줍니다.

참으로 닮고 싶은 분이나 너무 크신 분입니다. 두 번째의 설교집 출간을 축하드리고, 나와 같은 감동을, 이 책을 읽는 모든 분들이 함께 누리게 되길 바랍니다.

(윤형순목사, 부산시민교회담임)

구원의 여정

말씀이 육신이 되어

"말씀이 육신이 되어 우리 가운데 거하시매 우리가 그의 영광을 보니 아버지의 독생자의 영광이요 은혜와 진리가 충만하더라 요한이 그에 대하여 증언하여 외쳐 이르되 내가 전에 말하기를 내 뒤에 오시는 이가 나보다 앞선 것은 나보다 먼저 계심이라 한 것이 이 사람을 가리킴이라 하니라 우리가 다 그의 충만한 데서 받으니 은혜 위에 은혜러라 율법은 모세로 말미암아 주어진 것이요 은혜와 진리는 예수 그리스도로 말미암아 온 것이라 본래 하나님을 본 사람이 없으되 아버지 품 속에 있는 독생하신 하나님이 나타내셨느니라"(요 1:14-18)

요한복음은 말 그대로 예수님의 제자 요한이 기록한 것으로 알려져 있습니다. 물론 성경 속에 '나 요한이 이 성경을 쓰노라'라는 말이 없기에 정확하게 알 수는 없습니다.

이 성경 전체를 통해서 볼 때, 저자는 여러 차례 자신을 "예수께서 사랑하시는 제자"로 표현하고 있습니다. 그리고 성경 말미에 저자를 암시하는 글이 나옵니다. "이 일들을 증언하고 이 일들을 기록한 제자가 이 사람이라"(요 21:24)

이 사람이 누구인가는 그 앞부분에 설명되어 있습니다. "베드로가 돌이켜 예수께서 사랑하시는 그 제자가 따르는 것을 보니 그는 만찬석에서 예수의 품에 의지하여 주님 주님을 파는 자가 누구오니이까 묻던 자더라"(요 21:20)

주님이 잡히시던 날 있었던 만찬에서 예수의 품에 의지했던 그 제자는 누굴까요? 이 요한복음 전체를 볼 때에 '요한'으로 보는 것이 가장 자연스럽습니다.

이 요한의 제자로서 속사도라 불리우는 폴리갑이 있습니다. 그 폴리갑의 제자인 이레니우스는 예수의 품에 의지했던 그 제자는 요한이었다고 기술했습니다. 아마도 그의 스승 폴리갑에게서 들었을 것입니다. 클레멘트나 터툴리안 등의 교부들도 이 전승을 받아들였습니다. 이처럼 성경 안팎의 여러 증거들이 이 성경의 저자는 사도요한임을 말해주고 있습니다.

요한은 말년에 에베소교회에서 사역하면서 이 성경을 기록했는데, 그 시기는 대략 A.D.85~95년경으로 추측됩니다. 이때는 이미 각 교회에서 공관복음 즉 마태 마가 누가복음이 읽혀지고 있었습니다. 그래서 요한복음을 제4복음서라 칭하기도 합니다.

모든 복음서가 '예수가 누구인가'에 초점을 맞추고 있지만, 요한복음은 더욱 그러합니다. 기독교회는 이 요한복음을 통해서 예수님에 관해 가장 정확하게 알게 되었습니다. 오늘 이 본문도 마찬가지입니다. 영국의 대주교 프리데릭 템플이 자기 아들에게 이런 편지를 썼습니다. "나 자신이 17세로부터 25세까지 그런 사변들에 크게 몰두했었다는 사실을 고백해야 하겠다. 그러나 나는 마치 오랫동안 헤엄쳤지만 앞에 어떠한 해안도 찾을 수 없는 자 같았다. 그러다가 마침내 자신의 길로 항해 중인 것으로 보이는 한 배로 들어 올려져 그 배에 내 몸을 내맡기게 되었다. 그 배는 바로 요한복음이었다."

1장 1절-5절에서는 그가 말씀 즉 로고스라고 했습니다. 그 말씀은 하나님과 함께 계신 성자 하나님이셨습니다. 그는 모든 만물을 친히 만드신 창조주요 생명과 빛의 근원이셨습니다. 예수 그리스도는 모든 것의 모든 것 되시는 하나님이십니다.

오늘 말씀은 이렇게 시작합니다. "말씀이 육신이 되어 우리 가운데 거하시매"(14) 그 말씀이신 하나님이 육신이 되셨습니다. 이것을 성육신이라고 합니다. 라틴어로 incarnatio(육신이 되다)에서 파생된 단어, 인카네이션(incarnation)이 바로 이 성육신을 뜻합니다.

2천 년 전 유대 땅에서 태어나서 자라나시고, 마지막에 십자가에서 죽임을 당하신 그분을 로고스 하나님이라고 고백하는 것도 인간의 지혜로는 할 수 없는 일입니다.

그러나 그 못지않게 어려운 것이 이것입니다. 만물의 창조주 되시는 로고스 하나님, 인간과는 전혀 다른 차원의 신이시고, 보이지 않을 뿐 아니라 결코 볼 수 없는 그 하나님이 육신이 되셨다는 사실, 그리고 인간으로 우리 가운데 오셨다는 사실 이것을 이해한다는 것은 정말 정말 어려운 일입니다.

먼저 여기서 이 성경속에 분명하게 계시되어 있는 사실 즉 예수 그리스도에 대한 중요한 지식을 놓치지 맙시다. 먼저 예수 그리스도가 "아버지의 독생자"(14)라고 말씀하는데 이 말은 그가 "아버지로부터 나신 외아들"이란 의미입니다.

그런데 동시에 그는 하나님이십니다. "본래 하나님을 본 사람이 없으되 아버지 품속에 있는 독생하신 하나님이 나타내셨느니라"(18) '독생하신 하나님'이란 "외아들이신 하나님" [표준새번역]이라는 말입니다. 이것을 합하면, 예수는 "하나님 아버지로부터 나신 외아들 하나님"입니다.

그렇다면 이 아들은 언제 성부로부터 나셨을까요? 그는 시작도 없고 끝도 없으신 분으로 영원 전에 나셨습니다. 다시 말해서 예수는 영원 전에 성부로부터 태어나신 성자 하나님입니다. 이것은 324년 니케아공의회에서 삼위일체론으로 확정되었습니다.

동시에 그 하나님이 육신이 되어 우리 안에 거하셨습니다. 즉, 그는 완전한 인간으로 오셨다는 것입니다. 그러므로 그는 "완전한 하나님이시면서 동시에 완전한 인간"인 것입니다. 이것이 바로 451년 칼케돈공의회에서 확정된 기독론입니다.

그 내용을 정리해보면, "첫째, 예수는 성자 하나님으로 영원 전에 성부에게서 태어나셨다. 둘째, 성자와 성부는 동일한 본질이며, 영광과 존귀와 능력에서 동등하신 한 하나님이시다. 셋째, 예수는 완전한 하나님이시면서 동시에 완전한 인간이시다."

이 모든 것이 요한복음 서론에 담겨있습니다. 놀랍지 않습니까? 그리고 기독론의 핵심은 바로 여기 "말씀이 육신이 되어" 즉 성육신(incarnation)에서 비롯되는 것입니다.

이제 성육신에 집중해봅시다. 하나님이 인간의 몸을 입고 오셨습니다. 키에르케고르라는 덴마크의 신학자는 이렇게 말했습니다. "하나님은 하나님이고, 인간은 인간이다. 즉 하나님과 인간은 전혀 다른 존재이다. 이 둘 사이에는 결코 뛰어넘을 수 없는 깊은 골이 있다." 그렇습니다. 그런데 이 불가능한 깊은 골을 하나님이 뛰어 넘어 우리 인간이 되신 것입니다.

이것은 그분의 극한 자기 비하입니다. "그는 근본 하나님의 본체시나 하나님과 동등됨을 취할 것으로 여기지 아니하시고 오히려 자기를 비워 종의 형체를 가지사 사람들과 같이 되셨고"(빌 2:6-7) 만군의 주 하나님이 종의 형체를 취하셨는데, 그것은 죄 있는 육신의 모양이었습니다. "곧 죄로 말미암아 자기 아들을 죄 있는 육신의 모양으로 보내어 육신에 죄를 정하사"(롬

8:3b) 그래서 사람들과 같이 되셨습니다. 이것은 하나님의 자기 비움이며 자기 비하였습니다. 낮아지고, 낮아지고 또 낮아지신 것입니다.

우리가 사는 세상에서 이 성육신과 비견할 수 있는 것이 있을까요? 혹시 어떤 것을 갖고 성육신과 같은 것이라고 한다면, 그것은 성육신에 대한 모독일 것입니다. 그냥 이해하기 쉽게 비유적인 차원에서 생각해 봅시다.

부산 용호동에 한센병자촌이 있었습니다. 옛말로 문둥이촌입니다. 지금은 고층아파트들이 들어섰지만, 옛날에는 그곳에 아무도 가까이 가려 하지 않았습니다. 한센병은 의학으로 치료되는 병입니다. 그럼에도 불구하고 완치된 사람들조차 여전히 거리낌의 대상이 되고 있습니다. 심지어 전혀 유전병이 아닌데, 한센병자의 자녀들(미금아)조차 가까운 학교에 배정되지 못하고 따돌림을 당하고 있습니다. 인권 사각지대입니다.

옛날에는 훨씬 심했습니다. 19세기 하와이 군도에 속한 몰로카이섬에는 한센병자들이 버림받은 채 살아가고 있었습니다. 그런데 그들을 일부러 찾아간 사람이 있었습니다. 벨기에 출신의 다미엔 선교사였습니다. 이 선교사가 복음을 전하고 사랑을 섬기려하지만, 사람들은 마음의 문을 열지 않았습니다.

다미엔이 아무리 좋은 말, 소망의 말을 해도 한센병자들은 속으로 이렇게 빈정거렸습니다. "그래 너는 건강하니까 그런 말을 하지. 우리처럼 문둥이가 되어 봐. 네가 문둥이의 설움과 아픔을 이해하기나 해?"

다미엔은 하나님께 간절히 기도했습니다. 뭘 기도했을까요? 저들이 변화되어 마음의 문을 열게 해달라고 기도했을까요? 아닙니다. 그는 이렇게 기도했습니다. "나는 불쌍하고 천박한 사람들과 함께 생매장되고 싶습니다" 자신도 문둥이가 되게 해달라는 것입니다. 그후 결국 그는 한센병에 걸렸습니다. 그러자 그는 기뻐하며 감사했습니다.

자신들과 같은 병자가 된 다미엔을 보면서 한센병자들은 마음의 문을 열었습니다. 자신들과 같은 처지인데도 여전히 믿음과 사랑과 소망을 말하는 다미엔을 통해서, 그들은 예수를 믿게 되었습니다. 그는 49세에 세상을 떠났습니다. 아마도 우리의 현실세계에서 일어나는 일 중에 성육신(incarnation)을 설명할 수 있는 가장 감동적인 실화일 것입니다.

그러나 이 감동적인 실화 역시 성육신의 천만분의 일도 설명할 수 없습니다. 성육신은, 전능하신 하나님이 보잘것없는 인간을 구원하기 위해서 죄 있는 육신, 종의 형체로 오신 것입니다.

이것이 은혜입니다. 은혜를 다른 무엇으로 설명하겠습니까? 다미엔이 한센병자들을 위해 무엇을 더 할 수 있었겠습니까? 어떻게 더 다르게 사랑을 표현할 수 있었겠습니까?

마찬가지로, 하나님이 이제 다른 무엇으로 그의 사랑을 표현하실 수 있겠습니까? 성육신은 하나님의 은혜입니다. 그래서 이 짧은 본문에 은혜라는 단어가 세 번이나 반복됩니다. "우리가 그의 영광을 보니 아버지의 독생자의 영광이요 은혜와 진리가 충만하더라"(14b) "우리가 다 그의 충만한 데서 받으니 은혜 위에 은혜러라"(16) "율법은 모세로 말미암아 주어진 것이요 은혜와 진리는 예수 그리스도로 말미암아 온 것이라"(17)

예수님 안에 하나님의 은혜가 가득 차있으니 이것이 은혜 위에 은혜입니다. 예수님은 은혜의 전부입니다.

은혜뿐 아닙니다. 그는 또한 진리입니다. 어떻게 진리입니까? "본래 하나님을 본 사람이 없으되 아버지 품 속에 있는 독생하신 하나님이 나타내셨느니라"(18) "나타내셨느니라" 이것은 좀 모호한 표현입니다. "일찍이, 하나님을 본 사람은 아무도 없다. 아버지의 품속에 계신 외아들이신 하나님께서 하나님을 알려주셨다." [표준새번역]

아무도 하나님을 볼 수 없고, 알 수 없습니다. 그런데 독생하신 하나님은 아버지의 품속에 계시기에, 그의 가장 깊은 곳까지 아시는 분이십니다. 그 독생자가 육신으로 오셔서 하나님을 보이시고 알려주셨습니다. 그것이 가장 정확한 하나님이 아니겠습니까? 그러므로 진리는 예수 그리스도로 말미암아 드러난 것입니다. 그는 진리로 충만하신 분이요 진리 자체이십니다.

그렇다면, 그를 통해서 드러난 하나님은 어떤 분이십니까? 그는 자신이 만드신 모든 만물과 사람을 사랑하시는 하나님이요 은혜의 하나님이십니다.

세상은 더 이상 조물주와 피조물의 딱딱한 관계가 아닙니다. 하나님은 그저 세상을 창조하시고 붙드시고 보존하시고 심판하시기만 하는 그런 두려운 분이 아니십니다.

그는 세상을 사랑하십니다. 이 세상은 그의 사랑으로 충만합니다. 그는 창조주 하나님일 뿐 아니라, 사랑과 은혜의 하나님이십니다. 세상을 다스리시고 심판하시는 만왕의 왕일 뿐 아니라, 그 세상을 불쌍히 여겨 구원하기 위해 자기를 낮추시고 비우시고 육체로 오신 은혜의 주님이십니다. 자기 손으로 만드신 보잘것없는 피조물을 위해서 자기의 모든 것을 희생하신 하나님, 그가 로고스 하나님이십니다. 이것이 은혜입니다.

그러므로 그저 과학적이고 수학과 논리에 맞는다고 진리가 아닙니다. 모든 자료를 검증해서 정확한 사실을 밝힌다고 해서 진리가 아닙니다. 선을 행하면 상을 받고 죄를 범하면 형벌을 받는, 그런 식의 권선징악의 율법적 원리도 진리가 아닙니다. 그것은 그냥 반쪽 진리일 뿐 입니다.

이 우주는 은혜와 사랑, 그리고 자비와 긍휼로 충만합니다. 아무 가치 없는 존재를 위해서 자신을 희생하는, 전혀 계산적이지 않아 너무도 어리석어 보이는 그 사랑이 바로 이 우주를 뒤덮고 있는 진리입니다. 세상은 이 사랑으로 돌아가고, 존재하고, 구원을 받는 것입니다.

사랑과 은혜와 자기희생 - 이것이 진리입니다. 그러므로 진리는 예수 그리스도입니다. 이것이 우주의 궁극적 원리이고, 올바른 학문의 원리이고, 올바른 인생의 원리입니다.

그러므로 누군가가 예수 그리스도를 모른다면, 그 사람 안에는 진리가 없습니다. 그는 지식의 일부가 부족한 사람이 아니라 지식의 전부가 부족한 사람입니다. 그는 삶의 일부를 잃어버린 사람이 아니라 삶의 전부를 잃어버린 사람입니다. 예수가 없으면, 아무것도 아닙니다.

이 모든 것이 바로 성육신 속에 담겨있습니다. 성육신하신 예수 그리스도는 은혜의 하나님이십니다. 그를 영접하는 자는 이 은혜의 하나님을 모시고 사는 은혜의 사람입니다. 좋은 학교나 좋은 직장에 들어가고, 병이 낫고, 사업에 성공한 것을 은혜라고 말하지 마십시오! 여러분은 이미 넘치는 은혜를 받은 사람입니다.

그러나 여러분, 그를 영접하고 믿는다는 것은 단순히 말씀이 육신으로 오셨다는 사실을 믿는 것, 단순히 그가 나를 위해 십자가에서 죽으셨다는 역사적 사실을 믿는 것이 아닙니다.

오직 그분만이 은혜요 진리임을 고백하면서, 그분이 몸소 행하신 사랑과 자비와 자기 비움과 자기 낮춤과 자기를 희생함, 즉 성육신을 자신의 삶의 원리로 고백하는 것입니다. 그리고 그 예수님처럼 살아가려고 결심하고 헌신하는 것입니다. 이것이 성육신을 믿는 자의 삶입니다.

누군가를 사랑하고 섬기고 구원하고 진리의 길로 인도하기 위해, 예수님이나 다미엔처럼, 자신을 낮추고 비우는 삶을 사는 것, 그것이 우리가 실천해야 할 incarnation의 삶입니다.

선교는 incarnation이고, 전도도 incarnation이고, 섬김과 봉사도 incarnation입니다. 우리는 가정에서 직장에서 사회 속에서 바로 그런 incarnation을 실천하면서 살아야 합니다.

사랑하는 성도 여러분, 말씀이 육신이 되어 우리 가운데 거하셨습니다. 그 은혜를 가슴에 담고, 우리 모두 이런 성육신의 삶을 살아가기를 바랍니다.

(2017년 1월 15일)

나와 아버지는 하나이니라

"예루살렘에 수전절이 이르니 때는 겨울이라 예수께서 성전 안 솔로몬 행각에서 거니시니 유대인들이 에워싸고 이르되 당신이 언제까지나 우리 마음을 의혹하게 하려 하나이까 그리스도이면 밝히 말씀하소서 하니 예수께서 대답하시되 내가 너희에게 말하였으되 믿지 아니하는도다 내가 내 아버지의 이름으로 행하는 일들이 나를 증거하는 것이거늘 너희가 내 양이 아니므로 믿지 아니하는도다 내 양은 내 음성을 들으며 나는 그들을 알며 그들은 나를 따르느니라 내가 그들에게 영생을 주노니 영원히 멸망하지 아니할 것이요 또 그들을 내 손에서 빼앗을 자가 없느니라 그들을 주신 내 아버지는 만물보다 크시매 아무도 아버지 손에서 빼앗을 수 없느니라 나와 아버지는 하나이니라 하신대 유대인들이 다시 돌을 들어 치려 하거늘 예수께서 대답하시되 내가 아버지로 말미암아 여러 가지 선한 일로 너희에게 보였거늘 그 중에 어떤 일로 나를 돌로 치려 하느냐 유대인들이 대답하되 선한 일로 말미암아 우리가 너를 돌로 치려는 것이 아니라 신성모독으로 인함이니 네가 사람이 되어 자칭 하나님이라 함이로라 예수께서 이르시되 너희 율법에 기록된 바 내가 너희를 신이라 하였노라 하지 아니하였느냐 성경은 폐하지 못하나니 하나님의 말씀을 받은 사람들을 신이라 하셨거든 하물며 아버지께서 거룩하게 하사 세상에 보내신 자가 나는 하나님의 아들이라 하는 것으로 너희가 어찌 신성모독이라 하느냐 만일 내가 내 아버지의 일을 행하지 아니하거든 나를 믿지 말려니와 내가 행하거든 나를 믿지 아니할지라도 그 일은 믿으라 그러면 너희가 아버지께서 내 안에 계시고 내가 아버지 안에 있음을 깨달아 알리라 하시니 그들이 다시 예수를 잡고자 하였으나 그 손에서 벗어나 나가시니라 다시 요단 강 저편 요한이 처음으로 세례 베풀던 곳에 가사 거기 거하시니 많은 사람이 왔다가 말하되 요한은 아무 표적도 행하지 아니하였으나 요한이 이 사람을 가리켜 말한 것은 다 참이라 하더라 그리하여 거기서 많은 사람이 예수를 믿으니라"(요 10:22-42)

이 세상에는 그저 평범하게 살다가 죽는 사람들이 대부분입니다. 그들의 태어남을 아는 이는 소수에 불과하고, 죽고 한세대가 지나면 그 이름을 기억하는 사람은 거의 없을 것입니다.

그런가하면 좋건 나쁘건 많은 사람들에게 영향을 미치는 사람들도 있습니다. 알렉산더와 칭기즈칸 같이 대제국을 건설하는 사람도 있고, 플라톤이나 아리스토텔레스, 모차르트 같이 정신문화나 예술분야에 길이길이 영향을 끼치는 사람도 있습니다. 그런가하면 600만 유대인을 학살하고 전쟁을 일으켜 수많은 사람들을 불행하게 만든 히틀러 같은 사람도 있습니다. 모두가 많은 인간들에게 큰 영향을 미친 사람들입니다.

그러나 이들과는 비교할 수 없을 만큼 인류사에 절대적인 영향을 미친 분이 바로 예수님입니다. 도덕과 사회규범, 정치, 경제, 예술과 사상 등 그의 영향을 받지 않은 영역이 없습니다.

그를 통해서 변화된 사람이 얼마나 많습니까? 깊은 절망과 허무함으로 죽으려 했던 이가, 그를 만나 새로운 삶의 의미와 소망을 갖게 되었습니다. 오로지 자신만을 위해 살던 이기적인 사람이, 남을 위해서 자신을 기꺼이 희생하는 사람으로 변화되었습니다. 악을 즐기던 사람이 돌이켜 선을 좇는 자가 되고, 서로 미워하고 원수 되었던 사람들이 예수를 통해 용서를 배우고 사랑하게 되었습니다. 이처럼 그는 세상을 뒤바꾸신 분이십니다.

그러므로 이런 분의 탄생을 기념하는 크리스마스는, 세계인들의 축제가 되지 않을 수 없습니다. 2천년의 시간이 흐르면서 이 크리스마스를 중심으로 많은 전통들이 만들어졌습니다. 서양에서는 이 날 가족들이 만나 선물을 주고받으면서 사랑을 나눕니다. 자연히 상인들에게 크리스마스는 연중 최고의 대목입니다.

캐럴 송을 비롯해서 음악제, 문학작품, 연극, 영화 등 크리스마스를 소재로 한 많은 성탄문화들이 만들어졌습니다.

그중에서도 대표적인 것은 4세기경 소아시아 대주교로서 자선하는 것을 좋아했던 성 니콜라우스에서 유래한 산타클로스일 것입니다. 빨간 모자에 빨간 옷을 입고 흰 수염이 더부룩한 할아버지가 사슴썰매를 타고 와서 굴뚝으로 들어와 양말에 몰래 선물을 놓고 간다는 낭만적인 이야기입니다.

이런 수많은 크리스마스 전통과 문화 속에서, 정작 주인공은 오히려 희화되거나 주변으로 밀려나 버렸습니다. 그래서 이날에 나신 분, 인류 역사에 절대적인 영향을 미친 예수가 정말 누구인지 제대로 아는 사람은 그리 많지 않습니다.

분명 그가 태어난 날이 있고 30여년의 삶이 있고 마지막 죽음에 관한 이야기가 성경뿐 아니라 여러 문서에 기록되었기에, 사람들은 그를 진짜 사람이라고 생각합니다. 훌륭하신 분, 선하고 사랑이 많으신 분, 남을 위해서 고난을 당하고 희생하신 분, 원수를 용서하신 분 등으로 생각합니다.

그래서 지금도 많은 연설과 글 속에 그의 말씀들이 인용되고, 그의 삶과 가르침을 배우고 본받으려는 이들이 많습니다.

그렇습니다. 그는 우리와 같은 진짜 사람이셨습니다. 그러나 그것이 다 일까요? 오늘 말씀은 그것이 아님을 가르치고 있습니다.

먼저 시간적인 배경이 소개됩니다. "예루살렘에 수전절이 이르니 때는 겨울이라"(22) 수전절은 하누카로 성전봉헌절이라는 말입니다. 바벨론의 포로로 끌려갔던 유대인들은 페르시아(바사)제국 때에 예루살렘으로 귀환해서 성전을 재건하고 그곳을 중심으로 살았습니다. 그 페르시아제국이 망한 뒤, 이들에 대한 지배권은 시리아에 세워진 셀류키즈라는 헬라제국으로 넘어갔습니다.

그런데 이 나라에 안티오쿠스 4세라는 사악한 왕이 일어나더니 사람을 무참히 죽이고 돼지를 제물로 바치는 등 성전을 더럽혔습니다. 이에 유대인들이 강력히 저항하면서 마카베전쟁이 일어났습니다. 여기서 승리한 유대인들은 성전을 다시 회복하여 봉헌하였고, 이를 기념하여 매년 하누카를 지키게 되었습니다. 마침 12월 겨울이니 성탄절과 가까운 시기라 할 수 있습니다.

그 수전절에 유대인들이 예수님을 에워싸고 묻습니다. "당신이 언제까지나 우리 마음을 의혹하게 하려 하나이까 그리스도이면 밝히 말씀하소서"(24) 예수님이 정말 그리스도인지를 묻는 것입니다.

헬라어로 '그리스도'라는 말은 히브리어로는 '메시아'이고, 그 뜻은 기름부음 받은 자입니다. 즉, 그리스도란 하나님이 기름 부어 온 인류를 구원할 자로 세우신 구원자를 말합니다. 하나님은 예언자들을 통해 그를 보낼 것을 계시하셨고, 이 계시를 받은 이스라엘은 누구보다도 그리스도를 기다리고 기다렸습니다.

그리고 마침내 그분이 오셨습니다. 유대인들이 오만함을 내려놓고 예언의 말씀들을 경청하였다면 이 메시아를 볼 수 있었을 것입니다. 최후의 예언자 세례요한도 예수를 증거했고, 예수님 스스로도 많은 말씀으로 자신을 증거하셨습니다. 그리고 그의 행위와 수많은 기적들 자체가 그가 그리스도이심을 뒷받침하는 분명한 증거였습니다. 그러나 그들은 믿지 않았습니다.

예수님은 더 이상의 증거가 필요 없다고 하셨습니다. "내가 너희에게 말하였으되 믿지 아니하는도다 내가 내 아버지의 이름으로 행하는 일들이 나를 증거하는 것이거늘 너희가 내 양이 아니므로 믿지 아니하는도다"(25-26)

그러시면서 예수님은 모든 인류에게 자신에 대한 신비한 정체를 드러내셨습니다. 그가 누구이고 하나님과 어떤 관계인가가 여기에 담겨있습니다. "나와 아버지는 하나이니라"(30) 하나님의 아들 예수와 성부 하나님은 하나입니다. 위대한 삼위일체교리를 뒷받침하는 성경말씀입니다.

물론 우리도 하나라는 말을 사용합니다. "우리 축구팀은 혼연일체로 하나가 되어 월드컵 4강에 올랐습니다. 시민들 모두 하나 되어 부산을 세계적인 도시로 만듭시다." 그러나 예수님이 말씀하시는 하나는, 이런 한 마음, 한 뜻의 하나가 아닙니다.

그 하나는 본체가 하나이고, 본질이 동일함을 의미합니다. 이를 헬라어로 호모우시아(homoousia)라고 합니다. 성부와 성자의 본질이 꼭 같다는 말입니다.

이 '같다'를 잘 설명하는 말씀이 있습니다. "그는 근본 하나님의 본체시나 하나님과 동등됨을 취할 것으로 여기지 아니하시고"(빌 2:6) '근본 하나님의 본체'라는 말은 예수님이 하나님이면서 동시에 성부 하나님과 한 몸(하나)이라는 뜻입니다.

또한 '하나님과 동등됨'은, 그 영광과 능력과 존귀함에 있어서 성부와 동등하시다는 말입니다. 그러므로 예수님은 하나님과 동일본질이신 성자 하나님, 말씀이신 하나님입니다.

동시에 그 인격이 각각 구별됨을 놓쳐서는 안 됩니다. 예수님은 자신이 하나님 됨을 인정하시지만, 한 번도 자신을 아버지라 부르지 않으셨습니다. 그는 아버지가 아닙니다. 그러므로 성부와 구별됩니다.

어떻게 구별될까요? 성부는 영원 자존하신 아버지요, 성자는 영원 전에 성부로부터 태어나신 하나님의 아들이요, 성령은 영원 전부터 성부와 성자에게서 나오시는 하나님의 영입니다.

이처럼 인격이 구분될 뿐 아니라 역할도 구별됩니다. 우리를 구원하시는 일에 있어서 성부는 구원을 계획하시고, 성자는 구원을 실행하시고, 성령은 구원을 증거하시는 역할을 합니다. 이처럼 성부 성자 성령으로 각각 구별되지만, 동시에 그 본질이 하나이고 동등하신 한 하나님입니다.

그러므로 자연히 성탄 속에는 이 엄청난 비밀이 숨겨져 있습니다. 비록 요셉의 아들로 태어났지만, 그는 만물의 근원되시는 하나님의 아들입니다.

엄밀히 말하면, 이미 영원 전부터 계신 예수님은 태어난 것이 아니라 오신 것입니다. 사람과 같은 종의 형체를 입고 이 세상으로 오셨습니다. 오시는 과정에서 동정녀 마리아에게 성령으로 잉태되고, 베들레헴의 마구간에서 태어나신 것이 바로 성탄인 것입니다.

이 모든 것은 신비입니다. '1+1=2'라고 하는 합리적이고 과학적인 논리로는 이해될 수 있는 영역이 아닙니다. 그것은 이성을 초월한 하나님의 영역이고, 그러기에 이해 이전에 믿음을 요구합니다. 어거스틴은 "나는 알기 위해 믿는다."는 유명한 말을 남겼습니다. 겸손한 믿음의 결단이 이해의 눈을 열어주는 것입니다.

그러나 유대인들은 이해를 앞세우다가 자신들의 이해를 뛰어넘은 이야기를 듣자 분노하고 돌을 들었습니다. "유대인들이 대답하되 선한 일로 말미암아 우리가 너를 돌로 치려는 것이 아니라 신성모독으로 인함이니 네가 사람이 되어 자칭 하나님이라 함이로라"(33) 사람으로서 자신을 하나님이라고 하는 것을 참을 수 없었던 것입니다.

분명 눈으로 볼 수 있고 손으로 만질 수 있는 사람, 아기로 태어나 나사렛에서 자라고, 우리와 꼭 같이 배고프고 피곤하고 눈물 흘리고, 때로는 비방과 멸시의 대상이 된 이 나사렛사람 예수, 이 역사속의 인간을 하나님이라고 고백하는 것, 그것은 이성의 힘으로 되는 것이 아닙니다.

그러나 사람들은 여전히 이성의 잣대를 갖고 믿음을 거부합니다. 유대인뿐이 아닙니다. 19세기 이성이 주인이었던 시대에는 이성과 신앙을 조화시켜 보려는 시도들이 일어났습니다. 조화라기보다는 신앙을 이성에 굴복시키는 것이었습니다. 이것이 바로 자유주의 신학입니다.

예수가 하나님 되심을 증거하는 사건이 부활이다 보니, 자유주의 신학자들은 부활의 근거를 부정하려는데 집중했습니다. 라이마루스는 '예수의 부활은 사람들이 꾸며낸 얘기'라고 하였고, 파울루스는 '예수는 십자가에서 죽은 것이 아니라 기절했다가 서늘한 무덤에서 깨어난 것'이라고 했습니다. 스트라우스는 '예수는 역사적인물이 아닌 신화적인물'이라고 폄하했습니다. 홀츠만은 '예수 속에 메시아의식이 발전하면서 어느 순간부터 예수는 자신을 메시아라고 착각한 것'이라고 했고, 브레더는 '메시아는 초대교회의 상상의 산물일 뿐'이라고 했습니다. 자유주의신학의 시조라 할 수 있는 슐라이에르마허는 예수를 '완전한 하나님의식을 소유한 원형적인 인간' 정도로만 생각했습니다.

이 자유주의신학이 스위스의 신학자 칼 바르트에 의해서 철퇴를 맞으면서, 신학의 주류는 다시금 삼위일체 신앙으로 돌아왔습니다. 그러나 그 이후에 다시 등장한 불트만, 틸리히 등의 신자유주의신학자들과 포스트모던 신학자들은 모두 공통적으로 '나는 하나님과 하나다'라는 말씀을 받아들이지 않았습니다.

그런데 지성인들은 정통신학보다는 이런 자유주의 신학의 영향을 더 많이 받았습니다. 그런 이들이 쓴 인문학 서적들이나 사회비평적인 글을 읽은 사람들 중에는, 교회를 다니면서도 순전한 신앙고백을 하지 못하는 이들이 많이 있습니다.

저는 어려서부터 교회 안에서 이런 사람들을 종종 눈여겨보았습니다. 나름 지성적이고 비판적인 안목을 갖고 있다고 하지만, 성경가르침의 중심에는 들어오지 못합니다. 신앙이 헝클어져있습니다. 중직자들 중에도 그런 이들이 있습니다.

그들은 여전히 믿음의 도약을 하지 못한 채 이성적 사고에서 헤어 나오지 못하고 있습니다. 그들에게 신앙은 그저 사유이고 도덕이고 종교일 뿐입니다. 꽤 아는 것이 많은 어른 같지만, 사실 믿음에서는 아직 유아기에도 들어서지 못한 것입니다.

여러분, 만약에 우리 중에 이처럼 예수가 누구인가를 알지 못한 채 여전히 변두리에 머무는 분이 있다면, 믿음의 도약을 하기 바랍니다! 마음을 열고 하나님이신 예수 앞에 무릎을 꿇기 바랍니다!

예수님은 좋으신 분이라면서 '그저 착하고 양심적으로 살면 되지' - 이런 생각으로 스스로를 위안하려고 한다면, 여러분은 지금 지옥문턱 앞에 서있음을 명심해야 합니다. 예수와 하나님이 하나라는 삼위일체의 신앙을 분명히 고백하지 못하면, 여러분은 천국문턱이 아니라 지옥 문턱에 서있는 것입니다.

그러므로 여러분, 서커스 하듯이 그 위험한 곳에 한해 두해, 십년 이 십년을 머물러 있지 말고, 오늘 믿음의 결단을 하십시오! 믿음의 도약! 믿고 뛰어내리면 비로소 이해하게 됩니다.

예수 그리스도는 온 천하 만물의 주권자 되신 하나님입니다. 그런 그가 종의 형체를 입고 이 땅에 오셨습니다. 왜입니까? 그것은 바로 우리에게 참 생명을 주시기 위해서입니다. "내가 그들에게 영생을 주노니 영원히 멸망하지 아니할 것이요 또 그들을 내 손에서 빼앗을 자가 없느니라"(28)

진짜 생명은 어디 있습니까? 예수 그리스도 안에! 오직 거기에만 있습니다. 그 생명은 진짜 생명이기에 결코 죽음에 의해 소멸되지 않습니다. 그 생명을 가진 자만이 영생하는 것입니다. 여러분 속에 이 생명이 있습니까?

이 성경은 이렇게 끝납니다. "많은 사람이 왔다가 말하되 요한은 아무 표적도 행하지 아니하였으나 요한이 이 사람을 가리켜 말한 것은 다 참이라 하더라 그리하여 거기서 많은 사람이 예수를 믿으니라"(41-42) 예수가 과연 그리스도인가 하며 의구심에 사로잡혀 있었던 유대인들 중에 많은 사람들이 마음의 문을 열면서 예수를 믿었습니다. 그리고 영생의 사람이 되었습니다. 아마도 훗날 이들은 초대교회 교인이 되었을 것입니다.

여러분, 예수 그리스도를 믿읍시다. 그는 하나님과 하나이신 성자 하나님입니다. 그는 육신으로 오셔서 세상 죄를 지시고 십자가에서 죽으신 후, 사흘 뒤 부활하심으로 하나님 되심을 드러내셨습니다. 그리고 승천하여 하나님 우편에 앉아계시다가 마지막 날, 세상을 심판하려고 다시 오실 것입니다. 그날에 믿는 자는 신령한 몸으로 부활하여 주님을 만날 것이고, 또한 그와 함께 영원히 살게 될 것입니다. 사도신경에 담긴 우리의 신앙고백입니다.

하나님과 하나이신 예수 그리스께서 이 땅에 오신 날, 그를 영접하고 이 영생의 축복을 누리는 우리 모두가 되기를 간절히 바랍니다!

(2018년 12월 23일)

고난의 깊이

제육시로부터 온 땅에 어둠이 임하여 제구시까지 계속되더니 제구시쯤에 예수께서 크게 소리 질러 이르시되 엘리 엘리 라마 사박다니 하시니 이는 곧 나의 하나님, 나의 하나님, 어찌하여 나를 버리셨나이까 하는 뜻이라 거기 섰던 자 중 어떤 이들이 듣고 이르되 이 사람이 엘리야를 부른다 하고 그 중의 한 사람이 곧 달려가서 해면을 가져다가 신 포도주에 적시어 갈대에 꿰어 마시게 하거늘 그 남은 사람들이 이르되 가만 두라 엘리야가 와서 그를 구원하나 보자 하더라 예수께서 다시 크게 소리 지르시고 영혼이 떠나시니라 이에 성소 휘장이 위로부터 아래까지 찢어져 둘이 되고 땅이 진동하며 바위가 터지고 무덤들이 열리며 자던 성도의 몸이 많이 일어나되 예수의 부활 후에 그들이 무덤에서 나와서 거룩한 성에 들어가 많은 사람에게 보이니라(마 27:45~53)

세상 사람들 누구나 다 고난을 당하지만, 그 고난의 깊이는 사람마다 다르고 또 그 고난의 깊이를 느끼는 정도도 다릅니다. 난방과 냉방시설이 갖추어진 온실에서 화초처럼 자라난 사람들이나, 비만을 걱정해야할 만큼 풍요로운 환경 속에서 자라난 사람들이 느끼는 고난이라는 것은, 일제말기와 6.25의 참화 그리고 그 뒤의 배고픔의 시절을 겪은 분들에게는 오히려 사치스러운 비명으로 치부됩니다. 그만큼 과거에는 사람들이 겪는 고난의 깊이가 깊었습니다.

지금 역시 이 지구촌에 전쟁의 참화를 겪는 사람들, 절대가난과 기근에 허덕이는 사람들의 삶의 자리는 고난 그 자체입니다. 우리는 그런 데서 하루도 못살 것 같지만, 그 곳에 살고 있는 사람들은 오히려 그런 고난에 익숙해져 있습니다. 다시 말하면 느끼는 고난의 깊이가 다르다는 것입니다.

인간이 겪는 고난의 깊은 심연을 소재로 한 것이 욥기입니다. 동방의 재력가요, 일곱 아들과 세 딸을 두고, 사람들로부터 존경과 사랑을 한 몸에 받았던 욥에게 갑자기 찾아온 고난, 그에게 허락된 고난의 깊이를 돌아보십시오. 하루아침에 그 전 재산이 날라 갔습니다. 열 명의 자녀가 한순간에 사고로 죽었습니다. 생각만 해도 끔찍하지 않습니까? 그러나 그는 하나님을 원망하지 않았습니다.

그러나 그에게 찾아온 고난은 여기서 멈춰주지를 않았습니다. 그나마 건강했던 몸에 병이 찾아왔습니다. 악창이 온 몸에 번지면서 욥은 밤낮 기와조각으로 자신의 몸을 긁어댑니다. 그렇게도 참하였던 부인도 차라리 하나님을 저주하고 자살하라고 절규합니다. 친구들도 그를 힐난하고, 사람들은 손가락질합니다.

한 인간이 겪는 고난의 깊이가 느껴지지 않습니까? 우리 중에 자식을 잃어본 사람도 있고, 재산을 잃어본 사람도 있고, 병을 얻은 사람, 그리고 사람들 속에서 명예를 잃어버린 사람, 이처럼 여러 모양으로 고난 당한 자가 많을 것입니다. 그렇지만 누가 욥이 서있는 이런 고난의 깊이까지 내려간 사람이 있겠습니까? 한마디로 그는 모든 인간을 대표하여 인간이 내려갈 수 있는 가장 깊은 고난의 심연을 보여줍니다.

그러나 최고의 고난을 겪은 욥보다 더 깊은 고난에 내려가신 분이 있습니다. - 예수 그리스도이십니다. 그렇다면 그의 고난의 자리, 고난의 깊이는 어느 정도일까요?

우리는 그의 고난과 죽음을 너무 쉽게 말합니다. "예수가 누구를 위해서 죽었습니까?" "저를 위해서요" 이런 질문과 대답 사이에 아무런 긴장이 없습니다. 도대체 그가 당한 고난이라는 것이 어느 정도인지를 느끼고는 있습니까? 알고는 있습니까? 그 고난의 깊이를 헤아리고는 있습니까?

젊은 아내가 첫 아이를 낳고는 심하게 웁니다. 남편이 어쩔 줄 모르면서 그 손을 붙잡고 "여보, 많이 아픈가 보구나. 어떻게 하지?" 하면서 뭔가 위로하려고 하자 그녀가 말합니다. "아니 아파서 우는 거 아니야, 우리 엄마가 나를 낳으실 때, 얼마나 아팠는지를 이제야 알 것 같아서 우는거야" 그렇습니다. 어머니 사랑의 깊이, 어머니가 나를 위해서 당한 고난의 깊이를 이전에도 말했고, 안다고 생각했지만, 해산의 고통을 체험한 지금과는 그 정도가 다른 것이었습니다.

주님이 당하신 고난의 깊이를 사실 우리는 잘 모릅니다. 2000년 전 먼 땅 예루살렘의 골고다 - 그야말로 저 멀리 뵈는 십자가는 그저 막연하게만 느껴집니다. 오늘 이 시간 성령의 도우심을 힘입어 시간과 공간적 간극을 초월해 십자가에 가까이 나아갑시다. 그리고 그의 고난의 흔적이 무엇이었을까를 숙고해 봅시다.

첫째, 예수님이 겪은 고난은 정신적인 고난이었습니다.

그는 유대인들에게 붙잡혀서 대제사장의 뜰로 끌려갔습니다. 사람들은 되지도 않는 거짓을 통해서 그를 정죄했습니다. 그리고 그 다음날 빌라도 앞에 다시 보내졌습니다. 그를 고소하는 유대인들의 일방적인 목소리가 득세한 가운데, 마침내 십자가 처형이라는 최종판결이 내려졌습니다. 십자가형은 로마시대에 가해진 가장 야만적이고도 잔인한 형벌이었습니다. 주로 반항하는 노예와 반란자들에게 이 형이 가해졌습니다. 예수님은 결국 가장 큰 죄를 범한 죄인이라는 판결 받은 것입니다.

사람이 하는 재판에는 오심이나, 억울한 판정이 없을 수 없습니다. 그러나 인류가 내린 판결 중 가장 불의한 판결은 바로 빌라도의 판결이었습니다. 그는 이 세상에서 유일하게 죄가 없는 분을 가장 극한 죄인으로 판결한 것입니다.

거짓 증거, 모함 그리고 억울한 판정 - 세상을 살아가는 우리에게 이보다 더 큰 정신적인 상처와 고통이 어디 있겠습니까? 내가 실지로 한 잘못을 갖고 누군가 정죄해도 마음이 상하는데 하물며 내가 하지도 않은 일을 거짓으로 몰아서 죄인 되게 한다면 어떠하겠습니까? 더 나아가 이럴 때 공의의 편에 서야할 사법기관이 도리어 불의한 자의 편에 손을 들어준다면 아마도 대부분의 사람들은 그 억울함과 그 분을 못 견딜 것입니다. 목소리를 더 높이어 상대방의 불의와 자신의 결백을 항변하려고 할 것입니다.

그러나 우리 주님은 이 모든 것 속에서 침묵하셨습니다. "그가 곤욕을 당하여 괴로울 때에도 그 입을 열지 아니하였음이여 마치 도수장으로 끌려가는 어린 양과 털 깎는 자 앞에 잠잠한 양같이 그 입을 열지 아니하였도다"(사 53:7) 오해와 모함의 거센 목소리에 침묵하고 그저 당하는 것 - 이것은 우리에게 견디기 어려운 고난입니다.

이 수많은 적들에 둘러싸여 있을 때, 예수님은 혼자셨습니다. 12제자 중 하나인 가룟유다는 자기 선생을 배신하고 그를 유대인에게 팔아넘겼습니다. 다른 제자들은 그를 홀로 놔두고 도망갔습니다. 수제자 베드로는 그가 보는 앞에서 저주하고 맹세하면서 세 번이나 자신은 예수를 모른다고 부인했습니다.

살면서 누구나 배신 당해본 경험이 있을 것입니다. 믿고 신뢰했던 사람으로부터 말입니다. 그 시간을 되새겨본다면, 예수님이 겪으셔야 했을 고난의 깊이를 조금은 이해할 수 있을 것입니다.

둘째로 육체적인 고통이었습니다.

대제사장의 뜰에서 유대인들은 예수의 얼굴에 침을 뱉으며 주먹으로 치고 혹은 손바닥으로 때리며 조롱하였습니다. 상상하기도 싫은 장면들입니다. 사람이 어렸을 때는 이런 저런 일로 맞는 일이 있습니다. 그러나 성년이 되어서 이런 수모를 겪는 일은 극히 드뭅니다. 이런 폭행의 제물이 된다면 누구나 육체의 고통은 물론 심한 정신적인 상처를 입게 될 것입니다. 빌라도에게 넘겨진 뒤 예수님은 군인들로부터 채찍질 당하셨습니다. 가시로 만든 면류관을 씌우니 머리에는 피가 흘러내렸습니다.

그리고 마침내 십자가에 못 박히셨습니다. 그의 두 손과 두 발에 굵은 못이 박힌 채 그 십자가는 높이 매달렸습니다. 그 형벌의 잔인함을 오늘날 우리 세대가 어찌 상상할 수 있겠습니까? 호흡곤란, 피 순환곤란, 혈압강하, 심부전증발생 – 이것이 십자가에 매달린 사람들의 일반적인 현상입니다.

그래도 사람의 생명이 끈질긴지라 그렇게 매달려서도 2-3일은 갑니다. 마지막 죽음의 고통이 너무 심하기에 사형집행군인들은 대체로 일정 시간이 지나면 다리를 꺾거나 무릎을 부서뜨리는 방법으로 죽음을 도와줍니다. 주님은 2-3일은 커녕 겨우 6시간 만에 돌아가셨습니다. 너무 지치고 허약해져 있었기 때문이었습니다.

그 흘린 피, 찢겨진 살, 쏟으신 물, 그리고 극심한 아픔과 괴로움 –

육신이 당한 이 모든 고통은 우리가 가슴으로 느끼기에는 너무나 깊은 고난의 심연입니다.

그러나 이보다 더 큰 고난이 마지막으로 그에게 있었습니다. 바로 영적인 고난이었습니다. 이것은 그야말로 예수님이 당하신 고난의 극치였습니다. 그는 죽음에 임박해서 이렇게 크게 소리를 지르셨습니다. "'엘리 엘리 라마 사박다니'하시니 이는 곧 나의 하나님, 나의 하나님, 어찌하여 나를 버리셨나이까 하는 뜻이라"(46) 하나님으로부터 버림받으심의 고통을 부르짖는 것입니다.

왜 이것이 가장 견디기 어려운 고난인가요? 그는 아버지와 하나였기 때문입니다. "나와 아버지는 하나이니라"(요 10:30) 그는 하나님과 하나 되어 사는 삶이 어떤 것인지를 보여주시며 사셨습니다. "아버지여 창세전에 내가 아버지와 함께 가졌던 영화로써 지금도 아버지와 함께 나를 영화롭게 하옵소서"(요 17:5)

이처럼 아버지와 하나 되어 그와 함께 지고의 영광을 나누셨던 주님이 지금 그 아버지로부터 버림을 받은 것입니다. 하나님과 단절된 것입니다. 이것을 우리가 어떻게 이해할 수 있겠습니까?

우리도 종종 하나님으로부터 버림받은 것 같은 느낌을 가질 때가 있을 것입니다. 하나님 아버지로부터의 유기와 단절됨, 이것은 영적인 죽음입니다. 그러나 실제로 그것은 결코 우리에게 일어날 수 없는 일들입니다. 왜냐하면 "이 세상의 어떤 것도 그리스도 예수 안에 있는 하나님의 사랑에서 우리를 끊을 수 없기 때문이다." 이 사실을 믿습니까? 그렇습니다. 우리는 결코 하나님으로부터 단절될 수 없습니다. 우리의 느낌일 뿐입니다.

그러나 만일 단절된다면, 하나님이 더 이상 우리를 듣지 않으시고 등을 돌리시며 "나는 너를 모른다"라고 하신다면, 당신은 어떠하시겠습니까? 그것은 정말 상상하기도 싫은 일입니다. 그것은 정말 인간실존에 있어서 고난의 가장 깊은 심연일 것입니다.

바로 이 고난의 밑바닥에 주님이 내려가셨습니다. "나의 하나님, 나의 하나님, 어찌하여 나를 버리셨나이까" 그것은 절대 절명의 고독이었습니다. 사람으로부터 멸시 당하고, 하나님께로부터 버림당하고, 사람에게서 내던짐 당하고, 하나님으로부터 외면당하신 것입니다. 이 세상의 어느 누구가 이런 고통의 심연에 내려가 보았겠습니까?

그렇다면 이제 이렇게 물어보아야 할 것입니다. "왜 그가 이런 고난의 심연에 가야했는가?" 그 답이 이 말씀에 있습니다. "이에 성소 휘장이 위로부터 아래까지 찢어져 둘이 되고 땅이 진동하며 바위가 터지고 무덤들이 열리며 자던 성도의 몸이 많이 일어나되 예수의 부활 후에 저희가 무덤에서 나와서 거룩한 성에 들어가 많은 사람에게 보이니라"(51-53)

그의 고난은 성소의 휘장을 찢기 위해서입니다. 이 휘장은 성소와 지성소 사이의 커튼입니다. 이것을 찢으심으로써 우리들이 마음껏 지성소로 들어가 은혜의 보좌 앞으로 나아가게 하시기 위해서입니다. 죄인된 우리로 하여금 죄 없는 자 되어 마음껏 하나님 앞에 나아가게 하시기 위해서입니다.

그의 고난은 바로 나의 죄 값, 모든 인간들의 죄 값을 대신하여 치러진 것이었습니다. 내가 서야할 자리에 그가 대신 서신 것입니다. 내가 과거 현재 미래 그리고 영원한 미래에 자취해야할 그 모든 고난의 자리에 그 분이 대신 서셨습니다. 그리고 고난당하심으로 우리의 죄 값을 치르셨습니다. "그가 찔림은 우리의 허물을 인함이요 그가 상함은 우리의 죄악을 인함이라 그가 징계를 받음으로 우리가 평화를 누리고 그가 채찍에 맞음으로 우리가 나음을 입었도다 우리는 다 양 같아서 그릇 행하여 각기 제 길로 갔거늘 여호와께서는 우리 무리의 죄악을 그에게 담당시키셨도다"(사 53:5-6)

사랑하는 성도 여러분, 내 대신 맞으신 주님, 내 대신 수치와 조롱과 벌거벗김을 당하신 주님, 내 대신 하나님의 징계를 받고 버림을 당하신 주님 - 그 주님을 사랑합시다. 그가 나를 위해서 당하신 고난의 깊이를 헤아리면 헤아릴수록, 이해하면 이해할수록, 그의 은혜가 큽니다. 너무도 큽니다.

그의 고난의 깊이를 헤아리면 헤아릴수록 우리가 당하는 고난의 깊이가 참 얄팍하다는 것을 깨닫게 됩니다. 주님과 그의 교회와 그의 나라를 위한 우리의 수고, 이를 위해 겪는 우리의 고난을 고난이라고 표현하기도 부끄럽습니다. 그것을 희생이라고 말하기에는 더더욱 부끄럽습니다. 그러므로 우리는 겸손과 기쁨으로 그분을 섬길 뿐입니다.

사랑하는 성도 여러분, 우리는 그의 대속의 고난을 더 많은 사람들에게 알려야 합니다. "그가 대신 고난 당하셨으니 당신은 이 모든 고난에서 해방되었습니다. 속히 주 앞에 나오시오" 고난의 깊이를 알면 알수록 이것은 나만이 누려서는 안 되는 존귀한 것임을 깨닫습니다. 이 주님의 은혜를 우리 주위의 모든 사람과 나눌 수 있기를 바랍니다.

(2006년 7월 9일)

십자가의 승리

또 다른 두 행악자도 사형을 받게 되어 예수와 함께 끌려 가니라 해골이라 하는 곳에 이르러 거기서 예수를 십자가에 못 박고 두 행악자도 그렇게 하니 하나는 우편에, 하나는 좌편에 있더라 이에 예수께서 이르시되 아버지 저들을 사하여 주옵소서 자기들이 하는 것을 알지 못함이니이다 하시더라 그들이 그의 옷을 나눠 제비 뽑을새 백성은 서서 구경하는데 관리들은 비웃어 이르되 저가 남을 구원하였으니 만일 하나님이 택하신 자 그리스도이면 자신도 구원할지어다 하고 군인들도 희롱하면서 나아와 신 포도주를 주며 이르되 네가 만일 유대인의 왕이면 네가 너를 구원하라 하더라 그의 위에 이는 유대인의 왕이라 쓴 패가 있더라(눅23:32~38)

빌라도에 의해서 십자가형을 언도받은 예수님은 로마 군인들의 손에 넘겨졌습니다. 그들은 예수님을 채찍질하고 머리에는 가시로 만든 면류관을 씌웠습니다. 그리고 그의 두 손과 발을 못 박은 십자가를 끌고다 언덕에 높이 세웠습니다.

아무리 잔인한 사람들이라 하더라도, 생살에 못을 박을 때, 그 고통에 울부짖는 소리를 들으면 가슴이 뜨끔할 것입니다. 그 고통을 조금이나마 덜어주기 위해 일종의 마취제인 몰약을 탄 포도주를 조금 주었으나 주님은 거절하셨습니다.(막15:22) 지금 예수님을 비롯한 두 강도는 인간으로서 겪을 수 있는 그야말로 최고의 고통 가운데 서있는 것입니다.

십자가에 못 박힌 채 마지막 가쁜 숨을 몰아쉬며 여섯 시간 정도 버티고 있는 동안에, 유대들은 잔인하게도 그 아래서 구경하며 이런 저런 말로 비웃습니다. "그가 남을 구원하였으니 정말 그가 하나님의 그리스도이고, 택하심을 받은 자이거든, 자기나 구원하라지"(35) 어떤 자는 머리를 흔들고 예수를 모욕하였습니다. "성전을 헐고 사흘에 짓는 자여 네가 하나님의 아들이어든 자기를 구원하고 십자가에서 내려오라"(마27:40) 거기 있던 군인들도 이런 말을 듣고 맞장구를 치면서 비웃었습니다. "네가 만일 유대인의 왕이어든 네가 너를 구원하라"(37)

성경을 통해 당시의 장면을 상상해봅시다. 대제사장과 장로들을 비롯한 유대인들 마음은 미움으로 가득 차 있습니다. 예수님을 십자가처형 시키기 위해 수단방법 가리지 않고 온갖 거짓증언을 하면서 여기까지 몰고 왔습니다. 그리고 그가 고통 받는 마지막 순간에도 그 현장에서 미움을 쏟아 부었습니다.

이 십자가는 바로 우리 인간의 죄의 밑바닥을 드러냄과 동시에 하나님의 사랑의 높이가 드러난 곳입니다. 그 죄의 심연은 무엇입니까? 미움입니다. 하나님의 사랑은 무엇입니까? 용서입니다. 그러므로 이 미움과 용서가 만나는 곳이 바로 십자가입니다.

우리 사람들 속에 있는 미움의 뿌리가 얼마나 깊은가를 상상할 수 있습니다. 아담과 하와의 죄가 교만과 욕심이었다면, 그의 아들 가인의 죄는 미움과 시기였습니다. 이것을 다스리지 못하였기에 그는 동생 아벨을 살해했고 가정을 쑥대밭으로 만들었습니다.

오늘날에도 가족 간의 미움으로 인해 빚어지는 불행한 일들이 많이 있습니다.

쌍둥이 자매가 있었습니다. 30대가 된 동생이 '다섯 살 무렵 서울 길음시장에서 정체 모를 할머니를 따라간 쌍둥이 언니를 찾는다'고 방송국에 제보했습니다. 동생은 기대도 하지 않았는데 놀랍게도 언니와 연락이 닿게 되었고 둘은 극적인 재회를 했습니다. 자매는 30년 만에 만난 것입니다. 그리고 몇 년 후 둘은 함께 살기 위해 한 집으로 이사했습니다.

문제는 이때 부터였습니다. 같이 살게 되면서부터 성격 차이, 연애 문제 등으로 갈등이 생기기 시작했습니다. 갈등이 심해지면서 두 자매는 서로를 법에 고소하며 난타전을 벌였습니다. "내 가방에서 돈을 훔쳤다", "내 남자친구를 뺏어갔다", "친구에게 내 욕을 했다" 등 온갖 사소한 이유로 고소를 일삼았습니다. 언니가 네 살짜리 조카를 목욕시키다 엉덩이를 한 대 때리자 동생이 폭행죄로 고소했습니다. 욕 한마디를 던지면 '명예훼손' 고소장이 날아왔습니다. 2년 동안 31건의 고소(告訴)를 주고받는 '고소 전쟁'을 벌였습니다. 얼마나 서로를 미워했는지를 충분히 짐작할 수 있지 않습니까? 그야말로 적과의 동침입니다.

이런 미움은 가정사에서만 있는 것이 아닙니다. 지역간, 인종간, 민족간, 국가간에 이러한 미움의 흔적을 어디서나 볼 수 있습니다. 인류의 역사 속에서 미움으로 인해 빚어진 싸움과 전쟁 그리고 그로 인한 불행은 얼마나 많았습니까?

1964년 미국 미시시피주 네쇼바 카운티에서, 흑인 인권운동을 벌이던 청년 3명이 백인우월주의 단체인 KKK 단원 10명에게 구타당한 뒤 총에 맞아 숨졌습니다. 그리고 이들의 시신은 숨진 뒤 44일 만에 흙더미 속에 파묻힌 채 발견됐습니다. 혐의자들은 3~10년형을 선고받았으나 모두 형기 만료 전에 석방됐습니다. 당시 KKK 단원이면서 교회전도사였던 레이 킬런은 혐의가 명백함에도 불구하고 결국 무죄로 풀려났

습니다. 그 이유는 한 배심원이 전도사에겐 유죄 평결을 내릴 수 없다고
버텼기 때문이었습니다. 그리고 41년이 지난 2003년, 다시 열린 재판에
서 그는 60년 형을 언도받았고, 당시 경찰관이었던 72세의 제임스 실은
2005년 살인혐의로 종신형을 받았습니다. 이 사건은 1988년 앨런 파
커 감독이 만든 영화 〈미시시피 버닝〉을 통해 잘 알려졌습니다.

그 영화를 보면, 장면 장면마다 백인들이 흑인들을 얼마나 미워하는
지 누구나 가슴으로 느낄 수 있습니다. 그렇게 미울 수가 없습니다.

그래서 독일에서는 이 영화의 제목을 '미시시피 버닝'으로 하지 않고
"Der Wurzel von Haß"(미움의 뿌리)로 하였습니다. 흑인에 대한 미움
이 그렇게 처절할 수가 없었습니다.

그러한 미움은 히틀러와 독일인들에게도 있었습니다. 그들은 유대
인들을 너무 미워했습니다. 미워하다보니 아예 지구상에서 없애 버리고
싶었습니다. 그래서 6백만 명을 학살한 것입니다.

일본인들이 우리 조선인과 중국인들에 대한 미움이 얼마나 컸는가
를 생각해보십시오. 관동대지진 조선인 학살사건, 난징학살사건, 마루
타사건 등을 통해 그 마음의 정도를 알 수 있습니다.

미움은 그 대상이 참 다양하고 광범위합니다. 인종이 같아도 민족
이 다르면 미워하고, 민족이 같아도 지방색으로 갈리고, 이념이 다르면
서로 치고 박습니다. 그 어떤 것보다도 무서운 것은 종교로 인한 증오감
정일 것입니다. 보수적이고 열정적인 종교인일수록 증오감정은 더 심합
니다.

그런데 그 미움의 뿌리가 히틀러의 독일인에게만 그리고 일본인에게
만 있는 줄 알았더니 미국인에게도 있었습니다. 아니 우리 모두에게 있
습니다. 모든 인간들 속에 있습니다. 그리고 그 미움의 뿌리가 가장 잘

나타난 곳이 있습니다. 바로 여기 골고다 언덕 십자가 앞에서 예수님을 조롱하는 사람들의 모습입니다.

골고다, 아우스비치, 미시시피는 바로 우리 속에 있는 미움의 뿌리입니다. 그것은 멀리 유대인, 독일인, 일본인, 미국인들의 이야기가 아니라 바로 우리들의 이야기입니다. 아벨을 죽인 가인의 이야기는 바로 우리의 이야기입니다.

여기 골고다에 있는, 분노로 가득 찬 사람들은 우리에게서 낯선 사람들이 아니라 바로 우리들입니다. 우리 모두가 골고다의 성난 군중 속에서 어깨를 같이하고 있고, 아우스비치, 미시시피의 미움으로 가득 찬 사람들 속에서 함께 분노하고 있지 않습니까?

그런데 바로 그러한 자들, 뿌리 깊은 미움으로 팔짱을 끼고 자신을 향해 이를 갈고 있는 그들을 바라보시면서 예수님이 입을 여십니다. "아버지여 저희를 사하여 주옵소서. 자기의 하는 것을 알지 못함이니이다."(34) 이 힘없는 기도는 피와 땀으로 범벅이 되고 고통으로 일그러진 얼굴에서 거친 숨을 몰아쉬면서 나오는 기도였지만, 이 기도소리는 바로 예수님의 십자가의 승리를 선포하는 기도였습니다. 그것은 바로 용서의 뿌리였습니다.

이 용서가 미움의 힘을 이겼습니다. 그리고 그 용서는, 자신이 하는 것을 알지 못하고 살아온 어리석은 우리들을 죄로부터 해방시켜 주었습니다.

주님은 그 십자가에서 오늘 우리에게 용서를 가르쳐주십니다. 이것은 결코 쉬운 것이 아닙니다. 사람은 살아갈수록 진정으로 남을 용서한다는 것이 쉬운 일이 아니라는 것을 알게 됩니다.

우리 속에 있는 미움의 실상을 좀 더 들여다 봅시다. 나이가 들수록 서로 상처를 주고받는 일이 많아집니다. 그러한 미움의 감정들이 해소되지 못한 채 우리 속에 차곡차곡 쌓여갑니다. 때로는 같이 사는 가족이 가장 큰 미움의 대상이 되기도 합니다. 심지어 함께 신앙생활을 하던 교인들조차 서로 원수처럼 되어버릴 수 있습니다.

우리의 심령 구석 구석에는 이런 치유되지 못한 미움의 파편들이 여기 저기 널려져 있습니다. 그리고 그런 파편들은 자칫 암과 같은 것으로 발전해 갈 수 있습니다. 미운 사람이 잘 되기를 원하지 않습니다. 더 나아가서는 그가 불행해지기를 바랍니다. 아니 그를 불행하게 하기 위해서 무언가 하려고 합니다.

프랑스의 철학자 앙드레 그룩스만이 〈미움〉이라는 제목의 책을 썼습니다. 거기서 그는 미움의 발전과정을 세 단계로 기술합니다. 미움은 처음에는 자기연민에 빠지면서 내면의 고통으로 자리 잡습니다. 그러나 그것은 점차로 다음 단계 즉 분노와 증오를 동반하면서 폭력으로 발전합니다. 그리고 마지막에는 파괴를 즐기다 결국에는 자기 파멸에 이르게 됩니다. 이처럼 미움은 무서운 암과 같습니다.

그러니까 미움의 뿌리가 있는 곳에서는 우리 자신부터 행복할 수 없습니다. 우리의 미움의 대상은 우리에게 상처를 입힌 상대방이 아닙니다. 미움의 감정은 우리의 피를 빨아먹는 기생충과도 같습니다. 그 증오의 감정은 우리의 영혼을 아주 어둡고 축축한 감옥에 가두어 놓고 불행하게 만들어버립니다. 증오의 감정을 가질 때 우리는 진정한 신앙인이 될 수 없습니다. "누구든지 하나님을 사랑하노라 하고 그 형제를 미워하면 이는 거짓말하는 자니 보는 바 그 형제를 사랑하지 아니하는 자는 보지 못하는 바 하나님을 사랑할 수 없느니라"(요일 4:20)

그렇다면 그 상처를 치료하는 치료제는 무엇입니까? 오직 용서입니다. 용서만이 나를 그 어둡고 축축한 감옥, 그 차가운 쇠고랑으로부터 해방시켜주는 치료제입니다.

어떻게 용서할 수 있습니까? 진정한 용서는 우리 죄인들 스스로에게서는 나올 수 없습니다. 우리 인간의 힘으로는 불가능합니다. 그러나 우리 믿는자들 마음속에는 성령에 의해서 깊이 각인된 십자가의 예수가 있습니다. 성령은 이 십자가의 예수님으로 말미암아 우리 속에 용서의 뿌리를 심어주셨습니다. 예수님을 생각할 때 용서할 수 있고, 예수님을 사랑할 때 용서할 힘이 생기고, 예수님의 뒤를 좇으려 할 때에 용서의 사람이 됩니다.

그 용서는 십자가의 승리입니다. 그 용서는 우리를 미움의 뿌리로부터 해방시켜줍니다. 십자가의 의미를 이해할 때 우리는 비로소 남을 용서할 수 있습니다. 아니 거꾸로 남을 용서할 때 비로소 우리는 십자가의 의미를 바르게 이해하게 됩니다. 그럴 때 우리 자신이 치유되고 가정이 치유되고 사회가 치유되는 것입니다.

루터는 이런 말을 했습니다. "악마의 얼굴을 보고 싶으냐? 악이 마음을 주장하여 형제를 미워하고 살기등등할 때 네 얼굴을 거울에 비춰보라. 바로 그 얼굴이 악마의 얼굴이다. 천사의 얼굴을 보고 싶으냐? 선이 마음을 주장하여 남을 용서하고 섬기며 사랑하면서 살아가는 기쁨의 얼굴은 곧 천사의 얼굴이다."

사랑하는 성도 여러분! 고난절, 우리 주님이 십자가에 못 박힌 날, 아니 십자가에서 용서를 선포하신 날, 우리가 이 용서를 본받고 실천합시다. 나를 못 박는자라 할지라도 그를 위해 용서의 기도를 올립시다. 우리 속에 미움의 파편들을 모두 제거합시다. 미움의 상처들을 치유합시다.

그리고 모두를 용서하고 사랑함으로 우리 모두가 십자가의 승리를 맛보도록 합시다!

(2014년 4월 18일)

내가 너희를 사랑한 것 같이

"새 계명을 너희에게 주노니 서로 사랑하라 내가 너희를 사랑한 것 같이 너희도 서로 사랑하라 너희가 서로 사랑하면 이로써 모든 사람이 너희가 내 제자인 줄 알리라"(요 13:34-35)

이번 한 주 특별새벽기도 기간 동안 우리는 십자가에서 주님이 하신 일곱 가지 말씀 즉 가상칠언을 통해 십자가의 의미를 돌아보았습니다. 사실 지금 21세기의 풍요로운 시대에 별다른 핍박이나 폭력이 없는 민주선진국에 사는 우리가, 2천 년 전 팔레스틴에서 일어난 십자가사건을 실감나게 이해한다는 것이 쉬운 일은 아닙니다.

아마도 〈Passion of Christ〉라는 영화를 본다면 그 사건현장을 상상하는데 조금 더 도움이 될 수 있을 것입니다.

요즘 3D 영화관이 유행하고 있습니다. 심지어는 4D영화관도 생기고 있습니다. 그저 평면으로 보는 2차원의 영화와 달리 3D영화는 보다 더 현장감을 갖게 해줍니다. 더구나 의자도 흔들리고 냄새나 연기도 뿜어 나오는 사차원에서는 그야말로 생생한 현장감을 경험하게 됩니다.

독일에서 판타지아란트라는 큰 놀이동산에 몇 번 간 적이 있었습니다. 그때 처음으로 4D를 경험했습니다. 깜깜한 방에 천정에는 별들이 빛나고 앞에는 우주정거장이 보였습니다. 진짜 우주처럼 느껴졌습니다. 우주선을 타고 어느 별에 도착하는 장면에서는 화면을 따라 의자도 흔들렸습니다. 이 모든 것이 진짜 현실처럼 느껴졌습니다. 흔들리는데 진짜 같았습니다. 만일 누군가 나를 기절시켜 이리로 데리고 와서는, 당신이 3011년 우주시대로 온 것이라고 하면 속을 수도 있겠다는 생각이 들었습니다.

혹시 영화산업이 더 발달해서 〈Passion of Christ〉같은 영화가 4D로 만들어진다면, 아마도 우리는 그 영화를 통해서 골고다의 현장을 훨씬 더 생생하게 느낄 수 있을 것입니다.

우리는 골고다의 십자가 사건을 2차원의 밋밋한 평면으로 이해하기 쉽습니다. 먼 과거의 일, 이미 결과를 뻔하게 아는 일, 그래서 팝콘 먹고 콜라 마시면서 볼 수 있는 영화의 한 장면으로 이해하기 쉽습니다. 거기에 감동이 있을 수 있겠습니까?

이 시간 인간의 기술보다 훨씬 더 탁월하신 성령께서 우리를 이끄셔서, 2천년의 시간과 수천 Km의 공간의 간격을 뛰어 넘어, 바로 그때 그 현장에 있는 것처럼 느낄 수 있게 해주시기를 바랍니다.

만일 우리가 그 현장에 가게 된다면 우리 모두는 전율을 느낄 것입니다. 그 잔인한 형틀에 두 손과 두 발이 못 박힌 채 온 몸이 피와 땀으로 범벅되어 꿈틀거리는 모습들에서 그럴 겁니다. 이리로 좀 돌려도 괴롭고, 그래서 저리로 좀 움직이려니 더 괴롭고 그대로 있으려니 더 더 괴로운 시간들이었을 것입니다.

그런 모습으로 우리 주님이 십자가에 매달려 계십니다. 의로우신 주님을 이 치욕스러운 나무에 매달고 그를 함부로 대하는 사람들을 보며 우리는 분노를 느낄 것입니다. 돈을 사랑하여 스승을 배신한 가룟 유다, 자기 몸을 사리며 숨어버린 제자들, 자신들의 종교권력의 입지가 좁아지지는 않을까 전전긍긍하며 수단방법을 가리지 않았던 종교지도자들, 정치권력에 조금이라도 흠이 갈까봐 한 사람의 억울한 죽음을 눈감아 버렸던 빌라도, 이들 모두의 합작품이 아닙니까?

이럴 수가 있나? 저것들이 사람인가? 아니 이분이 누구신데 감히 이렇게 대할 수 있단 말인가? 우리는 분노할 것입니다.

하지만, 그들은 바로 이 시대를 사는 우리들의 모습입니다. 돈 때문에 양심을 팔고, 부끄러움과 체면 때문에 예수를 증거하지 못하고 심지어 예수 믿는 것조차 숨기고, 자신의 기득권을 유지하기 위해서라면 검은 것을 희다고 하고 흰 것을 검다고 할 수 있는 사람들, 자신의 목적과 꿈을 달성하기 위해서라면 한두 명의 억울한 희생자쯤이야 눈 감아버릴 수 있는 사람들, 우리가 바로 그런 사람들이 아닙니까?

나쁜 사람들입니다. 우리 모두가 다 예수를 십자가에 못 박은 나쁜 사람들입니다. 여기 그를 둘러선 이 악랄한 사람들이 다 내 속에 있습니다. 바로 우리 안에 있습니다.

그렇다면 이제는 이 나쁜 사람에게서 시선을 돌려 주님을 바라보십시오! 그분이 어쩌면 그토록 거룩할 수 있습니까? 천만인이 그를 공격함에도 그의 눈에는 미움과 증오의 그늘이 없습니다. 자신을 찌르고 배신한 사람들에게 어찌도 그토록 너그러울 수 있습니까?

보통 십자가에 매달린 자들의 경우, 고통이 극치에 달하게 되면 동물적인 본능이 나옵니다. 그래서 사람들을 욕하고 저주하고 하늘을 원망합니다. 그런데 예수님은 고통으로 일그러진 모습에서도 거룩함이 보입니다. 어머니 마리아를 불쌍히 여기시고, 제자를 사랑하시고, 자기를 대적하는 사람들조차 불쌍히 여기십니다.

왜 그러신가요? 사랑 때문입니다. 그는 지금 고난당하는 것이 아니라, 사랑하고 계시는 것입니다. 이 십자가를 지심은 하나님을 사랑하고, 죄인들을 사랑하고, 그의 형상으로 만든 모든 사람들을 사랑하시기 때문입니다.

그렇습니다. 여기에 못 박히신 분은 사랑의 하나님이십니다. 그로 인하여 이 저주와 증오, 두려움과 고통의 십자가는 사랑의 십자가로 바뀌어졌습니다.

이 모든 십자가의 행위는 사랑의 표현입니다. 하나님은 세상을 이처럼 사랑하셨습니다. 이만큼! 자기 독생자를 보내고 그 아들을 못 박고 죽게 할 만큼 하나님은 우리를 사랑하셨습니다. 예수님 역시 이 사랑의 하나님께 순종하셨기에 사랑을 위해서 기꺼이 이 나무 위로 오르셨던 것입니다.

이 십자가는 우리를 향한 하나님의 사랑의 수준을 가리키는 것입니다. 그 수준을 이해하기 위해서 한 영화에 나오는 얄팍한 사랑의 예를 생각해봅시다. 두 남녀가 만났습니다. 서로 좋아하다가 사랑한다고 생각하고 결혼을 약속합니다. 그런데 어느 날 남자의 아버지가 사고로 불구가 되자 이것이 둘 사이에 중요한 문제가 됩니다. 남자는 결혼하면 아버지를 모셔야 한다고 합니다. 그러자 어느 날 여자는 자기가 아무래도 그 남자를 사랑하지 않는 것 같다고 하면서 결혼은 취소되고 말았습니다.

이런 사랑도 사랑이라고 말합니다. 그런 사랑은 피차 젠틀해야 합니다. 거기에 무슨 고생이나 시련이 개입되어서는 안 됩니다. 서로에게 피해나 불편을 주지 않아야 그 사랑은 유지될 수 있습니다. 다시 말하면 사랑할만한 조건과 이유를 갖고 있어야 사랑하게 되는 것입니다.

물론 이보다 훨씬 나은 감동적인 사랑도 있습니다. 미국인 타이와 르네는 2003년 서로 만나 사랑하게 되었습니다. 그런데 1년 뒤 해병대 소속으로 이라크에 파병된 타이는 그만 폭탄테러공격을 받고 전신화상을 입게 되었습니다. 이후 그는 19개월 동안 50회 이상의 수술을 받았지만, 한쪽 팔과 오른쪽 시력을 잃었고 얼굴 부위에는 큰 화상 자국이 남았습니다. 그러나 그의 애인 르네는 이전의 멋진 얼굴이 사라진 타이를 변함없는 사랑으로 돌봤고, 결국 결혼식을 올렸습니다. 참 감동적입니다. 앞의 여자와는 달리, 르네는 정말 사랑이 무엇인가를 보여주었다고 할 수 있습니다.

그러나 이보다 훨씬 더 감동적인 사랑이 있습니다. 손양원 목사님은 여순사건 때 공산폭도에 의해서 자기 두 아들 동인, 동신이를 잃었습니다. 계엄군이 이 폭도를 체포하였지만, 손 목사님은 그에 대한 구명운동을 벌였고 그를 자기 양아들로 삼았습니다. 이것은 르네보다 몇 단계 위의 사랑입니다.

그러나 예수님의 십자가 사랑은 그보다 몇 십 배 더 큰 사랑입니다. 자기를 배신하고 자기를 고소하고 찌르고 학대하고 십자가에 못 박은 사람들, 그 사람들 모두를 끌어안는 사랑입니다. 아니 그들을 위해서 자기 목숨을 내어주시는 사랑입니다. 이 사랑을 인간의 그 어떤 사랑과 비교할 수 있겠습니까?

그런데 예수님은 제자들에게 이렇게 명하십니다. "새 계명을 너희에게 주노니 서로 사랑하라 내가 너희를 사랑한 것 같이 너희도 서로 사랑하라 너희가 서로 사랑하면 이로써 모든 사람이 너희가 내 제자인 줄 알리라"(요 13:34-35)

"서로 사랑하라!" 이것이 새 계명입니다. 유일한 계명입니다. 모든 계명 위의 계명입니다. 우리가 서로 사랑할 때, 세상은 우리가 예수님의 제자인 것을 인정하게 될 것이라고 말씀하신 것입니다.

그 사랑은 어떤 사랑인가요? '내가 너희를 사랑한 것 같은' 사랑입니다. 여기 '같이'라는 말 카토스는 '꼭 같이, 그 수준으로'라는 뜻입니다. "내가 너희를 사랑한 수준으로 너희가 서로 사랑하라"고 말씀하신 것입니다. 예수님께서 원하시는 사랑의 수준이 어느 정도인지 다시 말할 필요가 없을 것입니다.

오늘 십자가 앞에 선 성도 여러분, 십자가에 가까이 갈수록 어떤 느낌이 다가오십니까? 잔인함, 슬픔, 대속의 은혜, 죄에서의 해방…

그러나 오늘 우리는 주님께서 하신 또 다른 말씀을 들어야 합니다! 십자가에서 살을 찢기고 피를 흘리시는 주님이 우리에게 하시고 싶은 말씀은 이것입니다. "내가 정말 이렇게 너희를 사랑한다. 그와 같이 너희도 서로 사랑해라"

여러분, 한번 우리를 돌아봅시다. 서로 사랑하라는 이 계명 앞에 한번 옷을 벗고 서 봅시다. "내가 너희를 사랑한 것 같이"라고 하는 말씀의 거울 앞에 우리 자신의 지금의 삶의 모습을 비춰봅시다.

다른 것을 다 내려놓고 이 한 가지 잣대로 우리 믿음의 건강성을 체크해봅시다.

지금 사랑하며 살아가고 있습니까? 가정에서 교회에서 나는 사랑하는 사람입니까? 그렇다면 어떤 사람을 사랑하고 살아가고 있습니까? 나를 좋아하는 사람, 나와 코드가 맞는 사람, 나를 사랑해주는 사람에게는 물론 잘 해줄 것입니다.

내가 좋아하는 타입이 아닌 사람에게는 어떻게 하십니까? 나아가서 나에게 불편함을 주는 사람, 나에게 힘든 타입의 사람에게는 어떻게 하십니까? 피하고 관계를 단절하십니까?

더 나아가서 내게 해를 입히고 손실을 안겨주고 상처를 준 사람에게는 어떻게 하고 있습니까? 더 나아가서 나를 배신한 사람, 나를 찌른 사람, 나를 대놓고 비방하는 사람은 어떻게 대하고 있습니까?

예수님과 같은 의인도 세상에 오셨을 때에 이런 온갖 부류의 사람들에 둘러싸여 있었습니다. 우리가 인간관계에서 경험할 수 있는 모든 것을 그분도 경험하셨습니다. 사랑, 신뢰, 편안함 뿐 아니라, 시기와 질투, 미움과 비방, 무시당함과 수근거림, 배신과 버림 모든 것들을 다 겪으셨습니다. 그러나 그들 가운데 어느 누구도 사랑의 대상에서 제외하지 않으셨습니다.

오늘은 우리 주님이 십자가를 지시고 고난 중에 돌아가신 날입니다. 이 날을 기념하여 예배를 드리면서, 우리 각박해진 마음들이 사랑할 수 있는 마음으로 치유되길 바랍니다. 용서하기 어려운 사람을 용서하고, 받아들이기 어려운 사람을 받아들이고, 사랑하기 힘든 사람을 사랑하는 마음으로 우리의 마음이 바뀌어 지기를 바랍니다. 예수님이 우리를 사랑하신 것과 같은 수준으로 서로 사랑할 수 있는 마음으로 변화되길 바랍니다.

슐라터(Schlatter)가 이렇게 말했습니다. "말씀이나 기적도 이룰 수 없는 그것을 사랑은 이룬다." 성령께서 이 시간 우리의 마음을 만져주시기를 바랍니다. 성령께서 하나 되게 하신 것을 사랑의 끈으로 힘써 지켜 나갈 수 있기를 바랍니다.

(2011년04월 22일)

진정 부활하신 주님

"안식 후 첫날 일찍이 아직 어두울 때에 막달라 마리아가 무덤에 와서 돌이 무덤에서 옮겨진 것을 보고 시몬 베드로와 예수께서 사랑하시던 그 다른 제자에게 달려가서 말하되 사람들이 주님을 무덤에서 가져다가 어디 두었는지 우리가 알지 못하겠다 하니 베드로와 그 다른 제자가 나가서 무덤으로 갈새 둘이 같이 달음질하더니 그 다른 제자가 베드로보다 더 빨리 달려가서 먼저 무덤에 이르러 구부려 세마포 놓인 것을 보았으나 들어가지는 아니하였더니 시몬 베드로는 따라와서 무덤에 들어가 보니 세마포가 놓였고 또 머리를 쌌던 수건은 세마포와 함께 놓이지 않고 딴 곳에 쌌던 대로 놓여 있더라 그 때에야 무덤에 먼저 갔던 그 다른 제자도 들어가 보고 믿더라 (그들은 성경에 그가 죽은 자 가운데서 다시 살아나야 하리라 하신 말씀을 아직 알지 못하더라) 이에 두 제자가 자기들의 집으로 돌아가니라 마리아는 무덤 밖에 서서 울고 있더니 울면서 구부려 무덤 안을 들여다보니 흰 옷 입은 두 천사가 예수의 시체 뉘었던 곳에 하나는 머리 편에, 하나는 발 편에 앉았더라 천사들이 이르되 여자여 어찌하여 우느냐 이르되 사람들이 내 주님을 옮겨다가 어디 두었는지 내가 알지 못함이니이다 이 말을 하고 뒤로 돌이켜 예수께서 서 계신 것을 보았으나 예수이신 줄은 알지 못하더라 예수께서 이르시되 여자여 어찌하여 울며 누구를 찾느냐 하시니 마리아는 그가 동산지기인 줄 알고 이르되 주여 당신이 옮겼거든 어디 두었는지 내게 이르소서 그리하면 내가 가져가리이다 예수께서 마리아야 하시거늘 마리아가 돌이켜 히브리 말로 랍오니 하니 (이는 선생님이라는 말이라) 예수께서 이르시되 나를 붙들지 말라 내가 아직 아버지께로 올라가지 아니하였노라 너는 내 형제들에게 가서 이르되 내가 내 아버지 곧 너희 아버지, 내 하나님 곧 너희 하나님께로 올라간다 하라 하시니 막달라 마리아가 가서 제자들에게 내가 주를 보았다 하고 또 주께서 자기에게 이렇게 말씀하셨다 이르니라"(요 20:1-18)

예수님의 부활은 우리 인간들에게 가장 기쁜 소식입니다. 그것은 생명이 사망을 이긴 사건입니다. 인간은 누구나 죽음을 두려워합니다. 죽을 가능성이 있는 병에 걸리면 큰 충격을 받고 두려움을 갖습니다. 죽음이 가깝게 느껴지기 때문입니다. 이대로 죽을지 모른다고 생각하기 때문입니다.

죽음 앞에는 장사가 없습니다. 겹겹이 쌓아올린 성벽도, 그렇게 효과가 뛰어나다는 약재도, 나는 새도 떨어뜨린다는 권력도, 그 어떤 것도 오는 세월과 죽음을 막을 수는 없습니다.

그런 죽음의 권세를 주님은 부활하심으로 한방에 날려버렸습니다. 사망권세를 부수고 부활하여 승리하신 주님은 부활의 첫 열매가 되셔서 우리에게도 부활의 소망을 주셨습니다. "너는 잠시 죽지만, 죽어도 다시 살아난다.""예수께서 이르시되 나는 부활이요 생명이니 나를 믿는 자는 죽어도 살겠고 무릇 살아서 나를 믿는 자는 영원히 죽지 아니하리니 이것을 네가 믿느냐?"(요 11:25-26)

"네가 이것을 믿느냐?" 이것을 믿으면 그리스도인입니다. 이것을 믿으면 당장 인생의 종말이 찾아온다고 해도 두렵지 않습니다. 그러므로 이 부활의 믿음만큼은 내 뼛속 깊이 뿌리 내려져 그 어떤 상황, 그 어떤 시험에서도 추호의 흔들림이 없어야 합니다.

부활에 대한 믿음은 기독교 역사를 통해 볼 때 끊임없이 도전을 받아왔습니다. 예수님은 제자들에게 자신이 죽고 사흘만에 부활할 것을 말씀하셨지만, 누구도 그것을 믿지 못했습니다. 부활하신 뒤 여러 사람들에게 나타나셨지만, 그래도 여전히 믿지 못하는 사람들이 있었습니다. 예수님은 그런 사람들을 책망하시기도 했습니다.

고린도교회에는 부활을 의심하는 자들이 있었습니다. 그래서 바울은 고린도전서 15장 전체를 부활장으로 할애했습니다.

중세가 지난 후 이성을 앞세우는 계몽주의 영향을 받아 부활을 의심하는 자들이 생겨났습니다. 부활이 이성의 여정에서 이루어진 일이라면 논리적으로 차곡차곡 따져서 깨달아지게 될 것입니다. 그러나 이성은 기적을 이해할 수 없습니다. 이성은 이성으로 이해할 수 있는 곳까지만 가기 때문입니다. 그러므로 이성은 기적의 문턱 앞에서는 돌아서고 맙니다.

그러나 하나님은 이성의 눈으로 볼 수 있는 분이 아닙니다. 그를 만나기 위해서는 이성이 다한 곳에서 뛰어 오르는 것이 필요합니다. 혹시 아직 부활을 믿지 못하는 분이 있다면 이 시간 마음을 열고 한번 이런 영적인 도약을 해봅시다.

먼저 부활을 의심하는 사람들의 이야기를 들어봅시다. 어떤 이는, 당시 제자들이 예수의 시신을 훔쳐가서 빈 무덤을 만들어놓은 뒤 부활했다는 소문을 퍼뜨렸다고 말합니다. 이것이 왜 잘못된 생각인가는 후에 언급할 것입니다.

그런가 하면 18~19세기 독일 신학자 파울루스가 주장하는 기절설에 의하면, 예수님을 십자가에서 내릴 때에 예수님은 실제로 죽은 것이 아니라 실신상태에 빠져있었다는 것입니다. 무덤에 안치된 뒤, 무덤 속의 서늘한 공기와 지진 등으로 예수님은 실신한 상태에서 깨어나게 된 것입니다. 다행히 지진으로 인해 돌문이 굴러 무덤이 열리게 되었습니다. 그리하여 예수님은 수의를 벗어버리고 동산지기의 옷으로 갈아입고 밖으로 나왔습니다. 막달라 마리아가 예수를 동산지기로 본 것은 이런 이유에서였다는 것입니다.

여기서 한걸음 더 나아서 독일의 스트라우스라는 신학자에 의하면, 예수는 부활한 것이 아니라 제자들이 그렇게 믿었다는 것입니다. 예수가 죽은 뒤 시간이 지나면서 제자들은 메시아가 최고 존재의 형태로 들어가셨을 것이라 생각하게 되었고, 그러다보니 예수가 부활한 것으로 믿게 되었다는 것입니다. 그들은 예수의 시신이 있는 예루살렘에서는 감히 말 못하고 멀리 떨어진 갈릴리에 가서 예수의 부활을 선포했습니다. 이 사상은 점점 부활신앙으로 형성되기 시작했고, 부활신앙이 확고해 진 때에는 예루살렘에 있는 예수의 시체도 더 이상 증거물 역할을 할 수 없게 되었다는 것입니다. 따라서 제자들은 부활 후 50일이 되는 날에야 비로소 예루살렘에서도 예수의 부활을 담대히 전파할 수 있게 되었다는 것입니다.

독일 사람들은 음침한 날씨 탓인지 구석에 앉아서 생각하기를 즐기며 이런 엉뚱한 생각을 잘 만들어냅니다. 근대 소위 자유주의신학들이 대부분 독일에서 시작된 것도 아마 이런 영향을 받았기 때문일 것입니다.

그런데 우리나라에도 이런 빗나간 신학의 영향을 받은 신학자들이 있습니다. 안병무를 비롯한 민중신학자들이 그런 사람들입니다. 이들의 주장에 의하면, 예수가 십자가 처형당하는 것을 보면서 갈릴리 민중 속에 민중의식이 살아났다는 것입니다. 그래서 부활은 예수의 육신이 부활한 것이 아니라 민중이 부활했음을 상징한다는 것입니다. 민중신학은 과거 군사독재에 항거하며 힘없는 노동자의 편에 서는 역할도 했지만, 엄밀한 의미에서 부활하신 예수를 믿는 기독교가 아닙니다. 이런 근본이 잘못된 신학자들은 심지어 공영방송을 통해서 기독교를 왜곡시켜 전하기도 했습니다.

그들이 이런 식으로 부활을 해석하려는 이유는 하나입니다. 예수님의 부활을 믿지 못하기 때문입니다. 그것이 분명한 역사적 사실임을 믿지 않기 때문입니다.

오늘 성경을 보십시오! 4개의 복음서를 종합해보면, 예수님의 죽음에서 부활까지의 역사적인 여정을 선명하게 볼 수 있습니다. 예수님은 파울루스의 말처럼 기절한 것이 아닙니다. 분명히 죽으셨습니다. 로마 군인들이 그렇게 허술한 사람들이 아니었습니다. 한 군인이 예수님의 죽음을 확인하고도 창으로 허리를 찔렀다고 했습니다. 일종의 확인사살입니다. 그러자 옆구리에서 물과 피가 나왔습니다. 사도 요한은 가까이서 이것을 본 목격자였습니다.

예수님이 죽자마자, 아리마대 사람 요셉이 빌라도를 찾아가 시체를 달라고 간청하였습니다. 이때 빌라도는 불과 6시간만에 죄수가 죽었다 것에 의아해하였습니다. 그래서 사형을 집행한 백부장을 불러 먼저 그의 죽음을 확인한 후에야 시체를 내주었습니다.

마침 니고데모도 일종의 방부제인 몰약과 침향 섞은 향품을 가져왔습니다. 그리고 유대인의 장례법대로 향품과 함께 세마포로 정성껏 쌌습니다. 요셉은 자신을 위해서 준비해 놓은 새 무덤에 예수님의 시신을 모시고 돌문을 달았습니다.

조금 후 바리새인들도 빌라도를 찾아갔습니다. 그들은 빌라도에게, 예수가 사흘 만에 다시 살아난다고 가르쳤기 때문에 혹 제자들이 예수의 시체를 가져다가 이런 거짓말을 할 수도 있다고, 그러니 사흘까지 무덤을 굳게 지켜달라고 간청했습니다. 그래서 빌라도의 명을 받은 경비병들은 무덤을 막은 돌에 인봉을 하고 굳게 지켰습니다.

예수님이 죽으신 그날 저녁부터 시작된 안식일은 그 다음날 저녁까지 계속되었습니다. 안식일 다음날 새벽에 막달라 마리아를 비롯한 여인들이 시신에 향을 바르기 위해서 무덤으로 달려갔습니다. 가면서 그들은 걱정했습니다. "누가 그 무거운 돌문을 옮겨주겠는가?" 이때 남자들을 데려가지 못한 것은 제자들 모두가 유대인들을 두려워했기 때문입니다.

그런데 무덤에 가보니 염려할 필요가 전혀 없었습니다. 이미 돌문이 굴러가고 무덤이 활짝 열려있는 것이 아닙니까! 여인들이 오기 전 여기는 엄청난 일이 일어났습니다. 무슨 일이겠습니까? 예수님이 부활하신 것입니다. 예수님이 부활하실 때 큰 지진이 일어나면서 무덤의 문이 열렸습니다. 경비병들은 너무 무서워 얼어버렸습니다. 그들은 도망쳐서 제사장들에게 가서 이 사실을 알렸습니다. 제사장들은 이들에게 돈을 주면서 거짓말하도록 사주했습니다. 돈을 받은 그들은 밤에 잠들었을 때에 제자들이 몰래 와서 시신을 훔쳐간 것이라고 거짓말하였습니다. 그리고 이 거짓말은 사람들 속에 유포되었고, 그래서 많은 사람들은 그렇게 믿게 되었습니다.

그러나 당시 두려움에 떨면서 숨어있었던 제자들이 무장한 경비병이 지키는 무덤에 가서 인봉된 돌문을 열고 시신을 가져갔다는 것은 이치에 맞지 않는 이야기입니다.

여자들은 빈 무덤을 보고 너무 놀라서 베드로와 요한에게 달려갔습니다. 그녀들은 누군가 예수님의 시체를 몰래 가져갔다고 생각했습니다. 이 말을 들은 베드로와 요한은 예수님의 무덤으로 달려갔습니다. 정말 무덤은 비어있었고 시체를 쌌던 세마포만 있었습니다.

기독교 변증자 죠쉬 맥도웰은 〈부활의 요인〉이란 책에서, 이 제자들이 본 것은 '나비가 날아간 후 나비 고치의 빈 번데기 같은 세마포'였다고 기술했습니다. 그러나 이상한 것은 머리를 쌌던 수건이었습니다. 도둑이 시체를 가져간 것이라면 수건이 엉망이 되어 있을 텐데, 그것이 머리맡에 쌌던 그대로 잘 놓여져 있었던 것입니다.

두 제자가 돌아간 후 막달라 마리아는 무덤 밖에서 울다가 몸을 구푸려 무덤 안을 들여다보았습니다. 거기 두 명의 천사가 앉아있었습니다. 그들은 마리아에게 왜 우느냐고 물었습니다. 울 이유가 없는데 왜 우느냐는 것입니다. 마리아는 알아차리지 못하고 울면서 "사람들이 주님의 시신을 훔쳐갔습니다." 라고 말했습니다.

그리고 뒤를 돌이켜 누군가 서있는 것을 보았습니다. 마리아는 그가 동산지기인 줄 알았습니다. 이것은 파울루스의 말처럼 예수님이 동산지기 옷을 입고 있어서가 아닙니다. 마리아는 예수의 부활을 전혀 상상할 수 없었기 때문입니다. 무덤가에 있을 사람이 동산지기 아니면 누구이겠습니까?

그러나 순간 그녀는 "마리아야" 하고 부르는 소리를 들었습니다. 비로소 그녀는 알아차렸습니다. "랍오니"(선생님)! 예수님이셨습니다. 죽은 예수님이 다시 살아나셨습니다. 얼마나 놀랐겠습니까? 얼마나 기뻤겠습니까? 그녀는 첫 번째 부활의 증인이 된 것입니다.

이날 저녁에 부활하신 예수님은 제자들에게 나타나셨습니다. 그들에게 자신의 손과 옆구리를 보여주셨습니다. 그리고 그 자리에 없었던 도마에게도 다시 나타나셨습니다. 그리고 엠마오로 가던 제자들에게도 나타나셨습니다.

바울의 말을 들어보십시오! "내가 받은 것을 먼저 너희에게 전하였노니 이는 성경대로 그리스도께서 우리 죄를 위하여 죽으시고 장사 지낸 바 되셨다가 성경대로 사흘 만에 다시 살아나사 게바에게 보이시고 후에 열두 제자에게와 그 후에 오백여 형제에게 일시에 보이셨나니 그 중에 지금까지 대다수는 살아 있고 어떤 사람은 잠들었으며 그 후에 야고보에게 보이셨으며 그 후에 모든 사도에게와 맨 나중에 만삭되지 못하여 난 자 같은 내게도 보이셨느니라"(고전 15:3-8)

550명이 넘는 사람들이 부활하신 예수님을 직접 만났습니다. 이들은 가는 곳마다 예수님의 부활을 증언했고, 이것을 위해서 기꺼이 자기의 목숨을 내어놓았습니다. 만일 부활이 역사 속에서 일어나지 않은 일이고 만들어낸 이야기라면, 어떻게 그렇게 목숨을 걸면서까지 증언할 수 있겠습니까? 예수님의 부활은 분명 역사적인 사실이었습니다. 그리고 이 부활의 증언은 성경에만 있는 것이 아니었습니다.

옥스퍼드 대학교에 전 현대사 학회장을 역임했던 토마스 아놀드라는 교수가 있습니다. 역사교수라면 누구보다도 비판적이고 객관적이고 증거를 토대로 해서 역사적인 사실들을 확증하는 사람입니다. 그런 그가 이렇게 말했습니다. "나는 여러 해 동안 과거의 역사를 연구하면서 이에 대해서 기록한 문헌과 유물을 고증하여 그 사실 여부를 조사하여 오는 중이다. 그런데 하나님께서 우리에게 주신 표징, 곧 그리스도가 죽으셨다가 다시 살아나셨다는 사실보다 더 분명한 사실을 인류 역사에서 나는 보지 못하였다."

그러나 이 모든 부활의 증거보다 더 확실한 증거가 있습니다. 그것은 우리가 매일 그 살아계신 주님을 만나고 있다는 사실입니다. 구세군의

지도자 윌슨 칼라일이 런던 하이드파크 코너에서 "예수님은 오늘도 살아계십니다." 라고 전도하였습니다. 야유를 하던 한 사람이 그에게 소리쳤습니다. "어떻게 그걸 압니까?" 그는 대답했습니다. "왜냐하면 저는 오늘 아침에도 그분과 30분 동안 이야기했기 때문이죠."

그렇습니다. 예수님은 부활하셨습니다. 진정 부활하셨습니다. 부활하신 주님이 성령으로 오셔서 우리와 함께 계십니다. 사망권세를 물리치시고 하늘과 땅의 권세를 가지신 살아계신 주님, 그분이 우리와 함께 하시매 두려워할 것 하나도 없습니다.

살아계신 주님이 함께 하시매, 무엇이 두려워 세상과 타협하고, 무엇이 두려워 숨고 도망가겠습니까? 우리는 염려와 근심에 눌리는 연약한 자가 될 이유가 전혀 없습니다. 우리 앞에 놓인 어떤 도전과 시련 앞에서라도 결코 두려워하지 말고 살아계신 주의 힘을 의지하여 뛰어 넘읍시다!

부활신앙을 굳게 잡고 세상을 이기는 우리 모두가 되기를 바랍니다.

(2011년 4월 24일)

세상을 이기는 부활의 신앙

"형제들아 내가 이것을 말하노니 혈과 육은 하나님 나라를 이어 받을 수 없고 또한 썩는 것은 썩지 아니하는 것을 유업으로 받지 못하느니라 보라 내가 너희에게 비밀을 말하노니 우리가 다 잠 잘 것이 아니요 마지막 나팔에 순식간에 홀연히 다 변화되리니 나팔 소리가 나매 죽은 자들이 썩지 아니할 것으로 다시 살아나고 우리도 변화되리라 이 썩을 것이 반드시 썩지 아니할 것을 입겠고 이 죽을 것이 죽지 아니함을 입으리로다 이 썩을 것이 썩지 아니함을 입고 이 죽을 것이 죽지 아니함을 입을 때에는 사망을 삼키고 이기리라고 기록된 말씀이 이루어지리라 사망아 너의 승리가 어디 있느냐 사망아 네가 쏘는 것이 어디 있느냐 사망이 쏘는 것은 죄요 죄의 권능은 율법이라 우리 주 예수 그리스도로 말미암아 우리에게 승리를 주시는 하나님께 감사하노니 그러므로 내 사랑하는 형제들아 견실하며 흔들리지 말고 항상 주의 일에 더욱 힘쓰는 자들이 되라 이는 너희 수고가 주 안에서 헛되지 않은 줄 앎이라"(고전 15:50-58)

예수님께서 부활하셨습니다. 정말 부활하셨습니다. 믿으십니까? 이것은 상징이나 신화도 아닌 분명한 역사적 사실입니다. 이 부활은 복음의 핵심입니다. 고린도전서 15장은 부활에 관해 기록한 부활장입니다. 바울은 여기서 복음이 무엇인가를 먼저 말하고 있습니다. "내가 받은 것을 먼저 너희에게 전하였노니 이는 성경대로 그리스도께서 우리 죄를 위하여 죽으시고 장사 지낸 바 되셨다가 성경대로 사흘 만에 다시 살아나사"(3-4) 예수님의 죽음과 부활, 이것이 복음의 핵심입니다.

무엇보다 부활은 하나님나라의 대반전이었습니다. 모든 것을 뒤엎었습니다. 정말로 믿을 수 없는 일이었습니다. 새벽에 무덤으로 달려간 여인들, 베드로와 열 제자들, 엠마오로 가던 두 제자들, 이들의 공통점은 무엇인가요? 그들 모두 부활을 상상하지도 못했다는 것입니다. 그러기에 부활하신 예수님을 만났을 때에, 그들은 모두 기절할 만큼 놀랐습니다.

부활하신 주님은 이들 외에도 500여 형제들에게 나타나셨습니다. 모두가 충격 받으면서 가슴이 뜨거워졌습니다. 그리고 변하기 시작했습니다.

그 중 한 사람이 바울입니다. 만삭이 되지 못하여 난 자와 같은 바울에게도 부활의 주님은 찾아오셔서 그를 고꾸라뜨리셨습니다. 그는 새로운 삶의 목표를 가졌습니다. "내가 그리스도와 그 부활의 권능과 그 고난에 참여함을 알고자 하여 그의 죽으심을 본받아 어떻게 해서든지 죽은 자 가운데서 부활에 이르려 하노니"(빌 3:10-11) 부활하신 예수님을 따라 부활하는 것이 그의 삶의 목표였습니다.

그가 이 15장에서 부활에 관해 상세하게 설명하는 것은 그가 전도해서 세운 고린도교회에 부활이 없다고 주장하는 자들이 있었기 때문입니다. "그리스도께서 죽은 자 가운데서 다시 살아나셨다 전파되었거늘 너희 중에서 어떤 사람들은 어찌하여 죽은 자 가운데서 부활이 없다 하느냐"(12)

그들은 예수의 부활을 부인하지는 않았습니다. 다만 죽은 사람의 부활 즉 우리 몸의 부활을 믿지 않았던 것입니다. 도대체 왜 이런 생각을 했을까요? 신학자들마다 이들에 대한 견해가 다양합니다. 그 가운데 가장 공감 가는 주장을 근거로 그들이 왜 그런 생각을 했는가를 추론해 볼 수 있습니다.

첫째, 그들은 너무 영적이었습니다.

그리스의 중심도시인 고린도에는 헬라철학에 익숙한 지성인들이 많았습니다. 소위 세상의 지혜 있는 자들입니다. 그래서 바울은 고린도전서에서 세상지혜로 하나님을 알 수 없음을 여러 차례 말했습니다.

그러나 지성인들은 생각의 틀을 쉽게 바꾸지 못합니다. 당시 헬라철학은 강한 영육이원론에 바탕을 두고 있었습니다. 이들에게 영은 매우 중요한 반면 육은 무익했습니다. 즉 너무 영적인 것에만 치중했습니다. 이 교회에서 은사운동이 많이 일어난 것도 바로 이런 이원론적인 영향이 컸기 때문입니다.

그러므로 이들은 육신의 부활에 부정적이었습니다. 특히 '죽은 자의 부활'에 해당하는 헬라말 '아나스타시스 네크론'(anastasis nekron)을 '죽은 시체가 다시 살아남'이란 뜻으로 이해함으로써 육신의 부활에 대해 더욱 거부감을 가졌습니다.

리처드 헤이스는 이들의 생각을 이렇게 각색했습니다. "예수의 부활은 하나님께서 진리의 지식을 소유한 사람들의 삶 속에서 이루시는 영적 변화에 대한 멋진 비유입니다. '부활'은 우리가 우리의 지혜와 영적 은사들 안에서 경험하는 성령의 능력을 상징합니다. 그러나 시체들이 다시 살아난다는 이미지는 어린아이와 같이 유치한 근본주의자들만을 위한 것입니다. 영적인 우리들은 그것이 혐오스럽습니다."

영적인 사람들에게 있어 부활이란 옛사람은 죽고 영이 새로운 피조물로 거듭나는 것이었습니다. 실제로 우리는 예수와 연합함으로써 이미 죽음과 부활을 경험했습니다. "만일 우리가 그의 죽으심과 같은 모양으로 연합한 자가 되었으면 또한 그의 부활과 같은 모양으로 연합한 자도 되리라"(롬 6:5) 부활을 부인하는 이들은 여기까지가 부활이라고 말하면서 '부활은 이미 지나갔다, 더 이상 부활은 없다'고 가르쳤던 것입니다.

둘째, 그들은 육의 부활을 필요로 하지 않았습니다.

죽은 뒤에 펼쳐지는 세계를 자세히 알기는 어렵습니다. 오해되는 부분도 있습니다. 자, 신앙인이 죽으면 그 영혼이 어디로 갑니까? 대부분이 천국 간다고 생각합니다. 저 하늘에 있는 하나님의 처소에 가서 거기서 안식하며 영원히 살게 된다는 것입니다.

그러면 다 된 것 아닙니까? 그런데 부활은 또 뭔가요? 천국에서 살던 영혼이 예수님이 재림하실 때 다시 지상에 내려와 부활해서 다시 천국으로 올라가는 건가요? 그냥 우리 영혼이 천국에서 쭉 살면 되지 않나요? 이런 생각을 가진 분도 있을 것입니다.

그러나 이것은 잘못된 생각입니다. 정확히 말하면, 죽은 뒤에 믿는 자의 영혼이 어디로 가는지는 잘 모릅니다. 어떤 이들은 낙원이라는 곳이 따로 있어 거기서 잠깐 쉬다가 부활 후 천국으로 간다고 주장합니다. 또 어떤 이들은 '잔다'는 표현처럼 수면상태로 들어가 자다가 주님 오실 때에 깨어 부활한다고도 합니다.

그러나 우리가 보통 천국으로 상상하는 '새 하늘과 새 땅' 또는 지옥 (불못)은 모두 예수님이 재림하신 후에 가게 되는 곳입니다.

한 가지 분명한 사실은, 이 신천신지는 우리 영혼만 가는 곳이 아니라 부활하여 신령한 몸을 입은 자들이 가서 사는 곳입니다.

바울보다 100년 뒤에 활동했던 '순교자 저스틴'은 〈유대인 트로포와의 논쟁)에서 이런 말을 합니다. "그리스도인이라 불리는 사람들 중에, 죽은 자들의 부활은 없고 그들의 영혼은 죽을 때 천국으로 불려 간다고 말하는 어떤 이들이 있다. … 저들은 사악하고 경건치 못한 이단들이다. … 나나 다른 이들처럼 모든 점에서 정신이 제대로 박힌 그리스도인들은 죽은 자들의 육신의 부활이 있으리라는 것을 확신하고 있다." 그는 죽은 자의 부활이 없다고 말하는 자들을 아예 이단이라 못을 박습니다.

바울 역시 죽은 자의 부활을 믿지 않으면 복음 전체를 부인하게 되는 것이라고 단호히 말합니다. 예수의 부활은 믿지만 죽은 자의 부활은 믿지 않는다고요? 죽은 자가 부활하는 것이 없으면, 예수가 어떻게 부활하였겠습니까? 그가 부활하지 않았으면, 부활을 전하는 우리는 거짓말쟁이 아닙니까?(13-15)

더 나아가, 예수가 다시 살지 못했다면, 우리의 믿음도 헛되고, 우리는 여전히 죄 가운데 있는 것이고, 믿고 죽은 자도 다 망한 것입니다. 아울러 부활을 소망으로 삼고 절제하며 고난을 감수하면서 사는 우리는 세상에서 가장 불쌍한 자가 되고 마는 것입니다.(17-19절)

예수님처럼 우리도 부활한다는 부활신앙은 복음의 기둥과도 같은 것입니다. 그것이 뽑히면 하나씩 하나씩 다 무너져 버립니다.

우리는 반드시 부활합니다. 예수님이 우리 부활의 첫 열매가 되시면서 우리가 들어갈 부활의 문을 활짝 열어놓으셨습니다.

그렇다면 우리의 부활은 어떻게 이루어질까요? "형제들아 내가 이것을 말하노니 혈과 육은 하나님 나라를 이어 받을 수 없고 또한 썩는 것은 썩지 아니하는 것을 유업으로 받지 못하느니라"(50) 이 썩을 몸으로는 하나님 나라에 들어갈 수 없고, 거기서 영광을 누리며 살 수 없습니다.

그러면 어떻게 부활하나요? 영의 몸으로 부활하는 것입니다. "육의 몸으로 심고 신령한 몸으로 다시 살아나나니 육의 몸이 있은즉 또 영의 몸도 있느니라"(44)

육의 몸이란 자연적인 몸(natural body)을 말합니다. 이것은 어느 수명까지 살다가 끝나면 땅 속에 들어가 썩습니다. 그래서 49절에서는 '흙에 속한 자의 형상'이라고 표현했습니다.

부활시는 우리가 영적인 몸(spiritual body)을 입습니다. 이는 '하늘에 속한 이의 형상'(49절)을 입는 것입니다. 하늘에 속한 이는 누구인가요? 그리스도입니다. 그리스도의 형상을 입는 것입니다

빌립보서를 보십시오! "그는 만물을 자기에게 복종하게 하실 수 있는 자의 역사로 우리의 낮은 몸을 자기 영광의 몸의 형체와 같이 변하게 하시리라"(빌 3:21) 부활할 때에 우리는 그리스도의 영광의 몸의 형체로 변하는 것입니다. 그야말로 신의 몸을 가지는 것입니다. 생각만 해도 가슴이 뛰지 않습니까?

그게 언제입니까? 하나님이 정해 놓으신 그 날이 오면, 천사장의 호령과 함께 마지막 팡파르가 울려 퍼질 것입니다. 동시에 예수님이 영광 중에 재림하실 것입니다. 그러면 순식간에 죽은 자들이 영의 몸, 그리스도의 영광의 몸을 입고 다시 살아날 것입니다. 그때 살아있는 사람의 몸 또한 그런 신령한 몸으로 변할 것입니다.

그 몸은 신적인 능력을 담고 있습니다. 사망이 공격해도 결코 죽지 않습니다. 이 세상에서는 사망의 권세 아래서 모두가 꼼짝 못했습니다. 죽기를 두려워했습니다. 그러나 부활한 우리 앞에서는 오히려 그 사망이 무기력하게 무릎 꿇을 것입니다. "우리 주 예수 그리스도로 말미암아 우리에게 승리를 주시는 하나님께 감사하노니"(57)

반면, 불못으로 던져져 영원히 멸망할 자들이 있습니다. 마귀와 그에 붙어있는 자들입니다.

이제 모든 부정한 것이 제거되면서 마침내 만유는 다시 거룩해집니다. 새 하늘과 새 땅이 되는 것입니다. 거기서 우리는 주님과 함께 하나님의 상속자로 영광을 누리는 것입니다. 아울러 이 세상에서 수고하고 고난당하고 헌신한 만큼의 상급과 면류관을 받게 되는 것입니다.

자, 그렇다면 이 부활의 신앙은 죽은 뒤에나 쓸모 있는 것입니까? 아닙니다. 그 속에는 이 세상을 이기는 힘이 있습니다. 여러분이 이 부활의 소망으로 충만해진다면 어떻게 될 것 같습니까? 어떤 일에도 낙담하지 않습니다. 슬픈 일을 만나도 기뻐하고, 여러 가지 일로 우겨쌈을 당해도 염려하거나 두려워하지 않습니다. 그야말로 강한 사람이 되는 것입니다.

작은 욕심에 목매달지 않습니다. 일락을 추구하면서 몸을 더럽히지 않습니다. 헛된 일에 인생을 허비하지 않습니다. 바르게 사는 사람이 되는 것입니다.

그 날에 받을 상급을 기대하면서 주의 일에 더욱 힘쓰는 것입니다. 하루하루 주님 위해 행한 모든 것들이 땅에 떨어지지 않고 다 저장되어, 그날에 그곳에서 드러날 것입니다. 헌신하는 사람이 되는 것입니다.

그래서 이 부활장의 마지막은 이것입니다. "그러므로 내 사랑하는 형제들아 견실하며 흔들리지 말고 항상 주의 일에 더욱 힘쓰는 자들이 되라 이는 너희 수고가 주 안에서 헛되지 않은 줄 앎이라"(58)

사랑하는 성도 여러분, 예수님께서 부활하셨습니다. 우리 또한 부활할 것입니다. 주님이 오시는 날 우리 함께 부활합시다. 이곳에 있는 우리 교인 한 사람도 빠지지 않도록 합시다.

아니 우리 부모나 형제, 자녀, 사랑하는 친구, 이웃, 누구 하나 빠지지 말아야 합니다. 그들을 이 복음 가운데로 인도합시다.

절제하고 헌신하여 누구보다도 더 많은 상급과 면류관을 받도록 합시다. 항상 주의 일에 더욱 힘쓰는 모두가 됩시다!

(2016년 3월 27일)

평강이 있을지어다

"이 날 곧 안식 후 첫날 저녁 때에 제자들이 유대인들을 두려워하여 모인 곳의 문들을 닫았더니 예수께서 오사 가운데 서서 이르시되 너희에게 평강이 있을지어다 이 말씀을 하시고 손과 옆구리를 보이시니 제자들이 주를 보고 기뻐하더라 예수께서 또 이르시되 너희에게 평강이 있을지어다 아버지께서 나를 보내신 것 같이 나도 너희를 보내노라 이 말씀을 하시고 그들을 향하사 숨을 내쉬며 이르시되 성령을 받으라 너희가 누구의 죄든지 사하면 사하여질 것이요 누구의 죄든지 그대로 두면 그대로 있으리라 하시니라"(요 20:19-23)

예수 그리스도의 부활은 이 우주역사상 가장 큰 사건입니다. 단순히 어떤 사람이 죽음을 경험하고 다시 살아 돌아온 것과는 전혀 다른 차원의 사건입니다. 예수님이 살아계실 당시에도 야이로의 딸과 나사로가 죽은 뒤에 다시 살아났습니다. 그러나 예수 그리스도의 부활은 새로운 역사의 시작입니다.

이제 세상은 그리스도의 부활 이전과 부활 이후로 구분됩니다. 예수 그리스도의 부활로 말미암아 이 세상을 지배하던 사망의 권세가 부서졌습니다. 세상을 다스리던 왕 즉 마귀가 쫓겨났습니다. 어둠의 세력이 물러가고, 부활하신 우리 주님께서 하늘과 땅의 권세를 갖고 친히 이 세상을 다스리십니다. 새로운 시대가 시작된 것입니다. 바로 하나님 나라입니다.

하나님나라의 시작은 곧 종말의 시작입니다. 종말의 카운트다운이 시작된 것입니다. 우리는 지금 종말시대에 살고 있습니다. 그리고 이 종말의 카운트다운이 끝날 때에, 종말시대의 마지막에, 주님이 재림하시는 것입니다.

시대뿐 아니라 개인도 마찬가지입니다. 여러분과 저의 인생의 역사는 부활로 나눠집니다. 부활을 믿기 전과 믿은 이후의 삶입니다. 믿은 이후 우리의 삶은 믿기 전과 같을 수 없습니다. 삶의 방식도 다르고 삶의 목표와 비전도 다릅니다. 진정 예수의 부활을 믿는다면, 진정 자신의 부활을 소망한다면, 다른 삶을 살아가게 됩니다.

주님은 안식 후 첫날 새벽에 부활하셨습니다. 그리고 그날 저녁에 제자들을 찾아오셨습니다. 제자들은 부활하신 주님을 뵙고 너무 기뻤습니다. 주님은 그들에게 두 가지의 말씀을 주셨습니다. 이 말씀은 오늘날 부활을 믿으며 살아가는 우리들에게 주시는 말씀이기도 합니다. 그러므로 이 메시지에 귀를 기울여 봅시다.

첫째, "평강이 있을지어다."

"이 날 곧 안식 후 첫날 저녁 때에 제자들이 유대인들을 두려워하여 모인 곳의 문들을 닫았더니 예수께서 오사 가운데 서서 이르시되 너희에게 평강이 있을지어다"(19)

구약에서 가장 많이 그리고 가장 평범하게 나누는 인사가 바로 '샬롬'입니다. "평강이 있기를! 평안하기를!"이라는 말입니다. 그러나 여기 부활하신 주님의 샬롬은 그저 유대인들이 나누는 평범한 인사와는 다른 차원의 것입니다.

당시 그곳에 숨어있던 제자들의 심경을 표현하는 단어가 있습니다. 두려움입니다. "제자들이 유대인들을 두려워하여 모인 곳의 문들을 닫았더니"(19) 그들은 두려움에 사로잡혀 있었습니다. 자신들이 믿고 따르던 예수님이 수치스러운 형장의 이슬로 사라지셨습니다. 그것으로 끝이 아닙니다. 그 다음 수순이 무엇이겠습니까? 예수를 좇던 자들에 대한 대대적인 검거입니다. 그 첫 번째 타겟은 당연히 여기 열한 제자가 될 것입니다. 그 무지막지한 유대인들, 잔인한 로마군인! 얼마나 두려웠겠습니까?

두려움은 제자들만 갖고 있는 것이 아닙니다. 죄를 짓고 에덴에서 추방된 이후 인간의 내면 깊은 곳에는 두려움으로 가득 차 있습니다. 아벨을 죽인 가인의 말입니다. "주께서 오늘 이 지면에서 나를 쫓아내시온즉 내가 주의 낯을 뵈옵지 못하리니 내가 땅에서 피하며 유리하는 자가 될지라 무릇 나를 만나는 자마다 나를 죽이겠나이다"(창 4:14) 그는 두려워하고 있습니다.

이처럼 우리에게는 먼저 사람들이 두려움의 대상이 됩니다. 또 광폭한 자연을 두려워하기도 하고 보이지 않는 영적존재를 두려워하기도 합니다. 그런가하면 아직 일어나지 않은 미래의 일들이 우리에게 두려움으로 다가옵니다. 전쟁이 일어나지 않을까? 경제위기가 찾아오지 않을까? 직장을 잃지 않을까? 불치의 병에 걸리게 되지는 않을까? 가족을 잃지 않을까? 자녀에게 문제가 생기지 않을까? 돌아보면 염려 걱정을 넘어서서 두려워할 것 투성이입니다.

그러므로 우리는 늘 샬롬을 갈망합니다. 아무 두려움이 없이 평온한 가운데 살고 싶어 합니다. 이 세상에서 그것이 가능할까요? 그렇습니다.

갓난아기를 생각해보십시오! 엄마 품에만 안기면 평온해집니다. 울음을 그치고, 장난치고 웃다가 새근새근 잠이 듭니다. 아기는 엄마 품을 100% 신뢰하기 때문입니다. "실로 내가 내 영혼으로 고요하고 평온하게 하기를 젖 뗀 아이가 그의 어머니 품에 있음 같게 하였나니 내 영혼이 젖 뗀 아이와 같도다"(시 131:2)

제가 어릴 때에 있었던 일입니다. 어느 날 동네에서 새벽에 큰 불이 났습니다. 목공소에서 신나에 불이 붙어 번지면서 삽시간에 이웃집 서너 채까지 불타버렸습니다. 그 무섭게 불타는 현장을 본 후로 종종 우리 집이 불나는 악몽을 꾸었습니다. 저희 바로 아랫집이 작은 목공소였기 때문입니다. 악몽을 꾸다 깨어나면 잠이 잘 들지 않았습니다. 그러면 아버지가 당신 옆에 와서 누우라고 하셨습니다. 아버지 옆에 누우면 이상하게 바로 잠이 들었습니다. 왜 그랬을까요? 어린 저에게 아버지의 품은 든든한 곳이었습니다. 그렇습니다! 진정 힘 있는 자, 의지할 자를 가진 사람은 두려움에서 해방됩니다.

여기 주님께서 "평강이 있을지어다"라고 말씀하시는 것은 그저 평범한 샬롬이 아닙니다. "이제 너희는 염려하지 말아라! 나는 이제는 더 이상 연약한 인간의 모습이 아니다. 사망권세를 깨뜨리고 부활했다. 하늘과 땅의 모든 권세를 가졌다. 세상을 이기고 승리하였다. 그러므로 이제 너희는 더 이상 두려워할 필요가 없다. 그러므로 평안하라! 평강이 있을지어다." 이 말씀입니다. "이것을 너희에게 이르는 것은 너희로 내 안에서 평안을 누리게 하려 함이라 세상에서는 너희가 환난을 당하나 담대하라 내가 세상을 이기었노라"(요 16:33)

그는 우리가 믿고 의지할 수 있는 크신 분이십니다. 아주 크신 분! 그것을 부활로 증명하셨습니다. 그 부활의 주 안에서 우리는 평강을 누릴 수 있습니다. 그러므로 고대교회의 부활절 인사는 바로 이 '샬롬'이었습니다.

여러분, 부활하신 예수님이 우리의 주님 되심을 믿습니까? 그렇다면 평강이 여러분 속에 넘치기를 기원합니다. 아무것도 두려워 마십시오! 무엇을 염려하십니까! 여러분의 인생이 주님의 손에 있는데, 누가 여러분을 해할 수 있겠습니까?

우리가 사는 이 세상이 아직 속량되지 못했기에, 아무 문제없이 살수는 없습니다. 눈물 없고, 질병 없고, 가난과 시험이 없는 세계는 종말이후에 올 것입니다. 지금 여기서 살다보면 시련도 오고 어려움과 실패도 겪을 수 있습니다. 그러나 담대하십시오! 주님의 허락 없이, 우연히또는 원수의 손에 의해서 두려운 일은 결코 일어날 수 없습니다. 이 모든 것은 자비로우신 하나님 아버지의 통제 안에 있습니다.

여러분의 자녀를 주님의 손에 맡기십시오! 맡기고 기도하면 기가 막힌 방법으로 키워주시고 인도하실 것입니다. 여러분의 내일을, 노년을주님이 반드시 권고하시고 보살피실 것입니다. 두려워하지 말고 그분만의뢰하십시오!

그러므로 평강이 넘치기를 주님의 이름으로 기원합니다.

둘째, "너를 파송한다."

"예수께서 또 이르시되 너희에게 평강이 있을지어다 아버지께서 나를 보내신 것 같이 나도 너희를 보내노라"(21)

주님은 이 숨어있는 나약한 제자들에게 내가 너희를 세상으로 파송한다고 선포하십니다. 새로운 비전과 사명을 주시고 그들이 두려워하는그 세상 속으로 보내십니다. "하나님께서 그의 뜻을 이루기 위해 나를이 세상에 보내신 것 같이 나도 그의 뜻을 이루기 위해 너희를 이 세상에 보낸다."

이것은 마치 이와 같은 것입니다. "이제 어둠의 나라는 사라져가고 있다. 새로운 나라가 시작되었다. 진리와 빛의 나라다. 나는 너희를 이 나라의 대사로, 일군으로 세우고 싶다. 너희는 새로운 비전과 꿈을 가져라. 나와 함께 하나님나라를 세워가자!"

주님은 그가 하셨던 일을 이제 제자들에게 위탁하시는 것입니다. "세상으로 나아가서 복음을 전해라! 사람들을 제자삼아라! 복음으로 세상을 점령해라! 세상을 변혁해라! 그러나 아직도 저항하는 세력이 남아있다. 그러므로 먼저 너희에게 성령을 보내준다. 성령이 임하면 너희가 권능으로 무장해라! 내가 또한 너희에게 죄를 사하는 권세를 위임하겠다." 결국 예수님은 무식한 어부들, 세리, 오합지졸과 같았던 사람들을 통해 세상을 뒤집으셨습니다.

사랑하는 성도 여러분, 주님은 오늘도 동일하게 부활을 믿는 성도들을 세상으로 파송하십니다. 여러분은 이 거룩한 파송에 순종해야 합니다. 이것은 선택사항이 아닙니다. 우리는 과거에 살던 세상에 여전히 살지만, 전혀 다른 삶을 살고 있습니다! 우리의 삶의 동기와 목적이 완전히 달라진 것입니다.

부활을 믿는다하면서 여전히 세상 어둠의 가치와 허영에 코를 박고 살려고 하십니까? 그것은 옳지 않습니다. 우리의 젊음과 시간과 재물과 에너지를, 잠시 있다 없어질 부귀영화와 일시적인 향락을 위해서 허비하려 하십니까?

아닙니다. 그럴 수 없습니다. 여러분은 모두 하나님나라를 위해 파송된 사람들입니다. 그것은 국민의 혈세로 외국에 견학한다고 나가서, 골프나 치고 여행이나 다니는 시의원들, 국회의원들과 같은 모습입니다. 결코 안 됩니다. 우리를 파송하신 주님의 명령을 잊지 마십시오!

우리의 손에는 세상을 구원하고 치유할 복음이 주어져 있습니다. 그것으로 세상을 살리는 것입니다. 부활하신 예수가 온 세상의 왕이심을 전하고 가르쳐서, 우리 이웃이 주님께 복종하고 그의 통치를 받도록 해야합니다. 아울러 복음에 합당한 삶을 통해서 이 땅에 하나님의 정의를 바로잡고, 그의 통치가 임하는 통로가 되게 하는 것입니다.

주님 오시는 그 날까지 이 귀한 사명을 잘 감당하는 우리 모두가 되기를 바랍니다.

(부활절, 2013년 03월 31일)

내 영을 부어주리니

"베드로가 열한 사도와 함께 서서 소리를 높여 이르되 유대인들과 예루살렘에 사는 모든 사람들아 이 일을 너희로 알게 할 것이니 내 말에 귀를 기울이라 때가 제 삼 시니 너희 생각과 같이 이 사람들이 취한 것이 아니라 이는 곧 선지자 요엘을 통하여 말씀하신 것이니 일렀으되 하나님이 말씀하시기를 말세에 내가 내 영을 모든 육체에 부어 주리니 너희의 자녀들은 예언할 것이요 너희의 젊은이들은 환상을 보고 너희의 늙은이들은 꿈을 꾸리라 그 때에 내가 내 영을 내 남종과 여종들에게 부어 주리니 그들이 예언할 것이요 또 내가 위로 하늘에서는 기사를 아래로 땅에서는 징조를 베풀리니 곧 피와 불과 연기로다 주의 크고 영화로운 날이 이르기 전에 해가 변하여 어두워지고 달이 변하여 피가 되리라 누구든지 주의 이름을 부르는 자는 구원을 받으리라 하였느니라"(행 2:14-21)

성령이 오셨습니다. 이것은 결코 평범한 일이 아닙니다. 우주 역사상 가장 큰 사건은 성육신입니다. 하나님이 인간의 몸으로 세상에 오셨습니다.

그러나 그 못지않은 큰 일이 바로 오순절 성령강림입니다. 성자하나님이 육신으로 오신 것처럼, 성령하나님이 영으로 오셨습니다.

우리는 항상 삼위일체(Trinity)의 관점에서 이 사건을 이해해야 합니다. 성부, 성자와 성령은 그 본질과 영광이 동일한 한 하나님이시지만, 서로가 구별되는 인격이십니다.

만유의 창조주 성부하나님은 인류구원의 계획을 세우시고 성자하나님을 보내셨습니다. 그가 세상에 오셔서 대속의 죽음으로 구원을 실행하시고 부활 승천하셨으며, 하나님 우편에 앉아 계십니다.

그 뒤 성령하나님이 오셔서 십자가에서 이미 완성된 구원의 길을 사람들에게 증거하십니다. 그리고 그들로 하여금 믿어 구원받도록 하고 계십니다.

이 땅에 오신 하나님의 아들의 몸은 시간과 공간의 제약을 받으셨습니다. 그는 BC. 4년경 유대 땅에 태어나셨고, 약 33년간 사역하시다가 그곳에서 죽으셨습니다.

그러나 영은 시간과 공간의 제약을 받지 않습니다. 오순절에 120명의 믿는 자들에게 동시에 임하셨던 성령은, 2000년 동안 전 세계에 흩어진 모든 믿는 자 속에 임하셨고 지금도 임하십니다. 믿는 자들의 몸을 성전 삼아 영원히 내주하시는 것입니다.

그의 첫 번째 강림은 역사적 사건으로서 아주 특별한 현상을 수반하였습니다. 갑자기 하늘로부터 강한 바람소리가 들렸고, 각 사람 위에 불의 혀 같은 모습으로 임하셨습니다. 그리고 그 성령의 뜻을 따라 각 사람들은 방언으로 말하기 시작했습니다. 이 방언은 당시 사용하는 여러 외국어였습니다. 오순절에 예루살렘을 찾은 순례자들은, 그들이 사는 지역의 언어로 하나님을 높이는 것을 들으면서 놀랐습니다. 이를 못 알아듣는 사람들은 술주정한다고 폄하하였습니다.

이 때 사도의 대표가 되는 베드로가 일어나 말씀을 선포했습니다. 그는 요엘서를 인용하면서, 이 성령강림의 의미를 설명해줍니다. 그렇다면 성령은 왜 그리고 무엇을 위해서 오신 것일까요?

첫째, 성령은 우리로 하여금 하나님의 사람이 되게 하십니다.

성령 강림은 무엇입니까? "하나님이 말씀하시기를 말세에 내가 내 영을 모든 육체에 부어 주리니"(17) 하나님이 자신의 영을 우리에게 부어주셨습니다. 우리 위해 그의 독생자를 아낌없이 내어주신 하나님이, 이제는 그의 영을 아낌없이 부어주시는 것입니다.

그야말로 아낌없이 주는 사랑입니다. "소망이 우리를 부끄럽게 아니함은 우리에게 주신 성령으로 말미암아 하나님의 사랑이 우리 마음에 부은바 됨이니"(롬 5:5)

아들을 주심은 그의 모든 것을 주신 것이며, 영을 주심은 그의 본질, 즉 Essence를 나누어 주신 것입니다. 그렇게 하심으로써 우리를 그 자신과 같은 존재로 만드셨습니다.

사람의 몸 안에는 사람의 영이 있습니다. 왓슨의 〈개와 영혼이 뒤바뀐 여자〉라는 소설에서처럼, 만일 사람의 몸이 개의 혼을 갖게 된다면 그는 개가 되는 것입니다.

다니엘서에 그런 실화가 소개됩니다. 바벨론의 느부갓네살 왕의 이야기입니다. 그 총명한 왕이 어느 날 짐승으로 변해 짖고 으르렁 거렸습니다. 신하들은 그를 짐승 취급해서 쫓아냈습니다. 훗날 다시 인간의 총명이 돌아와 왕으로 복귀한다는 이야기입니다. 짐승의 영이 들어가면 짐승이 되는 것입니다.

반면에, 우리의 영이 그 안에 하나님의 영을 담고 있다면 무엇이 될까요? 하나님과 같은 존재가 됩니다. 주님이 말씀하십니다. "하나님의 말씀을 받은 사람들을 신이라 하셨거든!"(요 10:35) 그의 말씀을 받은 사람을 신이라고 하신다면 하나님의 영을 받은 자는 무엇일까요? 당연히 신입니다.

그렇습니다. 성령을 받은 우리는 하나님과 하나 된 그의 자녀입니다. "너희는 다시 무서워하는 종의 영을 받지 아니하고 양자의 영을 받았으므로 아빠 아버지라 부르짖느니라 성령이 친히 우리 영과 더불어 우리가 하나님의 자녀인 것을 증언하시나니"(롬 8:15-16)

우리가 성령을 받으면 우리의 신분이 수직상승하게 됩니다. 타락한 피조물에 불과했던 우리가 천사도 부러워하는 존귀한 하나님의 아들이 되는 것입니다. 특별히 하나님은 그의 영을 남녀노소 빈부귀천 가리지 않고 만민에게 부어주셨습니다. 세상은 외모로 차별하지만, 하나님은 그런 차별을 인정하지 않으십니다. 우리는 세상에서 외모로 판단 받을 그런 초라한 존재가 아닙니다.

여러분, 성령을 받은 우리는 아주 특별한 사람들입니다. 하나님을 '아빠 아버지'라 부를 수 있는 얼마 안 되는 사람들 중 하나임을 잊지 마십시오. 우리는 하나님 앞에 존귀한 자입니다. 하나님은 그의 영을 모신 자녀들을 눈동자 같이 지키시고 의의 길로 인도하실 것입니다. 바로 이 믿음이 우리에게 담대함을 줍니다. 그 담대함으로 세상을 이길 수 있기를 바랍니다!

둘째, 성령은 우리로 하여금 미래를 보게 하십니다.

사람은 누구나 미래에 대한 호기심이 있습니다. 그래서 신문에는 '오늘의 운세, 금주의 운세'란이 고정되어있습니다. 다양한 형태의 점집들이 생겨나고 있습니다. 이런 것은 사라져야할 사회악입니다. 어쨌든 분명한 것은 사람들이 미래에 일어날 일에 대해서 알고 싶어 한다는 사실입니다.

그래서 또 인기 있는 사람들이 있습니다. 미래학자들입니다. 10년 뒤, 50년 뒤 사회의 변화를 내다보는 혜안을 가진 이 미래학자들은 많은 분야에 해박한 지식을 갖고 세계의 흐름을 읽으면서 미래를 예측합니다. 특히 나라를 다스리는 자들은 그런 예언적 소리를 경청합니다. 미래를 보면서 정책을 세워야 하기 때문입니다. 그러기에 바른 예언은 정말 중요한 것입니다.

그런데 성령이 오시면 예언자들이 일어납니다. "너희의 자녀들은 예언할 것이요 너희의 젊은이들은 환상을 보고 너희의 늙은이들은 꿈을 꾸리라 그때에 내가 내 영을 내 남종과 여종들에게 부어 주리니 그들이 예언할 것이요"(17-18)

무지한 아이들과 종들이 예언을 합니다. 지극히 현실적인 젊은이들은 미래의 환상을 보고, 더 이상 미래가 없는 늙은이들도 꿈을 꿉니다.

왜 그럴까요? 전혀 다른 세계가 열리기 때문입니다. 성령이 오시면, 그분은 우리의 눈을 뜨게 하십니다. 지금까지 보지도 알지도 못했던 진리의 세계로 우리를 인도하십니다. 주님은 이렇게 말씀하셨습니다. "그는 진리의 영이라 세상은 능히 그를 받지 못하나니 이는 그를 보지도 못하고 알지도 못함이라 그러나 너희는 그를 아나니 그는 너희와 함께 거하심이요 또 너희 속에 계시겠음이라"(요 14:17) 또 이렇게 말씀하셨습니다. "보혜사 곧 아버지께서 내 이름으로 보내실 성령 그가 너희에게 모든 것을 가르치고 내가 너희에게 말한 모든 것을 생각나게 하리라"(요 14:26)

성령은 열성적인 교사입니다. 세상에서처럼 어떻게 하면 좋은 대학을 가는지, 어떻게 하면 사업에 성공하고 재테크 잘해서 재산을 축적하고, 어떻게 하면 세상을 잘 즐길 수 있는지를 가르치지 않습니다.

성령은 우리가 어디서 와서 어디로 가는지 그 길을 보여줍니다. 세상이 어떻게 시작되었고 어떻게 끝날 것인지, 죄가 어떻게 들어왔고 그 죄의 심판과 형벌은 어떠한 것인가를 보여줍니다.

나아가 그 멸망에서 구원받는 길은 무엇이고, 구원받은 자들에게 주어진 미래의 소망은 무엇인지 보여줍니다. 그 모든 것의 중심은 바로 예수 그리스도입니다. 그 안에 하나님의 비밀이 숨겨져 있습니다. 그러므로 성령은 이 예수 그리스도를 드러내기 위해 오신 분이십니다.

성령을 받음으로써 비로소 우리는 은혜의 세계에 눈을 뜨게 됩니다. 십자가의 도를 깨닫게 됩니다. 예수 그리스도 안에 있는 하나님의 경륜이 무엇인가를 배우게 됩니다.

그뿐 아니라 성령을 받은 사람들은 모두 예언자가 됩니다. 그 예언은 무슨 사사로운 점이 아닙니다. 환상을 통해 전쟁의 때를 알아맞히는 그러한 것이 아닙니다.

루터는 "예언이란, 성령께서 복음의 말씀을 통해 불붙이고 불타게 하시는 바, 그리스도를 통해 알게 되는 하나님에 대한 지식"이라고 했습니다. "너는 죽은 뒤 심판대 앞에 서게 될 것이다. 거기서는 기회가 없다. 네가 마지막 갈 곳은 지옥이다." 참 무서운 예언입니다.

반면에 "믿는 너는 하나님의 영원한 안식에 들어가 그의 기업을 상속받게 될 것이다." 소망이 가득 찬 꿈과 비전입니다 "세상의 모든 악은 마지막에 멸망당하고 새 하늘과 새 땅이 시작될 것이다." 그러므로 성령을 받은 우리는 이 일어날 일들을 미리 보고 아는 예언자들입니다.

사랑하는 성도여러분, 우리 안에 오신 성령은 우리를 가르치기 원하십니다. 성령에 순종함으로써 하나님을 아는 지식에서 자라갑시다. 배워서 확신한 일에 거합시다. 그래서 이 시대의 참 예언자가 됩시다!

셋째, 성령은 우리로 하여금 진리의 증인이 되게 하십니다.

누군가 미래에 반드시 일어날 일을 미리 알고 볼 수 있다면, 그것을 꼭 말해야 합니다. 파수꾼을 생각해 봅시다. 멀리서 쳐들어오는 수많은 적들을 제일 먼저 봅니다. 성안의 주민들은 '평안하다, 문제없다' 생각합니다. 그러나 파수꾼은 곧 어떤 일이 일어날 지 충분히 예견합니다. 어떻게 해야 합니까? 나팔을 불고, 불을 피우고, 소리를 질러서 전해야 합니다. 그렇게 하지 않으면 그 성에 사는 사람들이 흘린 피에 대해서 그가 책임져야 합니다.

이 시대는 결코 평안한 시대가 아닙니다. "말세에 내가 내 영을 모든 육체에 부어 주리니"(17) 성령강림은 '말세'에 일어날 일입니다. 그런데 이 '마지막 날'은 먼 미래에 오는 것이 아니라, 이미 시작되었습니다. 길고 긴 세계역사는 이제 마지막 코스로 들어섰고, 그래서 성자하나님과 성령하나님이 친히 오신 것입니다. 지금은 종말의 시간입니다.

인공위성을 쏘아 올리는 과정을 생각해보십시오! 오랜 시간이 걸립니다. 맨 처음 프로젝트를 시작으로 팀을 구성하고 설계하고 제작을 완료한 후 이 인공위성을 발사대로 이동합니다. 그러고 나서 마지막으로 카운트다운 시작이 되고 그것이 마쳐지면 발사함으로 끝나게 됩니다.

지금은 이미 종말의 카운트다운이 시작된 시간입니다. 모두가 긴장해야 합니다. 언제 카운트다운이 끝날지 모릅니다. 그러면 바로 발사됩니다. 그 날은 종말의 끝입니다. "주의 크고 영화로운 날이 이르기 전에 해가 변하여 어두워지고 달이 변하여 피가 되리라"(20)

'주의 크고 영화로운 날'은 성령을 모신 사람들에게는 '구원의 날'이지만, 그렇지 않은 사람들에게는 '영원한 멸망의 날'입니다. 그 날이 언제 올지는 모릅니다. 지금은 그 날이 임박한 종말의 시간입니다. 그 날은 덫과 같이 갑자기 찾아올 것입니다.

우리는 저기서 서서히 다가오는 종말의 끝을 먼저 본 파수꾼입니다. 그러므로 외쳐야 합니다. "누구든지 주의 이름을 부르는 자는 구원을 얻으리라"(21)

주의 크고 영화로운 날이 이르기 전, 해가 변하여 어두워지고 달이 변하여 피가 되기 전, 구원의 문이 닫히기 전, 아직 기회가 있을 때에 전해야 합니다. 우리가 전하지 않으면, 그들이 어떻게 자신들 앞에 펼쳐질 이 두려운 일들을 알겠습니까?

그러므로 성령 받은 우리는 그의 증인이 되어야 합니다. "오직 성령이 너희에게 임하시면 너희가 권능을 받고 예루살렘과 온 유대와 사마리아와 땅 끝까지 이르러 내 증인이 되리라 하시니라"(행 1:8) 우리는 증인으로 부르심 받았습니다. 그러기에 증인의 일을 해야 합니다. 부지런히 예수를 전해야 합니다.

이것이 성령이 오신 목적입니다. 성령을 받은 자의 사명입니다. 그 일을 하지 않는 것은 직무유기입니다. 그것은 책망 받을 일입니다. 그 직무를 충성스럽게 감당하기 위해 새 생명 축제를 갖는 것입니다. 이를 통해 복음을 전하고 많은 영혼을 생명의 길로 인도합시다.

우리 모두 이 시대에 예수를 증거 하는 증인의 사명을 잘 감당하도록 합시다!

(2016년 05월 15일)

거듭남의 여정

너는 거듭나야 한다

"그런데 바리새인 중에 니고데모라 하는 사람이 있으니 유대인의 지도자라 그가 밤에 예수께 와서 이르되 랍비여 우리가 당신은 하나님께로부터 오신 선생인 줄 아나이다 하나님이 함께 하시지 아니하시면 당신이 행하시는 이 표적을 아무도 할 수 없음이니이다 예수께서 대답하여 이르시되 진실로 진실로 네게 이르노니 사람이 거듭나지 아니하면 하나님의 나라를 볼 수 없느니라 니고데모가 이르되 사람이 늙으면 어떻게 날 수 있사옵나이까 두 번째 모태에 들어갔다가 날 수 있사옵나이까 예수께서 대답하시되 진실로 진실로 네게 이르노니 사람이 물과 성령으로 나지 아니하면 하나님의 나라에 들어갈 수 없느니라 육으로 난 것은 육이요 영으로 난 것은 영이니 내가 네게 거듭나야 하겠다 하는 말을 놀랍게 여기지 말라 바람이 임의로 불매 네가 그 소리는 들어도 어디서 와서 어디로 가는지 알지 못하나니 성령으로 난 사람도 다 그러하니라 니고데모가 대답하여 이르되 어찌 그러한 일이 있을 수 있나이까 예수께서 그에게 대답하여 이르시되 너는 이스라엘의 선생으로서 이러한 것들을 알지 못하느냐 진실로 진실로 네게 이르노니 우리는 아는 것을 말하고 본 것을 증언하노라 그러나 너희가 우리의 증언을 받지 아니하는도다 내가 땅의 일을 말하여도 너희가 믿지 아니하거든 하물며 하늘의 일을 말하면 어떻게 믿겠느냐 하늘에서 내려온 자 곧 인자 외에는 하늘에 올라간 자가 없느니라 모세가 광야에서 뱀을 든 것 같이 인자도 들려야 하리니 이는 그를 믿는 자마다 영생을 얻게 하려 하심이니라 하나님이 세상을 이처럼 사랑하사 독생자를 주셨으니 이는 그를 믿는 자마다 멸망하지 않고 영생을 얻게 하려 하심이라"(요 3:1-16)

그리스도인들이 많이 쓰는 말 가운데 '경건'이라는 말이 있습니다. 이 말은 히브리어로 '하시드', 헬라어로는 '유세비아', 라틴어로는 pietas입니다. 그리고 여기서 경건주의(pietism)라는 말이 나왔습니다.

경건의 뜻이 무엇일까요? 한 두 마디로 정의하기 어렵습니다. 경건은 무엇보다도 하나님을 경외하는 것입니다. 하나님을 기쁘시게 하고, 그의 뜻을 좇아 그의 마음에 합한 삶을 살아가려고 하는 태도를 가리킵니다.

이러한 내적인 태도로부터 다양한 신앙행위가 자연스럽게 따라옵니다. 예배도 드리고, 기도도 하고, 금식도 하고, 성경도 읽고, 헌금도 전도도 합니다. 경건한 사람은 이러한 신앙행위가 잘 연습이 되어 몸에 배어있게 됩니다.

그러나 종종 내적인 경외심 없이도 이런 행위를 추구할 수 있습니다. 가령 바리새인의 기도내용을 생각해 봅시다. "나는 이레에 두 번씩 금식하고 또 소득의 십일조를 드리나이다"(눅 18:12) 이것은 사실입니다. 그러나 그의 마음에 하나님에 대한 사랑은 없었습니다. 따라서 이런 종교인을 우리는 외식하는 자라고 부릅니다.

이처럼 오랜 기독교역사에서도 경건은 때로 율법적인 삶, 위선적인 삶을 뜻하기도 합니다. 이것은 잘못된 경건입니다. 바울의 말처럼 이것은 경건의 모양만 있지 그 속에 삶을 변화시키는 능력이 없는 겉껍데기 경건입니다.

그렇다면 참된 경건은 어떤 것인가요? 우리가 연습하고 추구해야 할 진정한 경건생활은 어떤 것인가요? 균형 잡힌 경건 생활을 위해서 먼저 경건의 출발, 기초가 되는 것이 무엇인지 돌아봅시다. 이것이 없이는 경건생활을 시작할 수 없습니다. 그것은 바로 거듭남입니다. '거듭남'이란

'다시 태어남' 또는 '위에서 태어남'을 의미합니다.

좀 늦은 나이에 결혼한 부부가 드디어 임신을 하게 되었습니다. 부부는 너무 기뻤습니다. 두 사람은 몇 달 뒤에 태어날 아기를 기대하면서 차근차근 준비하기로 했습니다. 예비엄마는 태교교실을 찾아가서 엄마로서의 수업을 받았습니다. 주말이면 부부는 함께 부모교실에 가서 미래 자녀를 어떻게 키워야 하는가에 대한 강의도 듣고, 토론도 하면서 부모로서의 준비를 해 나갔습니다.

그리고 아기 방을 만들기 위해서 조금 더 넓은 집으로 이사하기로 했습니다. 이사해서 아기 방에 침대와 장난감들을 들여놓고 디즈니랜드처럼 멋지게 꾸몄습니다. 그리고 출산준비를 철저히 했습니다. 기저귀부터 시작해서, 배냇저고리, 젖병, 젖병 솔, 젖병 세정제, 젖병 건조대, 젖꼭지, 젖꼭지 솔, 소독기, 소독집게, 유축기, 모유 보관팩, 등받이 욕조, 애기 비누, 샴푸, 바스, 파우더, 베이비오일, 체온계, 아기띠, 속싸개, 유모차 등등 온갖 것을 다 준비해 두었습니다. 아기 방에 아기 짐이 한보따리 쌓여졌습니다.

Perfect! 모든 것이 완벽하게 다 갖추어졌습니다. 이제 아이만 태어나면 됩니다. 그런데 문제가 생겼습니다. 이것들을 너무 열심히 준비하면서 엄마가 너무 무리했던 것 같습니다. 몸에 이상이 오더니 그만 애가 유산되고 만 것입니다. 태어난 뒤의 것에 너무 신경 쓰다가 그만 태어남 자체를 잃어버리고 만 것입니다. 이 모든 것들이 이제 무슨 소용이 있겠습니까?

우리 신앙에서 가장 중요한 것이 무엇일까요? 그것은 영적으로 태어나는 것입니다. 이 영적인 태어남이 없이는 경건생활은 시작될 수 없습니다. 그런데 유감스러운 것은 영적으로 태어나지 않고도 교회생활을 하는 사람들이 많다는 사실입니다. 말하자면 거듭나지 않은 것입니다. 그런데 매주 예배에 참석합니다. 사람이 성실해 보이니 교회에서 직분도 맡기고 일도 맡깁니다. 사실은 영적으로 거듭난 다음에 해야 할 일들을 하고 있는 것입니다.

그러면서 자기도 모르게 이제 자신을 신앙인으로 생각하게 됩니다. 주위 사람들도 그렇게 간주합니다. 그래서 태어나기 위한 노력을 하지 않고 아예 관심도 갖지 않습니다.

정말 모순이 아닌가요? 자연세계에서는 일어날 수 없는 일인데 교회에서는 가능합니다. 만일 오늘 말씀을 듣는 가운데 목사님이 지금 내 얘기를 하고 있다고 생각되는 사람이 있다면, 다른 것을 내려놓고 먼저 이 문제를 놓고 씨름하기를 바랍니다.

오늘 성경은 그런 류의 사람을 하나 소개하고 있습니다. 니고데모입니다. 그는 바리새인이고 산헤드린 공의회원이었습니다. 지금으로 하면 국회의원입니다. 그는 당시 유대사회의 존경받는 지도자였습니다. 예수님은 그를 이스라엘의 선생이라고 지칭하셨습니다.

그런 그가 밤중에 예수님을 찾아왔습니다. "랍비여 우리가 당신은 하나님께로부터 오신 선생인 줄 아나이다 하나님이 함께 하시지 아니하시면 당신이 행하시는 이 표적을 아무도 할 수 없음이니이다"(2)

다른 바리새인들과 달리 그는 예수님에 대해서 우호적입니다. 그런데 이런 우호적인 말을 들으신 주님은 이렇게 반응하십니다. "예수께서 대답하여 이르시되 진실로 진실로 네게 이르노니 사람이 거듭나지 아니하면 하나님의 나라를 볼 수 없느니라"(3)

참 직설적입니다. 좀 듣기 좋게 완곡하게, 칭찬도 해가면서 하시지 않고, 예수님은 정곡을 찌르며 직설적으로 말씀하셨습니다. 한마디로

"너는 거듭나야 한다"(7) 라는 말씀입니다. 이것은 또 다시 말하면 "너는 아직 거듭나지 않았다. 그러므로 하나님나라를 볼 수 없고 들어갈 수 없다. 네가 가장 먼저 해야 할 일은 다시 태어나는 것이다." 라는 뜻입니다.

그는 거듭난다는 말씀을 이해하지 못했습니다. '사람이 어떻게 다시 어머니 뱃속에 들어갔다 나오는가?' 그는 지식인이고 종교적인 훈련도 많이 받았지만, 영적인 사람은 아니었습니다. 인격적이고 사회에 영향력이 있고, 심지어 예수님께 우호적인 사람이었지만, 아직 육에 속한 사람이었고 하나님 나라에 속한 사람은 아니었습니다. 그러므로 예수님은 그에게 먼저 거듭나야 한다고 말씀하신 것입니다.

지금 여기 우리들에게 예수님이 개인적으로 찾아오신다면 니고데모에게 했던 것과 꼭 같은 말씀을 하실 그런 분들이 있을 것입니다. "너는 거듭나야 한다!"

신앙은 여기서 시작됩니다. 단순히 지식과 인격이 자라는 것이 아닙니다. 어제보다 오늘, 오늘보다 내일 좀 더 나은 사람이 되는 것이 아닙니다. 도덕생활이 아닙니다. 한 번의 도약이 있어야 합니다. 진짜 옛 사람이 죽고 새사람으로 태어나는 것입니다.

어떻게 그렇게 할 수 있을까요? 여기 예수님의 가르침에서 두 가지를 생각해 볼 수 있습니다.

첫째, 하나님이 값없이 주신 선물을 받는 것입니다.

우리가 할 수 있는 것은 믿는 것입니다. 그렇다면 믿는 것, 즉 믿음이란 무엇일까요? 믿음은 은혜를 수용하는 통로입니다. 쉬운 말로 한다면 하나님이 나를 위해서 주시는 선물을 받는 것입니다.

선물은 누구나 좋아합니다. 우리의 소원을 말해보라고 한다면 할 말이 많을 것입니다. 재물, 멋진 외모, 직장, 건강, 성공 등등... 그러나 이런 '현세적인 것'들은 당장에는 달콤하나 일시적인 것에 불과합니다. 암에 걸려 죽어가는 사람을 최고급 호텔 뷔페식당에 데려가는 것이나 마찬가지입니다. 한번 실컷 먹고 죽으라는 말밖에 되지 않을 것입니다.

그러나 하나님이 주신 선물은 그 어떤 것과도 비교할 수 없는 아주 값진 것입니다. "하나님이 세상을 이처럼 사랑하사 독생자를 주셨으니 이는 그를 믿는 자마다 멸망하지 않고 영생을 얻게 하려 하심이라"(16) 여기서 "독생자를 주셨다"가 무슨 뜻일까요? 구약의 사건이 이것을 비유하고 있습니다. "모세가 광야에서 뱀을 든 것 같이 인자도 들려야 하리니 이는 그를 믿는 자마다 영생을 얻게 하려 하심이니라"(14-15) 이스라엘이 하나님을 원망하는 죄를 범하여 불뱀에 물려 죽게 되었습니다. 이들을 살리기 위해 모세는 하나님의 명대로 구리뱀을 만들어 나무에 높이 매달고 외쳤습니다. "살고자 하는 자는 이것을 바라보라!" 그들은 보기만 했는데 몸에서 뱀독이 빠져나갔습니다.

이와 같이 죄에 물려서 죽어가는 우리를 위해 하나님이 독생자 예수 그리스도를 십자가 나무에 매다셨습니다. 우리가 받을 저주를 그가 대신 받고, 우리의 죄 값을 그가 대신 지불하신 것입니다. 이제 "이것을 보고 믿으라!" 하십니다.

믿기만 하면 우리 속에 있는 죄의 독이 빠져나갑니다. 믿는 순간 우리 속에서 놀라운 일이 일어납니다. 죄에 대해서 죽고 의에 대해서 살아나는 것입니다. 죄로 인해 더러워진 옛사람은 그리스도와 함께 죽고, 죄 없는 의인이요 거룩한 새사람이 그리스도와 함께 부활하는 것입니다. 얼마나 쉬운 일입니까! 그가 짊어지신 십자가가 무겁고 힘들었던 만큼 우리는 그만큼 쉽게 새 생명을 얻게 되는 것입니다.

그러므로 우리가 다시 태어날 수 있는 근거는 예수 그리스도의 십자가 은혜입니다. 그가 나를 위해 죽으셨다는 사실입니다. 그 사실을 믿을 때 우리는 거듭나게 됩니다. "영접하는 자 곧 그 이름을 믿는 자들에게는 하나님의 자녀가 되는 권세를 주셨으니"(요 1:12) 예수를 믿고 영접하여 하나님의 자녀로 거듭나기를 바랍니다.

둘째, 물과 성령으로 거듭나는 것입니다.

"예수께서 대답하시되 진실로 진실로 네게 이르노니 사람이 물과 성령으로 나지 아니하면 하나님의 나라에 들어갈 수 없느니라"(5)

그리스도의 죽음이 거듭남의 근거라면, 물과 성령은 거듭남의 과정입니다. 우리는 물과 성령을 통해서 거듭나게 되는 것입니다.

그렇다면 물은 무엇일까요? 물세례를 가리킵니다. 초대교회에서는 지금처럼 믿은 후 몇 개월이 지나야 세례를 받을 수 있는 것이 아니었습니다. 진정 예수를 믿는다면 그 자리에서 받았습니다.

그 물세례에 담긴 가장 중요한 것은 바로 회개입니다. 회개는 죄에서 돌이키는 것이고, 물세례는 그 죄를 물로 씻는 것입니다. 그러므로 물은 죄사함의 표라고 할 수 있습니다. 그 정결한 심령 속에 성령이 임할 때 성령세례를 받게 됩니다. 이것은 오순절 베드로의 설교에 나타납니다.

"베드로가 이르되 너희가 회개하여 각각 예수 그리스도의 이름으로 세례를 받고 죄 사함을 받으라 그리하면 성령의 선물을 받으리니"(행 2:38)

회개가 중요합니다. 돌이키려는 갈망을 가지십시오! 도둑질하던 삶, 거짓된 삶, 음란한 삶, 미움과 원망의 삶, 온갖 죄악된 삶에서 돌이키는 것입니다. 회개는 이런 모든 무거운 죄의 가방을 벗어서 십자가의 주님께 떠넘기는 것입니다.

바로 이때에 우리를 다시 태어나게 하는 분은 성령이십니다. 거듭남은 신비로운 사역입니다. 아무도 그것을 경험하거나 감각할 수 없습니다. 예수님께서 이에 대해서 설명하셨습니다. "바람이 임의로 불매 네가 그 소리는 들어도 어디서 와서 어디로 가는지 알지 못하나니 성령으로 난 사람도 다 그러하니라"(8) 바람을 볼 수는 없지만, 현상은 느낄 수 있습니다. 나뭇잎이 흔들리거나 거센 파도가 일어납니다. 유리창이 깨집니다. 그러나 바람은 보이지 않습니다.

성령으로 태어나는 것도 이와 같습니다. 우리가 알 수 없지만 그러나 우리는 그 현상을 느끼고 체험할 수 있습니다. 마음이 뜨거워지고 주의 임재를 느끼게 됩니다. 삶의 크고 작은 변화가 일어납니다. 말로 설명할 수 없지만, 거듭나면 뭔가 다른 신앙이 시작됩니다. '내가 진짜 신앙인이구나' 하는 마음이 찾아옵니다. 무슨 굉장한 체험이나 변화라기 보다는 하나님과의 관계가 시작된다는 확신이 옵니다.

저의 부모님은 피난오기 전 이북에서부터 교회를 다니신 분들입니다. 그래서 저는 어려서부터 어머니의 손을 잡고 교회를 다녔습니다. 주일학교와 중등부에서 임원활동도 하고 거의 매주일 빠지지 않고 교회를 다니면서 열심히 교회생활을 했습니다. 당시는 일 년에 한번 주일오후예배를 통상예배로 드렸는데, 중고등학생에게 설교를 하도록 했습니다. 다음세대를 키우기 위한 의도에서 나온 특별예배였습니다. 저는 중학생 때에 두 번이나 이 예배에서 실교를 하면서 교인들에게 칭찬을 받았습니다.

그러나 사춘기를 거치고 고등학교 2학년에 올라오면서 심한 회의에 빠졌습니다. 그 회의의 핵심은 제가 신앙이 없다고 하는 것이었습니다. 저는 교회활동을 하는 것 뿐이지 하나님과의 만남이나 관계나 이런 것이 전혀 없었습니다. 교회도 나가기 싫었습니다. 모든 것이 가식처럼 여겨졌습니다. 그러던 중 여름수련회를 마치면서 한 친구가 저와 꼭 같은 생각에 골몰해 있는 것을 알게 되었습니다. 우리는 서로의 생각을 말하는 가운데, 진짜 신앙이 무엇인지를 찾자고 의기투합했습니다.

그리고 여름 방학기간 내내 매일 아침 교회에 나가 기도하고 고등부실에서 성경을 읽었는데, 목사님의 권유에 따라 로마서를 읽었습니다. 성경을 읽어가면서 점차로 죄인이라는 단어가 새롭게 다가왔습니다. 제가 죄인이라는 사실이 가슴깊이 다가왔습니다. 고등부 예배 때 대표기도를 하면서 '이 죄인을 용서하옵시고'라는 말이 입버릇처럼 나왔었지만, 사실 저는 제가 죄인임을 깨닫지 못하고 있었습니다. 그런데 죄인임이 깨달아지자, 비로소 십자가가 나를 위한 십자가로 다가왔습니다.

그런 와중에 친구와 함께 오 할레스비 목사님의 〈나는 왜 그리스도인이 되었는가?〉라는 책을 읽으면서 '거듭남'이라는 단어를 처음으로 듣게 되었습니다. 거의 한달 동안 그 친구와 저는 매일 교회에서 이 말씀과 씨름하면서 거듭남의 확신에 이르게 되었습니다. 그리고 그야말로 황홀한 몇 개월을 보낸 후, 3학년에 올라가는 해 1월 1일 우리는 서로 주님께 우리의 일생을 드리기로 약속했습니다.

묻고 싶습니다. 여러분은 거듭났습니까? 거듭남의 현상이 여러분 속에 있습니까? 거듭나야 합니다. '나는 모태신앙이다. 교회 나온 지 얼마나 되었다. 무슨 교육을 받았다. 무슨 직분자다.' 이렇게 말하지 마십시오! 이것이 거듭난 증거나 현상이 아닙니다.

거듭나지 않으면 하나님나라에 들어갈 수 없습니다. 하나님 나라는 죽은 뒤에 가는 천국이 아니라 여기에 임하신 하나님의 통치입니다. 그러므로 거듭나지 않으면 그분과 아무 상관없습니다. 그분과 교제할 수 없습니다. 그분의 위로와 보호와 안위하심을 받을 수 없습니다. 그저 종교인에 불과합니다.

　내일로 미루지 맙시다. 바로 오늘 회개하여 돌이키고, 예수를 믿고 성령으로 거듭나는 귀한 은혜가 있기를 바랍니다.

(2012년 09월 16일)

예수는 누구인가?

예수와 제자들이 빌립보 가이사랴 여러 마을로 나가실새 길에서 제자들에게 물어 이르시되 사람들이 나를 누구라고 하느냐 제자들이 여짜와 이르되 세례 요한이라 하고 더러는 엘리야, 더러는 선지자 중의 하나라 하나이다 또 물으시되 너희는 나를 누구라 하느냐 베드로가 대답하여 이르되 주는 그리스도시니이다 하매 이에 자기의 일을 아무에게도 말하지 말라 경고하시고 인자가 많은 고난을 받고 장로들과 대제사장들과 서기관들에게 버린 바 되어 죽임을 당하고 사흘 만에 살아나야 할 것을 비로소 그들에게 가르치시되 드러내 놓고 이 말씀을 하시니 베드로가 예수를 붙들고 항변하매 예수께서 돌이키사 제자들을 보시며 베드로를 꾸짖어 이르시되 사탄아 내 뒤로 물러가라 네가 하나님의 일을 생각하지 아니하고 도리어 사람의 일을 생각하는도다 하시고 무리와 제자들을 불러 이르시되 누구든지 나를 따라오려거든 자기를 부인하고 자기 십자가를 지고 나를 따를 것이니라 누구든지 자기 목숨을 구원하고자 하면 잃을 것이요 누구든지 나와 복음을 위하여 자기 목숨을 잃으면 구원하리라 사람이 만일 온 천하를 얻고도 자기 목숨을 잃으면 무엇이 유익하리요 사람이 무엇을 주고 자기 목숨과 바꾸겠느냐 누구든지 이 음란하고 죄 많은 세대에서 나와 내 말을 부끄러워하면 인자도 아버지의 영광으로 거룩한 천사들과 함께 올 때에 그 사람을 부끄러워하리라(막8:27~38)

몇 년 전 한목협에서 기독교인 1000명을 대상으로 조사를 실시한 결과 그중 교회를 나가지 않는 신자 즉 가나안신자가 10.5%로 10명중

1명꼴이었습니다. 작년 말 현대기독교역사연구소에서 교회를 떠난 신자들에게 그 이유를 물었더니 절반 이상이 '교회와 맞지 않는 부분이 있어서'라고 답했습니다. 구체적으로는 '배타적·이기적·물질중심주의적 성직자' 때문이라고 했습니다. 일부 교회의 세습도 개신교의 도덕적 이미지에 부정적 영향을 미치고 있습니다.

그러나 저는 목회자로서 보다 근본적인 원인을 생각하게 됩니다. 껍데기 교인들이 너무 많습니다. 겉은 교인이지만, 속은 세상 사람입니다. 교인 같은데 교인이 아닌 그런 사람들이 교회 안에 많습니다. 2천 년 전 예수님을 따르는 사람들 중에도 그런 사람들이 많았습니다. 그들 중 많은 사람들이 예수님을 떠났습니다. 가나안신자가 된 것입니다.

예수님은 우리를 그저 구원받을 백성으로서가 아니라 제자로 부르십니다. 우리는 제자입니다. "제자는 부담스럽고 저는 그냥 교인으로 삽니다." - 내 맘대로 되는 것이 아닙니다. 주님은 우리를 제자로 부르신 것이지 교인으로 부르신 것이 아닙니다. 교인과 제자는 다릅니다. 교인이라는 자기정체와 제자라는 자기정체는 다릅니다.

제자가 되기 위해 먼저 전제조건이 있습니다. 그것을 위해 오늘 주님이 질문하십니다. "너희는 나를 누구라 하느냐?"

예수님이 예루살렘으로 올라가는 길에 제자들에게 물으셨습니다. "사람들이 나를 누구라 하느냐?" 제자들이 들은 바를 말했습니다. "어떤 이는 세례요한, 어떤 이는 엘리야, 어떤 이는 선지자 중의 한 사람이라고 합니다." 요즘 말로 하면 "4대성인 중 하나, 기독교 종교의 창시자, 남을 위해 자신을 희생하신 훌륭한 분"이라는 말입니다. 그런데 오늘날 교회 안에 아직도 예수님에 대해 이런 생각을 갖고 있는 사람들이 있습니다. 이들은 아직 그리스도인이 아닙니다.

예수님은 이어서 물으셨습니다. "너희는 나를 누구라 하느냐?" 그때 제자들을 대표해서 베드로가 대답했습니다. "주는 그리스도시니이다." "주는 그리스도시오 살아계신 하나님의 아들이니이다" 이것이 정답입니다. 그러므로 이 신앙의 고백이 내 것이 되어야 합니다.

여러분은 예수를 누구라 확신하십니까? 여러분에게 예수님은 어떤 분이십니까? 예전에 남자 제자훈련을 시작하면서 "예수를 누구라고 고백하겠는가?"라고 물었습니다. 답은 뻔한 것이 아닙니까? 그런데 그들 중 50대의 교수와 40대의 의사가 있었습니다. 이들은 모두 모태신앙인들로 다른 교회에서 집사로 오랫동안 신앙생활을 했었고, 우리 교회로 온지는 2~3년된 분들이었습니다. 그중에 한 분은 제 설교를 일주일에 세 번 이상 반복해 듣는다고 했습니다. 그러나 확신이 없었었습니다.

이 이야기를 들으면서 불현듯 몇 년 전 제직수련회 강사로 오신 목사님이 하신 말 즉 부산에 있는 교회 제직의 반 이상이 거듭나지 못했다고 생각한다는 말이 떠올랐습니다.

이것이 참 중요한 관문입니다. 이 관문을 돌파하는 것이 쉬우면서도 어렵고, 어려우면서도 쉽습니다. 누구에게 참 쉬운데, 누구에게는 참 어렵습니다.

첫째, 현실문제에서 구원을 체험하는 것입니다.

이 본문은 마가복음의 분기점입니다. 1-8장까지는 예수님께서 갈릴리를 중심으로 사역하신 내용으로서, 여기서 주님이 보여주신 이미지는 이런 것입니다. 온갖 병자들을 치유하시고 귀신을 쫓아내셨습니다. 많은 기적도 행하셨습니다. 그 하나하나가 그가 메시아, 그리스도, 우리가 믿고 의지할 구원자라는 것을 보여주기 충분한 사건들이었습니다.

그런데 이들 중에 "나에게 죄의 짐이 무거우니 죄 문제를 해결해 주십시오. 나 지옥가는 것이 두려우니, 영적으로 하나님과의 관계가 끊어져 있으니까 도와주십시오." 하고 나온 사람은 없습니다.

모두 한결같이 자신의 현실적인 문제로 예수님께 문을 두드렸습니다. 어떤 이는 불치의 질병을 끌어안고 나왔습니다. 소경은 눈을 뜨기 위해, 나병환자는 그 병이 낫기 위해, 12년간 못 고친 혈루병을 치유 받기 위해 주님께 나아왔습니다. 지금 죽어가는 딸을 살리려 매달린 회당장도 있습니다. 귀신들린 딸을 고쳐달라고 한 수로보니게여인, 귀신들려 간질병에 걸린 아들을 데리고 온 아버지도 있었습니다. 제자들은 바다 한가운데서 폭풍을 만나 죽음의 위기를 느끼면서 주님께 나왔고, 심지어 누구는 잔치에 포도주가 떨어져 예수께 나왔습니다.

왜일까요? 예수님께 가면 반드시 해결된다는 믿음이 있었기 때문입니다. 그리고 믿음을 가지고 나아가는 사람은 모두 치유되고 구원받았습니다. 그를 찾아와 문제 보따리를 풀었을 때에 "아, 이건 너무 어렵다. 내 능력 밖이다."라고 하신 것은 한번도 없었습니다. 그는 전능하신 하나님의 아들이었기 때문입니다.

바로 이것입니다. 지금도 마찬가지입니다. 신앙은 교리를 배우기 이전에 삶에서 예수를 만나는 체험이 있어야 합니다. 그렇다면 그에게 나아가는 통로가 무엇인가요? 바로 우리가 일상에서 부딪히는 삶의 문제입니다.

그러기에 누군가 만약 모든 것을 갖추고 아무 문제가 없다면, 예수님을 만나기란 무척 어려울 것입니다. 과거 부목사 시절 제가 맡았던 교구인 강남 대치동 미도아파트에 40대 여성도가 살았습니다. 정말 부족함이 없어 보이는 분이었습니다. 가족이 화목하였고 경제적으로도 여유가 있었고, 자녀도 큰 문제없이 자라고 있었습니다. 그래서 그녀에게는 간절함도 없었고 그러다보니 신앙이 자라지를 못했습니다. 누구나 부러워할 모습이지만 이것은 사실 행복이 아니라 불행입니다.

그러나 감사하게도 우리는 다 인생의 질고와 문제를 안고 살아갑니다. 그것은 하나님이 우리를 부르는 사인입니다! 성경의 사람들처럼 우리들도 예수께 나아갑시다! "환난 날에 나를 부르라 내가 너를 건지리니 네가 나를 영화롭게 하리로다"(시 50:15)

예수님은 강청하는 기도를 하라고 명하십니다. "구하라! 주실 것이요 두드리라 열릴 것이요 찾으라 찾을 것이니!"(마 7:7) 우리가 하나님의 응답을 체험하기를 원하십니다. "지금까지는 너희가 내 이름으로 아무 것도 구하지 아니하였으나 구하라 그리하면 받으리니 너희 기쁨이 충만하리라"(요 16:24)

이 체험적인 신앙이 얼마나 중요합니까! 여러분 중에 나는 아직 간증할 것이 없다 하는 사람의 신앙은 죽은 신앙입니다. 그야말로 껍데기 신자입니다. 만약 자신이 그렇다고 생각된다면 이제 기도의 자리로 가십시오! 부르짖고 매달리십시오! 여러분이 어린 신자일수록 하나님은 더욱 더 잘 응답하실 것입니다.

하나님은 우리가 상상하는 것 이상으로 많은 길을 준비해 놓고 계십니다. 더 크고 놀라운 것을 구하십시오! 소경을 보게 하시고, 앉은뱅이가 일어나 걷게 하시는 그런 주님임을 명심하십시오!

오늘 당신은 예수님의 치유와 기적을 체험한 성경인물들 중 한 사람이 되십시오. 그래서 "그렇습니다. 당신은 진정 그리스도입니다"라고 고백할 수 있기를 바랍니다.!

둘째, 십자가의 은혜를 체험하는 것입니다.

우리가 만약에 이런 일상의 기도체험에 머무른다면, 이것은 현세적인 믿음에 그칠 수 있습니다. 그리고 그런 현세적인 믿음은 기복신앙이 되고, 진정한 구원에 이르게 하지 못합니다. 그 다음으로 나아가야 합니다.

오늘 이 성경은 마가복음의 분수령입니다. 제자들이 예수를 그리스도라 고백하는 것을 들으시고, 예수님은 비로소 처음으로 자신이 당할 고난과 죽음을 예고하십니다. "인자가 많은 고난을 받고 장로들과 대제사장들과 서기관들에게 버린 바 되어 죽임을 당하고 사흘 만에 살아나야 할 것을 비로소 그들에게 가르치시되"(31) 이것은 예수님의 첫 번째 수난 예고입니다.

왜 이 시점에서 수난을 말씀을 하셨는지 두 가지로 해석이 가능합니다. 첫째는 제자들의 고백을 들으신 후 이것을 말해도 될 때가 되었다고 생각하셨기 때문입니다. 둘째는 이들이 그리스도라고 고백하지만, 아직은 그 의미를 잘 모르고 있었기 때문입니다.

어쨌든 예수님의 수난예고는 1-8장에서 보여주신 메시아상과는 너무 다른 것입니다. 온갖 질병과 귀신을 쫓아내고 폭풍을 향해 명하셨던 카리스마의 메시아는 보이지 않고, 붙잡히고 죽임 당함을 예고하는 초라한 인간만이 보일 뿐입니다.

제사들은 이해할 수 없었습니다. 그래서 32절에 보니 베드로가 예수를 붙들고 항변했다고 했습니다. 여기 항변은 책망에 가까운 어조입니다. 그 책망의 내용이 마태복음에 소개됩니다. "주여 그리 마옵소서 이 일이 결코 주께 미치지 아니하리이다"(마 16:22)

그러자 예수님은 베드로를 통렬히 꾸짖으셨습니다. "예수께서 돌이키사 제자들을 보시며 베드로를 꾸짖어 이르시되 사탄아 내 뒤로 물러가라 네가 하나님의 일을 생각하지 아니하고 도리어 사람의 일을 생각하는도다"(33)

예수님의 책망을 통해 볼 때에 제자들은 이제는 사람의 일에서 하나님의 일을 생각하고 하나님의 길을 볼 수 있는 눈을 가질 때가 되었음에도 불구하고, 이들은 여전히 현실적인 신앙에 머물러있었던 것입니다.

비신자나 어린 신자들을 생각해보십시오. 그들은 항상 먼저 자기 삶의 문제에 집착하고 있습니다. 예배의 자리에 나와서도 사업문제, 자녀문제에 꽉 사로잡혀있습니다. 예수를 찾는 목적은 하나입니다. 이 문제 해결 받고 싶은 것입니다. 그리고 여기서 응답받으면 기뻐합니다.

그러나 여기에만 머물러 있는 것은 아직 예수를 바르게 만난 것이 아닙니다. 사람의 일만 생각하는 것입니다. 하나님이 하시려는 하나님의 일에 귀를 기울여야 합니다. 하나님의 일은 그리스도가 사람들 손에 붙들려 고난 당하시고 죽는 것입니다. 그가 비참하게 죽어야 합니다. 그래야 우리가 진짜 치유되고 진짜 살아나고 구원을 받습니다.

여기서 우리는 재빨리 눈을 돌려 우리에게 있는 진짜 문제가 무엇인지를 보아야 합니다. 더 근본적인 문제가 있습니다. 바로 죄의 문제입니다. 지금 당면한 현실적인 문제들, 예를 들어 병, 가난, 취직, 결혼 - 이런 것 물론 중요합니다. 하나님도 귀하게 여기십니다. 그러나 이런 것이 내 뜻대로 안되면 세상에서 좀 고생하면서 사는 것입니다. 그러다가 죽으면 그만입니다.

그러나 죄의 문제를 해결하지 못하면 어떻게 됩니까? 영원히 멸망하고 영원히 고생하는 것이고 영원히 지옥에서 사는 것입니다. 그러므로 하나님의 말씀은 우리의 본질적인 문제가 먼저 해결되어야 함을 가르칩니다.

〈허준〉이라는 드라마속에서 왕의 총애를 받는 공빈의 남동생이 입이 돌아가는 구안와사에 걸려서 허준의 치료를 받게 됩니다. 이럴 때는 침으로 다스려서 치료해야 합니다. 그런데 진찰해보니 환자에게 반위 즉 위암이라는 더 중한 병이 발견되었습니다. 그러므로 명의 허준은 구안와사를 고치려 하지 않습니다. 고쳐봐야 소용없기 때문입니다. 병의 뿌리를 없애야 합니다. 그래서 침으로 얼굴을 치료하지 않고 쑥뜸을 갖고 배를 치료했습니다. 사람들은 이를 이해하지 못하고 비난하며, 심지어 헛된 약속을 했다고 해서 그의 손목을 잘라버리려고 했습니다. 그러나 그가 옳았습니다. 반위가 치료되자 구안와사는 얼마 뒤 저절로 나았습니다.

이와 같습니다. 우리가 당면한 현실적인 문제 이면에는 보다 원천적인 문제가 자리 잡고 있습니다. 바로 죄의 문제입니다.

그러므로 예수 그리스도는 죽기 위해 오셨습니다. 자기 몸이 찢기고 피를 흘려서 우리 몸속에 깊이 자리 잡고 있는 죄의 독소를 완전히 없애는 것입니다. "인자가 온 것은 섬김을 받으려 함이 아니라 도리어 섬기려 하고 자기 목숨을 많은 사람의 대속물로 주려 함이니라"(막 10:45) 그는 자신의 온몸으로 우리의 죄를 속량하셨습니다.

그러므로 우리가 예수를 그리스도라고 고백할 때에, 그것은 그가 전능하신 하나님이실 뿐 아니라, 내 죄를 대신 지고 십자가에 못 박혀 죽으신 하나님의 어린 양이라는 고백입니다. "당신의 수난은 바로 나 같은 불의한 자를 위한 고난이고 당신의 죽음은 바로 나 같은 죄인을 위한 죽음입니다" 이것이 가슴까지 내려올 때에 비로소 우리는 사랑을 깨닫게 됩니다. 그리고 눈물을 흘리게 됩니다.

그런 경험을 한 적이 있습니까? 이것을 정말로 믿고 있습니까?

오늘날에는 건강하지 못한 신앙으로 평가되는 이용도목사의 이야기가 있습니다. 그가 집회를 마치고 아픈 몸으로 누워있을 때에 한 사람이 신앙상담을 받기 위해 찾아왔습니다. 그는 이 교회 장로의 아들로 모태신앙이고 오랫동안 교회생활을 했습니다. 그러나 그는 예수가 나를 위해 십자가에서 죽었다는 사실이 믿어지지 않는다고 했습니다. 어떻게 해야 이것을 믿을 수 있는지를 물었습니다. 아마 저 같으면 복음에 대해서 주저리 주저리 설명해주었을 것입니다. 그러나 이용도목사는 벌떡 일어나더니 "당신 이것을 믿지 못하면 살 가치가 없어!"라고 말하고는 다시 돌아누웠습니다. 살 가치가 없다는 말이 너무 충격적이어서 그는 기도실로 가서 밤새도록 이 문제를 붙들고 매달렸습니다. 그리고 그에게 은혜가 임하면서 깊은 회개의 눈물을 흘리고 믿음을 갖게 되었습니다.

그렇습니다. 그의 십자가가 나를 위한 십자가로 가슴 깊이 다가오지 않는 것은 당신이 너무 표피적인 종교생활, 습관적인 교회생활에 머물러 있기 때문입니다.

한번 집중해봅시다. 신앙을 형성함에 있어서 집중이 참 중요하다고 생각합니다. 집회를 통해서 집중해서 말씀을 듣고, 조용한 곳에 가서 집중해서 기도함을 통해서 주님과 만나는 것입니다. 그분과 친교하면서 친해지는 것입니다.

내 친구가 누군가의 소개로 미국의 시민권자이자 목사님의 동생인 한 자매와 만나게 되었습니다. 서로 신앙이 잘 통한다 생각하고 급속도로 가까워지더니 금방 결혼하고 신혼여행을 다녀왔습니다. 그리고 자매는 미국으로 돌아가서 남편을 위해 가족비자를 신청했는데 그것이 쉬이 나오지 않았습니다. 당시 국제전화비가 워낙 비싸다 보니 둘은 주로 편지를 주고받았습니다. 그런데 시간이 가면서 갈등이 일어나고 심지어 결혼에 대한 회의를 갖게 되었습니다. 물론 나중에는 비자를 받고 미국에 가서 다시 잘 살게 되었습니다. 신혼여행때는 진짜 부부인 것 같습니다. 그러나 멀리 떨어져 서신만 주고받으니 부부라 해도 관계가 소원해졌던 것입니다.

예수님과의 관계에서 정말 깊은 교제가 필요합니다. 표피만 건드리는 신앙은 오래 가지 못합니다. 믿음의 확신을 갖고 성장하기 위해서는, 집중해서 그와 만나는 것이 필요합니다. 기도의 자리로 지속적으로 나아가고, 성경을 꾸준히 읽고 교육과 훈련 받는 것이 얼마나 중요한지 모릅니다.

여러분, 일상의 체험만 앞세우는 신앙은 오래가지 못합니다. 현실적인 신앙, 기복신앙은 금방 회의에 사로잡히게 됩니다. 그러므로 십자가 신앙으로 나아갑시다.

셋째, 십자가를 지고 주의 뒤를 좇는 것입니다.

우리 한국교회는 이신칭의를 매우 강조해 왔습니다. 믿기만 하면 구원받고 천국에 간다는 것입니다. 그래서 믿음을 강조하고 영접기도하면서 구원을 선포합니다. 이 믿음에서는 그리스도는 언제나 나를 위해서 죽으신 그리스도일 뿐입니다.

그러나 여기서 주님은 그 다음 단계를 요구하십니다. "누구든지 나를 따라오려거든 자기를 부인하고 자기 십자가를 지고 나를 따를 것이니라"(34) 이 단계에서 그리스도는 나를 위한 그리스도일 뿐 아니라, 내가 뒤따라야 할 그리스도입니다. 그 십자가는 나를 위한 십자가일 뿐 아니라, 내가 함께 져야 할 십자가입니다.

그러나 유감스럽게도 많은 성도들의 고백은 이 단계로 나아가지 않습니다. 그저 나를 위한 그리스도일 뿐입니다. 그러다보니 교회에는 이기적인 그리스도인들로 가득 차 있습니다. 은혜 받을 줄만 알고 여전히 은혜 받으려고만 하는 사람들입니다. 그리스도를 위해 땀 흘리고 수고하고 희생하는 것을 싫어하는 그런 류의 사람들이 교회에 가득 차 있습니다.

그런데 그런 사람들이 가진 믿음이 정말 구원받을만한 믿음입니까? 그것은 입술의 고백만으로 증명되지 않습니다. 믿음의 진실성은 그리스도를 뒤따르는 복종의 행위를 통해 증명됩니다. 뒤따름 없는 신앙은 불완전한 믿음이요 나아가 불신앙입니다.

본회퍼는 이런 신앙인들을 향해 값싼 은혜라고 외쳤습니다. 값싼 은혜는 그리스도를 뒤따름이 없는 은혜, 십자가 없는 은혜입니다. 그는 이런 값싼 은혜야말로 교회의 불구대천의 원수라고 선포했습니다. 은혜의 결과는 그리스도를 뒤따름(Discipleship/ Nachfolge)입니다. 그것이 바로 제자입니다.

여러분 오늘 제자가 되기를 결심합시다. 제자는 그리스도가 가신 길을 뒤따르는 자입니다. 그것을 위해 자기를 부인하고 자기 십자가를 져야합니다. 그것은 좁은 길일 수 있습니다. 험한 길일 수 있습니다. 그러나 우리는 꼭 그 길로 가야 합니다.

이 길이 죽는 길이 아니고 사는 길이기 때문입니다. "누구든지 자기 목숨을 구원하고자 하면 잃을 것이요 누구든지 나와 복음을 위하여 자기 목숨을 잃으면 구원하리라"(35) 내가 제자의 길로 가야 내가 삽니다. 그리고 우리 교회가 살고, 한국 교회가 살고 세상이 사는 것입니다.

교인이 아닌 제자가 됩시다. 그러기 위해 체험신앙을 가지십시오! 그리스도의 십자가를 붙드십시오! 우리 모두 그가 가신 그 십자가의 길을 뒤따릅시다!

(2019년 6월 8일)

뿌리 깊은 관계

"소망이 우리를 부끄럽게 하지 아니함은 우리에게 주신 성령으로 말미암아 하나님의 사랑이 우리 마음에 부은 바 됨이니 우리가 아직 연약할 때에 기약대로 그리스도께서 경건하지 않은 자를 위하여 죽으셨도다 의인을 위하여 죽는 자가 쉽지 않고 선인을 위하여 용감히 죽는 자가 혹 있거니와 우리가 아직 죄인 되었을 때에 그리스도께서 우리를 위하여 죽으심으로 하나님께서 우리에 대한 자기의 사랑을 확증하셨느니라 그러면 이제 우리가 그의 피로 말미암아 의롭다 하심을 받았으니 더욱 그로 말미암아 진노하심에서 구원을 받을 것이니 곧 우리가 원수 되었을 때에 그의 아들의 죽으심으로 말미암아 하나님과 화목하게 되었은즉 화목하게 된 자로서는 더욱 그의 살아나심으로 말미암아 구원을 받을 것이니라 그뿐 아니라 이제 우리로 화목하게 하신 우리 주 예수 그리스도로 말미암아 하나님 안에서 또한 즐거워하느니라" (롬 5:5-11)

예배가 무엇입니까? 예배는 주일 교회에서뿐 아니라, 세상 한가운데서도 드려져야 되는 것입니다. 오늘은 일상 속에서 하나님을 인정하고 그분 앞에 서는 것을 어렵게 하는 장애가 무엇인가를 돌아보면서, 매일의 예배를 가능하게 하는 가장 중요한 것이 무엇인가를 생각해보고자 합니다.

가수이고 우리나라 최고의 엔터테인먼트를 운영하는 분이 최근 힐링캠프라는 TV프로그램에 나와서 한 말이 많은 사람에게 회자되고 있습니다.

그는 자신의 삶의 목표는 자유를 얻는 것이라고 말했습니다. 이것을 위해 먼저 돈을 벌어야겠다고 생각했습니다. 그래서 20대 중반에 그가 목표로 한 20억 원을 이미 손에 넣었습니다. 그러나 많은 돈이 자유를 가져다주는 것이 아님을 깨달았습니다.

그렇다면 명예야말로 자신을 만족시킬 것이라 생각했습니다. 그는 마침내 빌보드차트 10위권 내에 드는 곡을 여러 개 작곡하면서 그 분야의 사람들이 모두 부러워할 명성을 손에 쥐었습니다. 그러나 이것도 아니었습니다.

이제 자선활동에 눈을 돌렸습니다. 남에게 선행을 많이 하면 행복할 것이라 생각했지만, 여전히 그의 영혼은 채워지지 않았습니다. 그는 이렇게 말했습니다. "33%는 돈을 향한 욕구를 채웠을 때 만족되어졌고, 66%는 명예를 가졌을 때에 채워졌습니다. 그리고 인간을 만든 그 분이 있다는 것을 깨닫고 이제 자선 사업을 하면서 99%는 채워졌지만, 마지막 1%는 채워지지 못했습니다. 이 1%는 그분이 누군지 알 때 채워질 수 있을 것입니다" 이 1%가 채워지지 않는다면, 나머지 99%의 인생은 실패한 인생입니다.

그 1%가 무엇인지를 톨스토이가 답해줄 것입니다. 그 역시 행복을 찾아 쾌락과 돈, 명예와 성공, 가정이라는 코스를 다 밟았지만, 여전히 채워지지 않고 있는 공허함으로 인해 자살의 낭떠러지 앞까지 갔습니다. 그리고 어느 날 모든 것을 가지고서도 찾지 못했던 행복의 열쇠가 가장 가난한 농부들 속에 있음을 발견했습니다.

그 열쇠는 다름 아닌 하나님과의 관계였습니다. 농부들은 가난했지만 하나님과의 관계 안에 살면서 행복을 누리고 있었습니다. 바로 이것이 위에 언급된 분이 찾아야할 해답입니다.

하나님과 관계없이 살아가는 사람은 공허합니다. 그 빈 구멍은 무엇으로도 채워질 수 없습니다. 여러분은 하나님과 관계를 가지고 있습니까? 만약 그렇다면 어떤 관계에서 살아가고 있습니까?

여러분에게 하나님은 어떤 분입니까? 교리학교에서 들은 이야기나 오랫동안 교회를 다니면서 쌓은 상식 말고, 여러분이 평소 느끼는 하나님을 표현해보십시오.

이런 예를 들어봅시다. 만일 누군가 집사람에게 "사모님은 참 좋겠어요 목사님 같은 분하고 사시니 얼마나 행복하겠어요" 그러면 사모가 뭐라 할 것 같습니까? "한 번 같이 살아 보세요 그런 말이 나오나! 코를 얼마나 세게 고는지 상상해보세요."

아마도 대부분이 자기 배우자에 대해서 남들과는 다른 이미지를 갖고 있을 것입니다. 왜냐하면 그저 가끔 만나는 사람과 달리, 부부는 깊은 관계 안에 있기 때문입니다. 한두 해 산 것이 아닙니다. 10년 넘게 심지어 30~40년, 그것도 한 지붕아래서 같이 살면서 맺어진 관계입니다. 서로에 대해서 너무 정확하게 압니다. 장점도 단점도 모두 알고 있습니다.

바로 이와 같은 인격적인 관계에서 경험한 하나님은 어떤 분입니까? 일주일에 한번 예배 드릴 때나 진지하게 생각하고 끝날 분입니까? 솔직히 그런 사람도 있을 것입니다.

일상에서 같이 모시고 살기에는 부담스러운 분입니까? 너무 완벽하신 분입니까? 은밀히 나의 내면을 감찰하는 분입니까? 나의 실수와 부족함에 분노하고 책망하는 분입니까? 좀 더 큰 헌신을 요구하면서 채찍질하시는 분입니까? 이런 두려운 이미지의 결과는 무엇입니까? 우리로 하여금 가급적 하나님을 피하고 그로부터 빨리 도망하게 할 것입니다.

그러나 이것은 하나님을 바르게 알지 못하는 것입니다. 우리는 영과 진리로 예배해야 합니다. 진리란 하나님에 대한 바른 지식을 갖고 예배 드림을 말합니다. 하나님에 대한 엉뚱한 이미지를 가지고 예배드린다면, 그것은 참 하나님께 드리는 예배가 될 수 없습니다.

하나님은 어떤 분입니까? 한마디로 이것입니다. "하나님은 사랑이심이라"(요일 4:8) 우리가 하나님을 생각할 때 가장 먼저 떠오르는 인상은 '사랑'이어야 합니다. 그것이 강하게 느껴져야 건강한 신앙입니다. "사랑의 하나님", 그것을 느끼지 못한다면 아직 하나님을 아는 것이 아닙니다. 하나님을 그저 세상을 만드신 전능자, 크고 두려우신 분 정도로만 안다면, 아직 하나님과 올바른 인격적 관계에 들어간 것이 아닙니다.

예수 그리스도가 오시기 전까지 인간에게 하나님은 두려우신 분이 었습니다. 왜냐하면 아직 우리 속에 죄가 있기 때문입니다. 우리는 죄인으로 율법 아래 있었습니다.

당신이 어둔 밤 길거리를 가는 데 저쪽에서 경찰차가 오고 있습니다. 당신은 두렵습니까, 아니면 안심이 됩니까? 경찰을 보고 두려워하는 것은 범죄자이기 때문입니다.

마찬가지로 죄를 가진 자는 하나님이 두렵습니다. 그가 죄를 심판하시는 분이기 때문입니다. 죄인들은 하나님의 원수요 진노의 대상입니다.

그러나 이제는 아닙니다. 예수 그리스도가 오셔서, 자기 피로써 우리의 죄를 완전히 없애고 우리를 의롭게 하셨습니다. 자신의 몸을 희생제물로 드려서 하나님과 우리를 화목하게 하셨습니다. 그러므로 죄가 없어진 우리에게 이제 하나님은 더 이상 두려우신 분이 아닙니다.(9-11절)

이제 우리는 하나님의 사랑의 대상입니다. 하나님과 여러분과의 관계는 조물주와 피조물, 주인과 종의 관계가 아니라 아버지와 아들 관계 즉 최고의 사랑의 관계입니다.

이번 일본탐방 중 거기서 오랫동안 사역하신 선교사님을 통해 일본에 관한 말을 많이 들었습니다. 일본인들이 가장 힘들어하는 것이 관계라는 것입니다. 우리의 경우 감정표현도 하고 마음에 담은 말도 하면서 친해지는데, 이들은 어려서부터 들어온 "남에게 폐 끼치지 말라"는 교육이 뼛속 깊이 심겨져 있어 여기 신경을 쓰다 보니, 자기를 열고 문제를 나누기 힘들어 한다는 것입니다. 한마디로 선을 긋고 피차 그 선을넘어오지 않게 하는 것입니다.

가정에서도 그렇다고 합니다. 부모가 자녀에게 사랑한다는 말을 잘 하지 않습니다. 표현을 잘 못해서가 아닙니다. 톨스토이가 한말처럼 사랑은 아낌없이 주는 것인데, 일본 부모는 자식에게 베푸는 데에 한계를 갖고 있습니다. '여기까지만'이라는 한계가 있습니다. 그래서 사랑한다는 말을 잘 쓰지 못한다는 것입니다.

하나님은 아닙니다. 사랑한다는 말씀을 끊임없이 반복하십니다. 한계 없이 모든 것을 주셨기 때문입니다. "하나님의 사랑이 우리에게 이렇게 나타난바 되었으니 하나님이 자기의 독생자를 세상에 보내심은 그로 말미암아 우리를 살리려 하심이라 사랑은 여기 있으니 우리가 하나님을 사랑한 것이 아니요 하나님이 우리를 사랑하사 우리 죄를 속하기 위하여 화목 제물로 그 아들을 보내셨음이라"(요일 4:9-10)

이 십자가 사건을 통해서 하나님은 자신의 사랑을 증명해 보이셨습니다. "우리가 아직 죄인 되었을 때에 그리스도께서 우리를 위하여 죽으심으로 하나님께서 우리에 대한 자기의 사랑을 확증하셨느니라"(8)

사랑의 증거라는 말의 의미를 생각해봅시다. 남녀가 서로 사귀게 될 때, 좋아하는 감정이 발전하여 "I love you!"라 고백하게 되고 그러면서 결혼합니다. 그런데 우리 모두 솔직히 경험하지만, 조금만 들여다보면 그 사랑이라는 것이 대부분 일시적이고 이기적입니다.

'잔 모르'는 이런 말을 했습니다. "사랑은 수프와 같다. 처음 몇 입은 너무 뜨겁고, 아주 잠깐 적당한 듯싶다가 이내 싸늘하게 식어버린다."

사랑이 이렇다보니 자꾸 서로의 사랑을 확인하려고 합니다. "당신 지금도 나를 사랑해?" "사랑하지 사랑하고 말고" "사랑한다는 사람이 그런 식으로 행동해?" 이런 식의 사랑 확인은 죽음이 둘을 갈라놓을 때까지 계속될 것입니다. 물론 우리 중에 이미 포기해버린 사람들도 있을 것입니다.

그러면서 하나님의 사랑도 이런 것처럼 생각합니다. 그래서 그의 사랑을 늘 의심합니다. "하나님이 정말 나를 사랑하실까? 나를 사랑한다면 어떻게 나를 이렇게 대하시지? 어떻게 내게 이런 일이 일어날 수 있지?" "꼭 한번이라도 하나님이 나타나셔서 나를 사랑한다고 말씀해주시면 원이 없을 텐데"

그러나 나에 대한 하나님의 사랑은 이미 완벽하게 증명되었습니다. 십자가에서! 내가 건강하고 사업이 잘되고 취직하는 것이 하나님의 사랑의 증거가 아닙니다. 반대로 내가 병들고 실패하고 고난당하는 것은 하나님이 나를 사랑하시지 않아서가 아닙니다.

십자가 하나님 사랑의 최종적인 증거입니다. 그 이상의 증거가 없습니다. 여러분이 진정 십자가에 못 박히신 예수 그리스도를 믿는다면, 여러분은 예외 없이 하나님의 넘치는 사랑을 받고 있는 사람입니다. 지금 가난해도, 병들고 연약해도 여러분 속에 하나님의 사랑은 넘치도록 부어지고 있는 것입니다. 이것을 믿으십니까?

반면에 십자가에 못 박히신 예수 그리스도를 믿지 않는다면, 그것이야말로 하나님의 사랑을 받지 못하는 증거입니다. 아무리 부귀영화를 손에 쥐고 있어도 그 사람은 여전히 하나님의 원수요 진노의 그릇일 뿐입니다.

십자가를 믿는 여러분, 하나님은 당신을 사랑하십니다. 그 사랑의 깊이와 넓이를 우리 인간의 지혜로는 헤아릴 수 없습니다. 너무 깊기 때문입니다. 나의 행위나 태도에 따라서 변하는 것이 아닙니다. 그 사랑은 영원히 변하지 않습니다.

이제 우리에게 중요한 것은 그 사랑을 더 많이 누리는 것입니다. 올바른 기도는 "하나님 제발 저를 좀 사랑해주세요"가 아니라, "하나님이 저에게 베푸시는 당신의 사랑의 넓이와 깊이와 높이를 더욱 풍성히 깨닫고 누리게 해주세요"입니다.

우리의 신앙에서 가장 위험한 것은 업적주의입니다. 기도를 많이 해야 사랑받고, 교회 봉사를 잘 해야, 헌금을 많이 해야, 말씀대로 살아야 하나님이 사랑하신다고 하는 식의 생각입니다. 이런 생각을 가지고 있는 한, 사랑과 인정을 받기 위해 우리는 또 땀 흘려야 합니다.

그것은 우리로 하여금 값없이 주시는 십자가의 은혜를 금방 율법주의로 바꾸어 버립니다. 거기서 하나님은 또 다시 우리의 행위에 주목하시는 두려우신 하나님이 되고, 이런 이미지를 가진 사람들은 벌 받는 것이 무서워서 경건생활을 하고, 가급적이면 하나님을 피해서 도망 다니려고 하는 것입니다.

아닙니다. 우리가 할 것은 무엇을 행하는 것이 아니라 믿는 것입니다. 하나님이 나 같은 자를 무조건 사랑하심을 믿고 신뢰하는 것입니다. 내 삶에 바람이 불건, 파도가 치건, 그런 것을 보면서 의심하지 말고 예수만 주목하면서 변치 않는 사랑을 붙드는 것입니다. 어떻게 사느냐보다 얼마나 그의 사랑을 신뢰하느냐가 나의 능력입니다.

성령은 언제나 어디서나 그 사랑을 느끼게 해주십니다. 그 사랑의 품을 상상해보십시오. 그 은총의 날개를 마음으로 그려보십시오. 그는 모든 믿는 자에게 반석이요 피난처가 됩니다.

그의 친밀함과 애정으로 가득 찬 눈을 상상해보십시오. 마치 아기가 사랑스러워 떠나지 못하는 아빠와 같이 여러분을 기뻐하시며 바라보십니다. 누군가를 사랑하면 그가 하는 모든 것들이 사랑스러워집니다. 하나님은 내가 나를 사랑하는 것 보다 나를 더 사랑하십니다. 심지어 내가 자신을 부끄러워하고 싫어할 때도 하나님은 귀하게 여기고 사랑하십니다.

사랑한다면 당연히 그의 말에 청종할 것입니다. 그렇습니다. 우리가 기도할 때에 하나님은 귀를 기울이십니다. 마음으로 하는 기도도 다 들으십니다. 그러므로 어디서나 기도하는 것입니다. 전능하신 그가 들으시면 어떤 일이 일어나겠습니까?

특별히 고난 중의 부르짖음은 그를 움직이는 힘이 더욱 큽니다. 마치 아이가 아프면 엄마도 함께 우는 것처럼, 사랑하는 이의 부르짖음을 동정하십니다. 그는 아낌없이 주시고 또 주시는 분이심을 명심하십시오. 아들까지 주셨습니다. 무엇을 아까와 하시겠습니까?

여러분, 십자가에서 확증된 이 하나님의 사랑의 깊이와 넓이를 감히 상상해보십시오. 우리가 상상하는 것보다 그의 사랑은 더 깊고도 넓습니다. 그러므로 우리는 언제나 어디서나 그 앞에 담대히 나갈 수 있습니다. 그곳은 바로 은혜의 보좌입니다. 그 시은좌는 교회당이나 기도실만이 아니라 세상 한가운데 어디서도 만날 수 있습니다. 그 보좌 앞에서 그분의 자비의 얼굴을 뵈옵고 감사와 찬양과 영광을 올려드리는 것입니다.

성도 여러분, 지금 이 순간도 하나님은 변함없이 여러분을 사랑하십니다. 이 교회당을 떠나서도 가정과 직장과 사회 속에서 그 사랑은 계속될 것입니다. 기쁜 일 속에서도 슬픈 일 속에서도, 때로는 형통함의 얼굴로 때로는 고난의 얼굴로 나타날 것입니다.

그 사랑을 날마다 어디서나 풍성히 누리는 우리 모두가 되기를 바랍니다.

(2013년 9월 15일)

십자가 앞에 설 때

"우리 주의 은혜가 그리스도 예수 안에 있는 믿음과 사랑과 함께 넘치도록 풍성하였도다 미쁘다 모든 사람이 받을 만한 이 말이여 그리스도 예수께서 죄인을 구원하시려고 세상에 임하셨다 하였도다 죄인 중에 내가 괴수니라 그러나 내가 긍휼을 입은 까닭은 예수 그리스도께서 내게 먼저 일체 오래 참으심을 보이사 후에 주를 믿어 영생 얻는 자들에게 본이 되게 하려 하심이라 영원하신 왕 곧 썩지 아니하고 보이지 아니하고 홀로 하나이신 하나님께 존귀와 영광이 영원무궁하도록 있을지어다 아멘" (딤전 1:14-17)

인간이 자신의 참모습을 안다는 것은 쉽지 않습니다. 우리는 그저 사람의 겉면만을 보게 되기 때문입니다. 어쩔 수 없습니다. 우리의 한계입니다. 때로는 그 겉 사람을 보면서 자부심을 갖고 잘난 체 하기도 하고, 때로는 실망하고 위축되기도 합니다. 나의 겉 사람을 보고 사람들이 박수치고 환호하고 인정할 때 내 존재감과 행복을 느낍니다.

지난 달 TV에 스티브 김이라는 분이 출연해서 자기 이야기를 들려주었습니다. 그는 단돈 200만원을 들고 미국에 건너가서 2조원을 거머쥔 성공한 기업인이 되었습니다. 비버리힐즈의 궁전 같은 저택에서 호화롭게 살다가 회의를 느끼고 30년 만에 한국으로 돌아왔습니다. 그런데 섭섭했던 것은, 자신이 미국에서 이렇게 성공했건만, 누구하나 자기의 소식을 궁금해 하지 않더라는 것이었습니다. 물어봐야 그간에 있었던 드라마틱한 성공담을 자랑할텐데 주위 사람들이 별로 관심 갖지 않아 섭섭했다고 말했습니다. 그러면서 하는 말이, 사람이란 역시 인정받는 데서 행복을 느낀다는 것입니다.

이렇듯 사람들은 자기 멋에 살아갑니다. 나의 외모, 쌓아올린 실력, 직장과 지위, 연봉, 축척한 재산과 인맥들, 고상한 인격 등과 같은 옷을 걸쳐 입고서는, 이것이 나의 참 모습이라 우기면서 그런 것으로 성을 쌓고 그 안에 안주하며 살아갑니다.

그러나 그것은 나의 참모습이 아닙니다. 나의 참가치가 아닙니다. 이런 것들에 속지 맙시다. 어떤 이는 평생 속은 채 살아갑니다. 죽을 때까지도 자기의 진짜 모습을 알지 못합니다.

그럴 뻔하다가 하나님의 은혜로 자기의 참모습을 찾은 사람이 성경에 있습니다. 애굽을 포함해 중근동 천하를 통일했던 바벨론의 왕 느부갓네살입니다. 역사적으로 본다면 그는 당시 세계에서 가장 큰 힘과 지위를 갖고 있는 사람이었습니다. 권력과 명성이 정점에 다다른 어느 날, 그는 왕궁 지붕을 거닐다가 이렇게 말했습니다. "이 큰 바벨론은 내가 능력과 권세로 건설하여 나의 도성으로 삼고 이것으로 내 위엄의 영광을 나타낸 것이 아니냐"(단 4:30) 당연한 이야기입니다. 여러분 같으면 그런 마음 품지 않겠습니까?

바로 그 때, 하늘에서 소리가 들렸습니다. "나라의 왕위가 네게서 떠났느니라 네가 사람에게서 쫓겨나서 들짐승과 함께 살면서 소처럼 풀을 먹을 것이요 이와 같이 일곱 때를 지내서 지극히 높으신 이가 사람의 나라를 다스리시며 자기의 뜻대로 그것을 누구에게든지 주시는 줄을 알기까지 이르리라 하더라"(단 4:31-32)

이 무슨 날벼락입니까? 그런데 정말 그 말씀대로 그의 머리털은 독수리 털 같이, 그의 손톱은 새 발톱 같이 변하여 이상한 짐승이 되고 말았습니다. 왕궁 안에서 이 이상한 짐승을 느부갓네살왕이라 생각한 자가 누가 있었겠습니까? 당연히 그는 왕궁에게 쫓겨났습니다. 그리고 들에서 소처럼 풀을 뜯어먹으면서 한숨 쉬며 살게 되었습니다.

그는 자신이 거대한 제국을 건설한 최고의 존재라고 생각했습니다. 자신의 모습에서 흘러넘치는 그 위엄의 영광을 자랑했습니다. 그러나 아니었습니다. 그는 한순간에 몰락할 수 있는 존재였습니다. 일곱 때를 지나 다시 왕으로 돌아왔을 때에, 그는 이렇게 겸손히 고백했습니다. "그러므로 지금 나 느부갓네살은 하늘의 왕을 찬양하며 칭송하며 경배하노니 그의 일이 다 진실하고 그의 행하심이 의로우시므로 교만하게 행하는 자를 그가 능히 낮추심이라"(37)

우리는 이것을 알지 못합니다. 지금 내가 갖고 있고 누리고 있는 것은 모두 다 하나님의 은혜입니다. 그러므로 내가 잘나서 이룬 것인양 착각하고 교만하지 맙시다. 내가 자랑하는 이 겉 사람은 아무 것도 아닙니다. 하나님께서 주신 것은 하나님께서 다시 취해가실 수 있습니다. 언제든지 얼마든지 그렇습니다.

우리는 교회를 다니면서도 여전히 겉 사람을 붙잡고 살 수 있습니다. "내가 어떤 사람인데" "내가 그래도 직원을 수백명 거느린 사장인데, 사회에서는 존경받는 교수인데, 의사인데, 배울 만큼 배운 지성인인데" 그렇다면 여러분은 아직 은혜의 사람이 아닙니다. 이런 마음 내려놓으십시오!

미국에 한 상원의원이 있었습니다. 그는 영향력이 있는 정치인이었습니다. 대개 그런 사람들은 대도시의 큰 교회나 이름 있는 교회를 다닙니다. 그래야 격도 맞고, 정치 인맥도 형성할 수 있다고 생각하기 때문입니다. 우리나라도 한때 고려대출신의 소망교회 교인과 영남 출신들이 권력의 핵심부가 된다고 해서 '고소영'이라는 말이 유행하지 않았습니까?

그러나 미국의 이 정치인은 이름도 알려지지 않은 아주 작은 교회를 다녔습니다. 한번은 누군가 물었습니다. "의원님이 왜 이런 작은 교회를 다니십니까?" 그러자 그가 대답했습니다. "나는 정치인으로 교회를 나가는 것이 아니라, 죄인으로 나가는 것입니다."

죄인! 이 말이 감동적이지 않습니까? 그는 자신의 참모습을 알고 있었습니다. 상원의원, 이것은 그의 참모습이 아닙니다. 그것은 겉옷에 불과합니다. 그런 옷들을 하나하나 벗어 마지막 하나 남은 속옷까지 벗어버렸을 때 보이는 우리의 실상은 바로 이것입니다. 죄인!

언제 우리가 우리의 실상을 볼 수 있을까요? 십자가 앞에 설 때입니다. 십자가! 이를 아십니까? 죄인 중의 괴수만 처형하는 형틀입니다. 우리로 치면 대역 죄인을 능지처참 하는 형틀입니다. 만일 여기 내가 사는 곳에 그런 형장이 있다고 합시다. 근처에 살고 싶겠습니까? 가보고 싶겠습니까? 갈보리 십자가는 인간의 역사에서 가장 어두운 곳입니다.

그런데 그곳에 그리스도께서 매달리셨습니다. 그가 누구십니까? 17절의 송영을 생각합시다. "영원하신 왕 곧 썩지 아니하고 보이지 아니하고 홀로 하나이신 하나님께 존귀와 영광이 영원무궁하도록 있을지어다 아멘"(17)

존귀와 영광이 영원무궁하신 하나님, 그가 이 오욕과 부끄러움의 십자가에 매달리셨습니다. 말이 되는 이야기입니까? 정말 앞뒤가 맞지 않는 모순된 이야기입니다. 그렇습니다. 십자가는 모순과 역설(Paradox)로 가득 찬 곳입니다. 인간의 지혜로 이해할 수 없습니다. 믿을 수 없습니다. 그러나 사실입니다. 역사적 사건입니다.

그러므로 이 믿을 수 없는 사건을 믿게 될 때에, 우리는 충격을 받게 됩니다. 무엇 때문에 영원하신 왕, 존귀와 영광의 하나님이 죄수의 몸으로 십자가에 매달리셨습니까?

대답해봅시다. 그것은 '그'가 아니라, '내'가 죄인이기 때문입니다. 보통 죄인이 아닙니다. 끔찍한 죄인입니다. 너무도 끔찍한 죄인! 어느 정도일까요? 십자가에 죽을 만큼입니다. 우리로 치면 능지처참해야 할 대역 죄인입니다. 이런 나를 살리기 위해서 하나님이 대신 매달리신 것입니다. "미쁘다 모든 사람이 받을 만한 이 말이여 그리스도 예수께서 죄인을 구원하시려고 세상에 임하셨다 하였도다 죄인 중에 내가 괴수니라"(15)

죄인 중의 괴수! 이런 나를 보아야 합니다. 이런 나의 모습은 십자가 앞에 설 때 비로소 볼 수 있습니다. 거기선 배운 자와 못 배운 자, 가진 자와 못가진 자, 높은 자와 낮은 자의 구별이 없이 다 죄인입니다.

우리가 죄인이라는 사실에 대해서 심각하게 생각해본 적이 있습니까? 이것은 법적 용어입니다. 감상적인 표현이 아닙니다. "저희야 부모님께 모두 죄인이지요. 아내를 힘들게 한 우리 남편들은 다 죄인입니다." 이런 식의 도덕적인 의미가 아닙니다.

법정에서 듣는 용어입니다. 여러분, 재판받아본 적이 있습니까? 가령 뇌물수수죄로 고소되었다고 생각해보십시오! 검사는 집요하게 여러분을 죄인으로 몰고 가려 할 것입니다. 어떻게 하겠습니까? 순순히 '맞습니다. 내가 죄인입니다.' 하지 않을 것입니다. 변호사를 세워서 어떻게든 무죄판결을 받고 승소하려 할 것입니다. 온갖 변명과 빠져나갈 구멍을 찾으면서 죄인이 아님을 증명하려 할 것이다.

왜 그렇게 할까요? 판사에 의해 죄인으로 선언 되는 것이 무엇을 의미하는지 잘 알기 때문입니다. 유죄로 확정되는 순간 감옥으로 가게 됨니다. 재산도 잃고, 명예가 땅에 떨어질 것입니다. 살인죄라면 무기징역을 받거나 심지어 사형을 당할지도 모릅니다.

우리가 바로 이런 죄인입니다. "우리는 다 죄인이지요! 죄 안 짓는 사람이 있나요!" 이런 물타기식의 감상주의로 말할 수 있는 그런 죄인이 아닙니다. 하나님 앞에서 죄인은 사형입니다. 죄의 삯은 사망입니다. 육신의 죽음이 아니라 영원한 죽음입니다. 지옥 불 못에 던져져서 거기서 영원히 사는 것입니다. 우리는 본래 그런 형벌을 받아야 할 대 죄인입니다.

자, 반발감이 생길 것입니다. "내가 무슨 대역죄인입니까? 물론 죄가 없다는 것 아니에요, 그렇지만 그처럼 무지막지한 놈은 아닙니다. 그래도 나름 양심껏 사는 사람입니다." 이런 생각을 가질만한 사람도 많이 있을 것입니다.

그러나 십자가 앞에 서게 되면 이런 자기 의와 망상은 여지없이 무너집니다. 하나님은 양파껍질을 벗겨내듯 우리 내면에 숨겨진 죄악들을 하나하나 드러내실 것입니다. 실제 다른 여자와 불륜을 저지르고 간통하지는 않았지만, 마음으로 얼마나 많은 음욕을 품었습니까? 태어나서 한 번도 우상을 숭배한 적은 없었지만, 어쨌든 탐욕에 찌든 삶이 아니었습니까? 탐욕이 바로 우상숭배입니다. 살인하지 않았지만, 얼마나 충실한 미움의 종이 되었습니까? 미워하는 자는 살인하는 자입니다.

이것이 다가 아닙니다. 가장 큰 죄가 남아있습니다. 가장 큰 죄는 스스로를 남보다 낫다고 여기는 교만과 자기 의 입니다. "나는 저 세리와 같지 않습니다. 일주일에 두 번 금식하고 십일조를 꼬박 드립니다." 이처럼 스스로를 남보다 경건하게 여겼던 바리새인은 결국 세리보다 더 악한 죄인으로 판명되었습니다.

하나님은 결국 우리를 무릎 꿇게 하실 것입니다. 그리고 우리로 하여금 진심으로 고백하게 할 것입니다. 어떤 고백입니까? "나야말로 가장 나쁜 죄인입니다." "죄인 중에 내가 괴수입니다." 십자가 앞에 설 때, 우리는 항복하게 됩니다. 죄인 중에 괴수! 바로 나입니다. 지옥의 가장 밑바닥으로 굴러 떨어지기에 마땅한 죄인 중에 괴수, 그것이 바로 나입니다.

여러분은 오늘 여기서 십자가 앞에 서야 합니다. 경건은 십자가 앞에 서는 것입니다. 한번만 서는 것이 아닙니다. '아직 자신이 꽤 괜찮은 사람, 남보다 나은 사람, 자랑할 것이 많은 사람'이라고 생각하는 한, 여러분은 다시 십자가 앞으로 나아가야 합니다. 스스로가 가장 못나고 형편없는 죄인이라고 진정 느끼고 인정하고 고백할 때까지, 그래서 두 손 들고 항복할 때까지 십자가 앞으로 가야 합니다.

여러분이 즐겨 갈 곳은 헬스장이 아닙니다. 목욕탕이 아닙니다. 백화점이 아닙니다. 극장이 아닙니다. 야구장이 아닙니다. 그런 곳은 잠시 우리를 잊게 해줄지 모릅니다. 내가 누구인지, 내가 어디로 갈 것인지를 잊게 해줍니다.

여러분이 가야 하는 곳은 십자가 앞입니다. 차라리 거기서 눈물을 흘리고, 두려움과 절망에 사로잡히십시오! 일시적인 삶의 위로와 희망에 들떠서 하루하루를 가짜로 살아가지 마십시오! 거기서 벗어나 차라리 자신의 진정한 영적 현실을 대면하십시오!

그럴 때 당신은 비로소 은혜를 깨닫게 될 것입니다. "우리 주의 은혜가 그리스도 예수 안에 있는 믿음과 사랑과 함께 넘치도록 풍성하였도다"(14) 나 같은 죄인, 죄인 중에 괴수가 매달릴 자리에 대신 매달리신 주님, 그 주님은 진정 은혜의 주님이십니다. 그 아들을 십자가에 못 박으신 하나님은 진정 사랑의 하나님이십니다.

우리에게 두려운 것은 이 십자가가 악세사리로 변하고 있다는 사실입니다. 사람들이 아무런 감동 없이 십자가를 말하고 있고, 아무런 두려움이 없이 자신이 죄인이라고 떠벌린다는 사실입니다. 그것은 죄인에 대한 깨달음도 아니고 십자가에 대한 깨달음도 아닙니다. 아무것도 아닙니다. 그것은 그저 종교적인 자기 위안에 불과합니다.

여기 십자가가 마지막인데, 십자가마저 나를 변화시킬 수 없는 것이 되었다면, 십자가를 믿는다면서 여전히 세상을 좋아하고 자기 의에 도취되어 살아간다면, 나는 심각한 사람입니다. 나는 위기의 사람입니다.

다시 십자가 앞에 서십시오! 다시 마음의 세례를 받읍시다. 다시 은혜의 사람이 됩시다.

이 은혜가 함께 하기를 바랍니다.

(2012년 10월 21일)

죄에 대하여 죽은 자여

"그런즉 우리가 무슨 말을 하리요 은혜를 더하게 하려고 죄에 거하겠느냐 그럴 수 없느니라 죄에 대하여 죽은 우리가 어찌 그 가운데 더 살리요 무릇 그리스도 예수와 합하여 세례를 받은 우리는 그의 죽으심과 합하여 세례를 받은 줄을 알지 못하느냐 그러므로 우리가 그의 죽으심과 합하여 세례를 받음으로 그와 함께 장사되었나니 이는 아버지의 영광으로 말미암아 그리스도를 죽은 자 가운데서 살리심과 같이 우리로 또한 새 생명 가운데서 행하게 하려 함이라 만일 우리가 그의 죽으심과 같은 모양으로 연합한 자가 되었으면 또한 그의 부활과 같은 모양으로 연합한 자도 되리라 우리가 알거니와 우리의 옛 사람이 예수와 함께 십자가에 못 박힌 것은 죄의 몸이 죽어 다시는 우리가 죄에게 종 노릇 하지 아니하려 함이니 이는 죽은 자가 죄에서 벗어나 의롭다 하심을 얻었음이라 만일 우리가 그리스도와 함께 죽었으면 또한 그와 함께 살 줄을 믿노니 이는 그리스도께서 죽은 자 가운데서 살아나셨으매 다시 죽지 아니하시고 사망이 다시·그를 주장하지 못할 줄을 앎이로라 그가 죽으심은 죄에 대하여 단번에 죽으심이요 그가 살아 계심은 하나님께 대하여 살아 계심이니 이와 같이 너희도 너희 자신을 죄에 대하여는 죽은 자요 그리스도 예수 안에서 하나님께 대하여는 살아 있는 자로 여길지어다 그러므로 너희는 죄가 너희 죽을 몸을 지배하지 못하게 하여 몸의 사욕에 순종하지 말고 또한 너희 지체를 불의의 무기로 죄에게 내주지 말고 오직 너희 자신을 죽은 자 가운데서 다시 살아난 자 같이 하나님께 드리며 너희 지체를 의의 무기로 하나님께 드리라 죄가 너희를 주장하지 못하리니 이는 너희가 법 아래에 있지 아니하고 은

혜 아래에 있음이라"(롬 6:1-14)

오늘 세례식이 있습니다. 세례는 죄를 씻는 의식입니다. 오순절날 베드로는 어떻게 하면 구원을 받을 수 있는지를 묻는 자들에게 이렇게 말했습니다. "너희가 회개하여 각각 예수 그리스도의 이름으로 세례를 받고 죄 사함을 받으라 그리하면 성령의 선물을 받으리니"(행 2:38) 이처럼 먼저 죄를 돌이키는 참회가 있어야 합니다. 그리고 세례를 받음으로 죄 사함을 받는 것입니다.

이처럼 세례는 죄 문제를 해결하는 의식입니다. 죄와 깊은 관련이 있습니다. 물론 죄를 씻는 의식이지만, 그것만으로는 세례와 죄의 관계를 설명하기에 부족합니다. 오늘 이 말씀 속에서 이 부분에 대해 두 가지를 생각해봅시다.

첫째, 세례는 내가 죄에 대해서 죽는 것입니다.

오늘 이 죄라는 것을 생각해봅시다. 죄만큼 우리와 깊이 엮여있는 것이 있을까요? 우리는 평생 죄와 씨름하면서 살아갑니다. 누구나 죄의 유혹 앞에서 수없이 갈등합니다. 그러다가 죄의 문턱에 걸려 넘어지면서 방황하며 타락의 길로 가기도 합니다. 후회하고 참회하기도 하고, 죄의식에 시달리기도 합니다. 때로는 자신이 저지른 죄 값을 혹독하게 치르면서 괴로워합니다. 이처럼 우리는 평생 죄와 싸우면서 사는 것입니다.

그런 죄이건만 죄의 실상이 무엇인지, 나와 죄와의 관계가 무엇인지를 정확하게 알지 못합니다. 세상의 학문이 그것을 가르쳐줄 수가 없습니다. 죄는 단순히 윤리적인 문제가 아니라, 영적인 문제이기 때문입니다.

예수님이 죄에 대한 중요한 단서를 주셨습니다. "진실로 진실로 너희에게 이르노니 죄를 범하는 자마다 죄의 종이라"(요 8:34) 다시 말해 주님이 이렇게 말씀하시는 것입니다. "너희가 죄 짓는 것은 너희가 죄의 종이기 때문이다. 너희는 죄를 지을 수도, 안 지을 수도 있는 자유인이 아니다. 너희는 오히려 죄에게 꽁꽁 묶여 지배당하는 죄의 노예이다."

이것이 우리의 영적 실상입니다. 죄의 세력이 얼마나 막강합니까? 그는 아담을 넘어뜨리더니, 모든 인간 속에 깊숙이 들어가 장악했고, 결국 모든 피조물로 하여금 허무한데 굴복하게 만들었습니다. 모두가 죄에 감염되고, 이 부패한 것에 종노릇하고 있습니다.

휴전선 이북의 북한이라는 나라를 생각해보십시오.

탈북하지 않는 한, 그 영토 안에 발붙이고 사는 한, 김정은의 독재권력 아래에서 벗어날 수 없습니다.

일제 치하에서 조선도 마찬가지였습니다. 이것은 개인의 힘으로 해결할 수 있는 것이 아닙니다. 2차 대전에서 일본이 항복하면서 우리국민은 비로소 그 압제에서 해방될 수 있었습니다.

우리가 죄에서 벗어나는 것도 마찬가지입니다. 내가 착하게 살며 죄를 안 지려고 애쓰는 것으로 되지 않습니다. 우리 개개인의 도덕적인 노력으로 해결될 수 있는 것이 아닙니다.

먼저 온 세상을 감염시키고 지배하는 죄의 세력을 무력화해야 합니다. 이것을 위해 하나님의 아들 예수 그리스도가 이 세상에 오셨습니다. 인간의 죄를 대신 짊어지고 십자가에서 죽으심으로써 죄를 멸하셨습니다. 그리고 부활하셨습니다. 이로써 죄는 그 권세를 잃어버렸습니다.

세례는 믿음으로 예수 안으로 들어가 그와 연합하는 것입니다. 그 신비한 연합 속에서 예수의 죽음이 나의 죽음이 되고, 그의 부활이 나의 부활이 되는 것입니다. "무릇 그리스도 예수와 합하여 세례를 받은 우리는 그의 죽으심과 합하여 세례를 받은 줄을 알지 못하느냐 그러므로 우리가 그의 죽으심과 합하여 세례를 받음으로 그와 함께 장사되었나니 이는 아버지의 영광으로 말미암아 그리스도를 죽은 자 가운데서 살리심과 같이 우리로 또한 새 생명 가운데서 행하게 하려 함이라"(3-4)

세례를 받음으로 우리는 예수와 함께 죽고 장사됩니다. 장례식을 치르고 관 뚜껑을 덮고 하관해서 흙을 덮는 것입니다.

이것은 우리의 경험 영역에서 일어나는 일이 아닙니다. 육안으로는 볼 수 없는 하나님의 세계에서 일어난 진리의 사건입니다. "거기서 나는 그리스도와 함께 죽었고 그와 함께 장사되었습니다."

6-7절은 이것을 좀 더 자세히 설명합니다. "우리가 알거니와 우리의 옛 사람이 예수와 함께 십자가에 못 박힌 것은 죄의 몸이 죽어 다시는 우리가 죄에게 종노릇 하지 아니하려 함이니 이는 죽은 자가 죄에서 벗어나 의롭다 하심을 얻었음이라"

예수 안에서 죽기 이전의 사람을 옛사람이라고 합니다. 그 옛사람은 죄의 몸이었습니다. 죄의 몸이란 '죄에 오염되어 죄와 사망 아래 있는 인간존재', 다시 말하면 '완전히 죄의 DNA로 구성되어 죄의 통제 아래 있는 존재'를 말합니다. 그런 존재의 본성이 조금 착하게 살려는 노력으로 바뀌겠습니까? 전혀 아닙니다.

그러므로 하나님은 어떻게 했습니까? 예수님과 함께 그 옛사람을 죽게 했습니다. 그 결과 우리는 죄에 대해서 죽어버렸습니다. 무슨 말입니까? 우리와 죄와의 관계가 완전히 단절된 것입니다.

〈적과의 동침〉이라는 영화가 이것을 가장 잘 설명해줍니다. 결벽증과 의처증이 심한 남편에게 학대받으면서 사는 여자가 있습니다. 너무도 치밀하고 완벽한 남편의 손에서 도저히 벗어날 수가 없습니다. 몇 번 탈출을 시도하지만 결국 붙잡혀 와서 더 큰 폭력을 당하게 됩니다.

그러던 그녀가 남편과 함께 요트를 타다가 바다에 빠져 실종되고 맙니다. 아내가 수영을 못하는 것을 잘 아는 남편은 그녀가 죽었다고 생각하고 장례식까지 치릅니다. 그러나 이 모든 것은 그녀의 계획이었습니다. 그녀는 오래전부터 남편 몰래 수영을 배워왔었기에 바다에서 헤엄쳐 나와 살아납니다. 그리고 먼 곳으로 가서 이름도 바꾸고 새로운 삶을 시작했습니다.

그녀는 남편에 대해서 죽었습니다. 남편과의 모든 관계가 끝났습니다. 죽음을 통해 남편의 마수에서 벗어난 것입니다.

이처럼 우리의 죽음은 죄에 대해서 죽은 것입니다. 그래서 "이는 죽은 자가 죄에서 벗어나"(7)라는 말씀처럼 죄와 관계가 끊어지고 죄로부터 완전히 벗어나게 된 것입니다.

그러나 죽음이 끝은 아닙니다. 그 다음에 우리는 예수와 함께 다시 살아났습니다. 새로운 피조물로! 죄에 오염되지 않는 의롭다함을 받은 자입니다. 죄로 인해 깨어졌던 하나님과의 관계가 회복되는 것입니다.

이것을 하나님께 대하여 살아났다고 말합니다. "이와 같이 너희도 너희 자신을 죄에 대하여는 죽은 자요 그리스도 예수 안에서 하나님께 대하여는 살아 있는 자로 여길지어다"(11)

그러므로 여러분, 세례는 참으로 엄청난 사건입니다. 우리는 죄에 대해서 죽으면서, 죄로부터 독립했습니다. 내가 죄를 범하지 않으려고 한다면 얼마든 하지 않을 자유인이 된 것입니다.

죄는 더 이상 우리를 지배할 수 없습니다. "죄가 너희를 주장하지 못하

리니 이는 너희가 법 아래에 있지 아니하고 은혜 아래에 있음이라"(14)

우리 힘으로 이 자유를 지키는 것이 아닙니다. 우리는 하나님의 은혜의 보호 아래 있는 사람들입니다. 그가 죄의 세력으로부터 우리를 보호하시는 것입니다.

그러므로 우리는 더 이상 죄에 머물러 있을 이유가 없습니다. 죄에 눌려 살 이유가 없습니다. 오늘 이후로 미움, 거짓, 음행, 탐욕 등 모든 죄의 습관과 사슬에서 벗어나기를 바랍니다.

둘째, 죄가 우리 몸을 지배하지 못하게 하는 것입니다.

영화이야기를 계속해봅시다. 적과의 동침은 그렇게 시시하게 끝나지 않습니다. 남편은 어느 날 죽은 아내의 서랍을 정리하다가 수영 수강증을 보게 됩니다. 의심하기 시작하더니 그녀가 살아있음을 알게 되고 결국은 그녀를 찾아갑니다. 그리고 다시 옛날로 돌아가자고 회유하고 협박합니다. 아주 지독한 인간입니다. 하지만, 그녀는 그를 총으로 쏴 죽입니다.

죄는 우리를 잃어버렸습니다. 우리에 대한 지배권을 상실했습니다. 그렇다고 해서 순순히 물러설 존재가 아닙니다. 찰거머리입니다.

더 이상 자기의 종이 아님에도 불구하고 집요하게 달라붙어, 온갖 것으로 유혹합니다. 다시 지배하고 싶은 것입니다.

죄의 유혹은 얼마나 달콤합니까? 예수 믿기 전이나 후나, 죄가 던지는 미끼는 여전히 보암직하고 먹음직하고 지혜롭게 할 만큼 탐스러운 것입니다.

만일 우리가 다시 죄에게 우리 자신을 내어주고 죄를 좇는다면 어떻게 될까요? 이전처럼 죄가 우리를 지배할 수는 없지만, 여전히 우리를 괴롭히면서 무기력한 그리스도인으로 만들 수 있습니다.

그러므로 지금도 죄는 우리를 넘어뜨리려고 낮이고 밤이고 유혹합니다. 온갖 협박으로 더 깊은 죄로 들어가게 유도합니다. 양심이 마비되는 데까지 끌고 가기도 합니다. 깊은 죄의식에 빠지게 하고, 그 죄로 인한 결과에서 헤어나지 못하게 하면서 무기력해지도록 만듭니다. 그래서 결국 믿음에서 멀어지게 합니다.

그러므로 십자가의 은혜를 받은 여러분, 우리는 죄와의 전쟁을 선포해야 합니다. 죄의 종이었을 때는 감히 죄와 싸울 수 없었습니다. 그러나 이제는 죄와 싸워야 합니다.

무엇보다도 몸의 사욕을 조심해야 합니다. "그러므로 너희는 죄가 너희 죽을 몸을 지배하지 못하게 하여 몸의 사욕에 순종하지 말고 또한 너희 지체를 불의의 무기로 죄에게 내주지 말고"(12-13a) 우리 몸은 예나 지금이나 여전히 연약한 몸입니다. 그 몸은 아직 속량되지 못하였기에 여전히 죄의 유혹에 흔들립니다.

그러므로 여러분, 육신의 소욕에 순종하지 말아야 합니다. 육신을 좇다보면 우리의 지체는 불의의 무기가 되고 맙니다. 그러므로 내 몸을 쳐서라도 절제해야 합니다. 근신해야 합니다.

보다 적극적으로 성령의 소욕을 좇읍시다. "오직 너희 자신을 죽은 자 가운데서 다시 살아난 자 같이 하나님께 드리며 너희 지체를 의의 무기로 하나님께 드리라"(13b)

그래서 우리의 몸을 경건한 일, 선한 일, 영원한 일에 적극적으로 드립시다!

사랑하는 성도 여러분, 특별히 오늘 세례를 받는 여러분, 예수님이 우리를 그 집요한 죄의 권세로부터 해방시키기 위해 십자가를 지셨습니다. 그리고 그 십자가에서 예수님뿐 아니라 우리도 죄에 대하여 죽었습니다.

그런 우리가 다시 더러운 죄를 끌어들여 그 안에서 살아야겠습니까? "그럴 수 없느니라 죄에 대하여 죽은 우리가 어찌 그 가운데 더 살리요"(2)

죄를 멀리합시다. 몸의 소욕을 좇지 맙시다. 크고 작은 유혹 앞에서 단호 합시다. 죄에 대하여 죽은 여러분, 이제 죄와의 전쟁을 선포하고 죄와 싸우면서 거룩한 길로 가기를 바랍니다.

(2016년 10월 23일)

오, 이 고귀한 믿음이여!

"이렇게 많은 표적을 그들 앞에서 행하셨으나 그를 믿지 아니하니 이는 선지자 이사야의 말씀을 이루려 하심이라 이르되 주여 우리에게서 들은 바를 누가 믿었으며 주의 팔이 누구에게 나타났나이까 하였더라 그들이 능히 믿지 못한 것은 이 때문이니 곧 이사야가 다시 일렀으되 그들의 눈을 멀게 하시고 그들의 마음을 완고하게 하셨으니 이는 그들로 하여금 눈으로 보고 마음으로 깨닫고 돌이켜 내게 고침을 받지 못하게 하려 함이라 하였음이더라 이사야가 이렇게 말한 것은 주의 영광을 보고 주를 가리켜 말한 것이라 그러나 관리 중에도 그를 믿는 자가 많되 바리새인들 때문에 드러나게 말하지 못하니 이는 출교를 당할까 두려워함이라 그들은 사람의 영광을 하나님의 영광보다 더 사랑하였더라 예수께서 외쳐 이르시되 나를 믿는 자는 나를 믿는 것이 아니요 나를 보내신 이를 믿는 것이며 나를 보는 자는 나를 보내신 이를 보는 것이니라 나는 빛으로 세상에 왔나니 무릇 나를 믿는 자로 어둠에 거하지 않게 하려 함이로라 사람이 내 말을 듣고 지키지 아니할지라도 내가 그를 심판하지 아니하노라 내가 온 것은 세상을 심판하려 함이 아니요 세상을 구원하려 함이로라 나를 저버리고 내 말을 받지 아니하는 자를 심판할 이가 있으니 곧 내가 한 그 말이 마지막 날에 그를 심판하리라 내가 내 자의로 말한 것이 아니요 나를 보내신 아버지께서 내가 말할 것과 이를 것을 친히 명령하여 주셨으니 나는 그의 명령이 영생인 줄 아노라 그러므로 내가 이르는 것은 내 아버지께서 내게 말씀하신 그대로니라 하시니라"(요 12:37-50)

이 세상에 우리의 삶을 지탱해주는 가장 중요한 것이 무엇인가를 생각해보면, 믿음이라는 단어가 떠오릅니다. 만약에 우리가 아무 것도 믿을 수 없는 상황에 처한다 생각해봅시다. 언제 포탄이 떨어질지 모르는 시리아 내전이나 우리가 방문했던 로힝야 난민촌 한 가운데서 살아간다면! 그 무엇도 그 누구도 믿어서는 안 됩니다! 마시는 물이나 음식에도 독과 병균이 우글거릴지 모릅니다. 그러면 어떻게 살 수 있을까요? 매일 바늘방석 위에서 사는 것 같은 삶일 것입니다.

거꾸로 생각해보면 우리가 평안 중에 살아가는 것은 믿는 것, 믿을 수 있는 것이 많기 때문입니다. 아이들은 부모를 믿기에 안심하고 뛰어 놉니다. 도로 위에서 서로가 교통신호등을 잘 지킬 것을 믿기에 파란 불에 마음 놓고 달려갑니다. 군대가 국방을, 공권력이 치안을 지켜줄 것을 믿기에 안정감을 갖고 살아갑니다. 입시나 취업시험이 공정하고 재판이 공의로워 사회적 신뢰가 높은 사회라면, 더욱 안심하고 살 것입니다.

믿음이 중요합니다. 물론 종종 그 믿음으로 인해 배신과 어려움을 당하기도 합니다. 썩은 동아줄을 믿고 붙들고 있다가 낭패를 겪기도 합니다. 우리 믿음의 대상이 이처럼 불완전하다 할지라도, 무엇을, 그리고 누군가를 믿고 의지하는 것은 삶을 지탱하는 가장 중요한 요소입니다.

이제 우리에게 필요한 것은 그 믿음의 대상을 완전한 것, 영원한 것으로 옮기는 것입니다. 우리가 전혀 실망하지 않고, 낭패 당하지 않을 믿음의 대상이 있습니다. 모든 존재의 근원이신 창조주 하나님께서는 우리가 믿고 의지할 분을 보내주셨습니다. 예수 그리스도! 바로 그분입니다. "예수께서 외쳐 이르시되 나를 믿는 자는 나를 믿는 것이 아니요 나를 보내신 이를 믿는 것이며 나를 보는 자는 나를 보내신 이를 보는 것이니라"(44-45)

이 예수 그리스도를 믿는 자는 빛의 나라로 들어가게 됩니다. "나는 빛으로 세상에 왔나니 무릇 나를 믿는 자로 어둠에 거하지 않게 하려 함이로라"(46) 죄와 사망의 어둠을 벗어버리고, 은총의 빛 가운데서 영원히 살게 될 것입니다.

그를 믿음! 이것이 모든 것의 열쇠입니다. "네 믿음이 너를 구원하였다!"(마9:22) 우리를 구원하는 것은 믿음입니다. "네가 믿으면 하나님의 영광을 보리라!"(요11:40) 하나님의 영광을 보는 길도 믿음입니다. 영생 얻는 길, 이 세상에서 능력 있게 살아가는 길, 영적으로 성장하는 길도 모두 믿음입니다.

모든 사람들은 이 믿음의 문턱에 서있습니다. 거기서 서성거리다가 돌아서는 사람들이 있고, 믿음의 문턱을 넘지만 죽은 믿음을 붙들고 무기력하게 살아가는 사람도 있습니다. 그런가하면 그 믿음으로 엄청난 결단을 함으로써 기적과 하나님의 영광을 보고 풍성한 결실을 하는 사람도 있습니다. 오늘 이 성경에서 믿음과 관련된 세 사람의 이야기를 생각해봅시다.

첫째, 믿지 못하는 사람들의 이야기입니다.

요한은 이런 사람들의 이야기로 시작합니다. "이렇게 많은 표적을 그들 앞에서 행하셨으나 그를 믿지 아니하니"(37) 예수님은 수많은 기적을 보여주셨습니다. 그들은 오병이어의 기적과 심지어 죽은 나사로가 살아나는 표적도 보았습니다. 그럼에도 불구하고 예수님을 믿지 않았습니다. 놀라운 일입니다. 고향 나사렛에서 예수님의 반응 역시 이것이었습니다. "그들이 믿지 않음을 이상히 여기셨더라"(막 6:6a)

왜 그렇게 믿지 못할까요? 어떻습니까? "만약에 내가 그 자리에 있었다면 나는 잘 믿었을거야!" 이렇게 생각하십니까? 요한은 여기서 이사야의 말을 인용합니다. "이는 선지자 이사야의 말씀을 이루려 하심이라 이르되 주여 우리에게서 들은 바를 누가 믿었으며 주의 팔이 누구에게 나타났나이까 하였더라"(38) "누가 믿었습니까?" 이 말은 그만큼 믿는 것이 쉽지 않다는 것입니다.

누구나 지금까지 갖고 살아온 생각의 틀에서 벗어나는 것이 어렵습니다. 대부분 그냥 자기가 옳다고 여긴 대로 살아갑니다. 당시 유대인도 그렇고 지금 사람들도 마찬가지입니다. 그저 좁은 안목으로 보고 경험한 것, 인간의 작은 지혜로 깨달아 배운 것들만을 믿으려 합니다. 그 이상으로 비상하지 못하다보니 보이지 않는 영원한 세계에 관한 진리를 믿지 못합니다.

우리에게도 지금 많은 전도대상자들 명단이 있습니다. 가족이나, 직장 동료, 친구 등 모두가 우리와 엮여진 소중한 사람들입니다. 우리는 그들에게 참된 것을 말합니다. 진짜 행복할 수 있는 길, 영원히 살 수 있는 길을 가르칩니다.

그러나 대부분 사람들은 잘 듣지 않습니다. 믿음의 자리까지 나오는 것이 쉽지 않습니다. 바울은 데살로니가 교인들에게 그들 주위에 둘러싼 불신자들을 가리키면서 이런 말을 합니다. "믿음은 모든 사람의 것이 아니니라"(살후 3:2b) 우리 속에 심겨진 믿음은 모든 사람의 것이 아닙니다.

정말 그렇습니다. 언제 이것을 깨닫습니까? 교인들끼리 모여 있으면 다 쉽게 믿는 것처럼 보입니다. 너도 믿음이 있고 나도 믿음이 있고, 마치 믿는 것이 당연한 것처럼 생각합니다.

그러나 전도현장에 나가봅시다. 몇 백 장의 전도지를 돌려봅시다. 한 사람을 얻는 것이 얼마나 어렵습니까? 주위의 불신자 한명을 주님께 인도하려고 시도해봅시다. 그러면 알게 됩니다. "내가 갖고 있는 믿음이 얼마나 귀한 것인지!"

나는 어떻게 믿게 되었을까요? 불과 몇 년 전만해도 나 역시 믿지 못하는 사람들 중에 있었는데, 어떻게 내 속에 그 믿음이 들어왔을까요? 정말 신비한 일입니다. "오, 이 고귀한 믿음이여!" 보배 같은 믿음이 여기 내 속에 있습니다. 이 세상 무엇과도 바꿀 수 없는 것입니다. 이 믿음을 주신 하나님께 영광과 존귀를 올려드립시다.

그런데 여기서 요한은 유대인들이 믿지 못한 이유를 다시금 이사야의 예언에서 찾아 인용했습니다. "그들이 능히 믿지 못한 것은 이 때문이니 곧 이사야가 다시 일렀으되 그들의 눈을 멀게 하시고 그들의 마음을 완고하게 하셨으니 이는 그들로 하여금 눈으로 보고 마음으로 깨닫고 돌이켜 내게 고침을 받지 못하게 하려 함이라 하였음이더라"(39-40)

마 13:13-14에서 예수님도 이 이사야의 말씀을 인용하시며, 비유를 사용하시는 이유를 설명하셨습니다. 하나님께서 유대인의 눈을 멀게 하고 마음을 완고하게 해서 되도록 믿지 못하게 하셨다는 것입니다. 한편으로는 믿기를 바라시면서 다른 한편으로는 믿지 못하도록 하시는 이 모순을 어떻게 이해할 수 있습니까?

먼저 이렇게 가정해봅시다. 만약에 당시 유대인들의 마음밭이 좋아서 모두가 다 예수님을 믿었다면 어떤 일이 벌어졌겠습니까? 아무도 예수님을 죽이지 않았을 것이고, 그러면 복음은 완성되지 못했을 것입니다. 그러나 유대인이 완악해서 예수님을 죽였기에, 모든 인류가 죄 사함을 받을 수 있게 된 것입니다. 유대인의 완악함도 예수님의 대속의 죽음을 위한 하나님의 섭리였습니다.

그리고 우리 죄를 위한 대속의 제사가 완성된 이후로는 인간이 더 이상 완악해질 이유가 없는 것입니다. 이제 이 이사야서의 말씀은 우리 시대에 어느 누구에게도 해당되지 않습니다.

그러므로 모든 사람에게 믿을 수 있는 가능성이 열려져 있습니다. 불신앙의 진지가 여리고성과 같이 견고하지만, 우리는 사랑과 인내로 그 견고한 진을 향해 돌진해야 합니다. 그들의 불신앙을 흔들고, 복음의 빛을 비추어 그들이 믿음으로 나올 수 있도록 최선을 다하기를 바랍니다.

둘째, 믿음을 드러내지 않는 사람들의 이야기입니다.

또 다른 사람들이 소개되어 있습니다. "그러나 관리 중에도 그를 믿는 자가 많되 바리새인들 때문에 드러나게 말하지 못하니 이는 출교를 당할까 두려워함이라"(42)

관리는 당시 유대 사회의 엘리트였습니다. 가난하고 무지한 민중이 아니고, 배우고 안정된 생활을 하는 사람들이었습니다. 그런 사람들 중에 예수님을 믿는 자가 많이 있었습니다.

그러나 그들은 그 믿음을 드러내려 하지 않았습니다. 왜냐하면 유대인들이 예수를 그리스도로 시인하는 자를 출교하기로 결의했기 때문입니다.(요 9:22) 그들은 이것을 두려워했습니다.

요한은 이렇게 해석했습니다. "그들은 사람의 영광을 하나님의 영광보다 더 사랑하였더라"(43) 그들에게는 사람의 영광 즉 세상에서 누리는 좋은 지위와 안정된 삶이 중요했습니다. 믿지만 거기에 목숨을 걸고 싶어 하지는 않았습니다. 믿음으로 인해 사람들 속에서 손해보고 어려움 겪는 것을 감당할 자신이 없었습니다. 그래서 결국은 하나님으로부터 오는 영광을 포기한 것입니다.

오늘날 박해를 받는 지역에서보다 신앙이 자유로운 나라에 이런 사람들이 더 많습니다. 우리가 얼마 전 다녀온 O국의 경우 그리스도인이 된다는 것은 목숨을 내건 결단입니다. 많은 불편과 가난조차 감수하겠다는 각오가 그들의 신앙 안에 담겨있습니다. 그러나 우리는 어떻습니까? 교인은 많지만, 진짜 믿음을 가진 사람들 만나기는 쉽지 않습니다.

어느 날 같은 직장동료가 교회를 다니고 있다는 사실을 우연히 알게 되었을 때 깜짝 놀랍니다. 그는 한 번도 교인인 티를 내지 않았고, 교인처럼 살지도 않았던 것입니다. 그러니 그의 입에서 예수를 믿으라는 말이 나오지 않은 것은 당연한 일입니다.

그가 오랜 세월 교회를 다니는 것은 그래도 그 속에 믿음이 있어서일 것입니다. 그러나 그 믿음은 아주 약한 믿음입니다. 신앙적인 가치를 형성하거나 행위로 이어지지 않는, 말하자면 죽은 믿음과 같은 것입니다. 교인이라는 사실이 알려질 때 생길 수 있는 이런 저런 불편함을 감수하기 싫은 것입니다. 회사 내 관행처럼 행해지는 비양심적인 일도 편하게 할 수 없을 것이고, 사바사바하면 큰 이익이 될 수 있는 그런 일도 못할 것입니다. 교회를 다닌다면 뭔가 약점 잡힌 것 같습니다. 똑같이 나쁜 짓을 해도 교회 다닌다는 이유로 더 욕먹습니다. 이런 불편함으로 인해 믿음을 숨기는 것입니다.

저는 어떤 분이 높은 공직에 취임하는 자리에서 취임사를 하면서 자신이 그리스도인임을 스스럼없이 밝히는 것을 보며 흐뭇함을 느꼈습니다. 그 고백은 자신은 그리스도인이기에 신앙의 양심에 따라 공적인 직분을 감당하겠다는 선포와 같은 것입니다. 자신은 그 직분을 행함에 있어서 하나님의 영광을 가리는 일을 하지 않겠다는 서약과 같은 것입니다. 신앙의 양심을 위해 손해를 당하는 것도 감수하겠다는 선언입니다. 멋있지 않습니까?

아니 우리 안에 있는 믿음이 진정 보배로운 것이라면, 그 정도의 어려움은 감수할 가치가 있는 것이 아닙니까? 진정 예수를 안다면, 그가 하늘과 땅의 권세를 가지신 분이며, 인생의 주권자되시는 분임을 진정 아멘으로 믿는 사람이라면, 우리는 그 어떤 것도 결코 두려워하지 않을 것입니다. 우리의 인생이 그분의 손안에 있음을 알진대, 세상의 영광보다 하나님의 영광을 우선하는 자가 마지막에 승리한다는 믿음도 갖게 될 것입니다. 이런 담대함으로 세상에 빛을 드러내기를 바랍니다!

셋째, 마지막 호소하시는 예수님 이야기입니다

요한은 예수님의 마지막 메시지를 44-50절에 요약했습니다. "나를 저버리고 내 말을 받지 아니하는 자를 심판할 이가 있으니 곧 내가 한 그 말이 마지막 날에 그를 심판하리라"(48) 이 말씀의 뜻은 이것입니다. "나를 믿지 않는 자는 내가 한 말에 의해 심판을 받을 것이다. 이전에 하나님의 말씀, 그의 명령이기 때문이다."

하나님의 명령의 권위는 무엇입니까? 그 자체가 영생입니다. (50) "나는 그의 명령이 영생인 줄 아노라" 그러므로 그것을 믿지 않고 저버리는 자는 곧 영생을 저버리는 것이요, 죽음의 심판을 자취하는 것입니다.

이보다 분명한 말씀이 또 있을까요? 교회에서 우리가 듣는 말씀은 세상의 말과 같은 것이 아닙니다. 설교자가 전하는 말씀이 진정 하나님의 말씀일진대, 그것은 졸거나 팔짱을 끼고 딴 생각하면서 들을 수 있는 말씀이 아닙니다. 내 상식에 맞는 것은 담고, 맞지 않는 것은 내버릴 그런 말씀이 아닙니다. 내가 들은 그 말씀이 훗날 나를 심판하고 정죄할 것임을 명심하십시오.

하나님의 명령이 곧 생명입니다. 내가 그 명령을 믿고 그 권위를 두려워하며 순종할 때, 그의 생명은 내 속에서 점점 더 풍성해지고 영원을 위한 결실을 하게 되는 것입니다.

말씀을 맺겠습니다! 〈포세이돈 어드벤처〉라는 영화가 있습니다. 뉴욕에서 유럽으로 가는 포세이돈이라는 큰 배가 갑자기 해저 지진을 만나서 뒤집어지게 됩니다.

사람들이 갑자기 거꾸로 매달리고 떨어지고 다치고 죽고 합니다. 이때 주인공 스콧 목사가 사는 길을 말합니다. 배가 뒤집어졌으니 살려면 배 밑창으로 올라가야만 한다고 말합니다. 결국 그를 믿고 그 길로 간 여섯 명의 승객만이 구조 받고 나머지는 다 죽게 됩니다. 가장 기억에 남은 장면이 있습니다. 이들이 가다가 반대방향으로 가는 사람들을 만납니다. 스콧 목사는 그리고 가면 죽는다고 만류했지만, 그들은 자기의 길을 고집하고 가버립니다. 그리고 조금 뒤에 거대한 수마가 덮치면서 몰살당합니다.

오늘날 수많은 사람들이 자기의 길을 가고 있습니다. 우리는 그 길이 멸망의 길임을 잘 알고 있습니다. 우리가 사는 길은 오직 예수 그리스도입니다. 우리는 이것을 말해주어야 할 의무가 있습니다. 믿는 자와 믿지 않는 자가 갈라서게 될 영원한 운명을 정말로 믿는다면, 우리의 양심은 가만있지 못할 것입니다.

예수님께서 귀를 막고 마음을 막는 사람들을 향해서 외친 것처럼, 우리도 외쳐야 합니다. 권해야 합니다. 두드려야 합니다. 기도해야 합니다. 눈물로 호소해야 합니다. 우리 속의 이 고귀한 믿음을 세상에 나눠주는 전도자가 되기를 바랍니다!

(2019년 4월 7일)

기초를 견고히 하라

"아버지께서는 모든 충만으로 예수 안에 거하게 하시고 그의 십자가의 피로 화평을 이루사 만물 곧 땅에 있는 것들이나 하늘에 있는 것들이 그로 말미암아 자기와 화목하게 되기를 기뻐하심이라 전에 악한 행실로 멀리 떠나 마음으로 원수가 되었던 너희를 이제는 그의 육체의 죽음으로 말미암아 화목하게 하사 너희를 거룩하고 흠 없고 책망할 것이 없는 자로 그 앞에 세우고자 하셨으니 만일 너희가 믿음에 거하고 터 위에 굳게 서서 너희 들은 바 복음의 소망에서 흔들리지 아니하면 그리하리라 이 복음은 천하 만민에게 전파된 바요 나 바울은 이 복음의 일꾼이 되었노라"(골 1:19-23)

최근에 한 건물이 기울어져 철거하는 일이 있었습니다. 충남 아산의 테크노밸리 근처에 멋있게 세워졌던 오피스텔 7층 건물이었습니다. 원인이 무엇이었을까요? 기초공사 부실이었습니다. 14~15m 깊이의 기초 지지대(파일) 개수는 애초 설계도면보다 30~40% 적게 시공됐습니다. 부실한 기초 위에 7층 건물을 세우니 못 견디고 결국 무너진 것입니다.

기초가 이렇게 중요하지만, 사람들은 보이지 않는 기초를 따지지 않습니다. 그저 보이는 집 구조가 어떤지, 방이 몇 개고 거실 모양이 어떤지, 그리고 부엌은 편리한지에만 관심을 가집니다.

건축과 마찬가지로, 신앙도 겉으로 보이는 부분을 더 중시하기 쉽습니다. 어떤 동기냐는 별 중요하지 않습니다. 드러난 행위나 업적에 민감하면서 자기만족에 빠지기 쉽습니다. 다른 사람들에게 어떻게 보이고 어떤 평가를 받을 것인지에만 신경을 쓰다보니 외식하기 쉽습니다.

겉으로 드러난 우리의 모든 신앙행위에는 보이지 않는 동기가 왜곡되어 있을 수 있습니다. 우리나라 교인들의 특징을 한마디로 표현하라고 하면 '열정'입니다. 참 열심히 신앙생활 교회 생활을 합니다. 그런데 중요한 것은 그 열정이 어떤 기초 위에 세워져있는가 하는 것입니다.

바울은 당시 유대인들의 열심에 대해 이렇게 분석했습니다. "내가 증언하노니 그들이 하나님께 열심이 있으나 올바른 지식을 따른 것이 아니니라 하나님의 의를 모르고 자기 의를 세우려고 힘써 하나님의 의에 복종하지 아니하였느니라"(롬 10:2-3) 그렇습니다. 그들의 열정적인 신앙행위의 기초는 하나님에 대한 잘못된 지식이었습니다. 하나님의 의가 아니고 자기 의였습니다. 이처럼 우리는 신앙의 기초를 그릇된 신앙지식과 자기 의에 둘 수 있습니다.

오늘날 교회와 성도들이 쉽게 극복하지 못하는 부실한 기초 두가지를 돌아보고 싶습니다.

첫째는 율법주의입니다.

율법주의의 뿌리는 너무도 깊습니다. 옛날 어릴 때 아이들은 망태기 할아버지 콤플렉스가 있었습니다. 우리 어머니도 내가 말을 안 들으면, "너 그러면 망태기 할아버지가 잡아간다"라고 말씀하곤 했습니다. 그래서 한 번도 그 망태기 할아버지를 본적이 없지만, 내 속에는 두려움이 있었습니다. 그 두려움에서 나쁜 짓을 하지 않으려고 했습니다.

자녀를 공부시키는 방법 중에 야단을 치고 겁을 주는 것이 효과가 있다고 생각하는 사람들이 많습니다. "너 공부 안하면 알지? 쪽박 차는 거야!" 이렇게 겁과 두려움을 주면서 공부하게 하는 것입니다. 단기적으로는 확실히 효과 있습니다.

신앙생활에서도 마찬가지입니다. 두려움으로 동기부여를 주려고 합니다. "너 그러면 하나님한테 혼난다." 하면서 징계하시는 하나님을 강조하는 것입니다.

청년 때에 강원도에 있는 어떤 기도원에 간적이 있습니다. 그 기도원은 직원이 참 친절했습니다. 그런데 하루는 한 나이 많은 직원이 자신의 경험담을 말하는데, 하루는 원장에게 대해서 불평하는 마음을 가졌다가 지붕에서 발을 헛디뎌 떨어져 다쳤다는 것입니다. 그러면서 여기서는 딴 생각을 품고 입만 잘못 놀려도 하나님께 즉각 혼난다고 말했습니다. 이분의 착해 보이는 행위의 원인자는 두려움이었습니다.

누군가 '예수 믿어도, 그런 식으로 신앙생활하면 구원 못 받는다.' '구원의 길은 바늘구멍 같다'라는 하면서 주일성수, 헌금, 기도, 전도, 봉사 등을 강조한다면 단기적으로 는 효과를 보게 될지 모릅니다.

그러나 이 모든 것으로 인해 결국은 하나님에 대한 왜곡된 이미지를 심어주게 될 것입니다. 그가 믿는 하나님은 두려운 하나님이고 야단치시는 하나님이 될 것이다. 내게 늘 실망하시는 하나님이라면 어느 정도 잘해야 그분이 만족하실까요? 하루 4시간 기도하면 고개 끄덕일까요? 이런 율법주의는 올바른 신앙의 기초가 아닙니다.

둘째는 업적주의입니다.

우리들 속에 심겨진 업적주의의 뿌리도 너무도 깊습니다. 이것 역시 율법주의의 또 다른 형태입니다.

자녀를 공부시키려고 할 때 흔히 사용하는 또 다른 방법이 있는데, 경쟁을 유도하고 보상을 약속하는 것입니다. "다음 시험에서 10등 안에 들면 스마트폰, 5등하면 노트북. 1등하면 자전거 사줄게" 사실 아주 큰 효과가 있습니다. 그러나 이것은 공부 자체의 즐거움보다 상에 대한 기대와 희망에서 공부하게 하는 것입니다.

과거 교회에서 총동원 전도집회를 많이 가졌습니다. 전도상으로 큼지막한 경품을 내겁니다. 어느 교회는 전도왕에게는 마티즈를 주고, 2등하면 냉장고를 준다고 했습니다. 교인들은 열심히 전도했습니다.

오늘날 교회와 성도가 하나님을 위한다는 명분하에 얼마나 이런 세속적인 목표를 갖고 달려가는지 모릅니다. 기도 제일 잘하는 사람, 십일조 제일 많이 내는 사람, 만명 성도, 선교사 100명 파송하는 교회, 사업성공하고, 대학 들어가고, 금메달 따서 하나님께 영광돌리겠다는 등 어찌보면 이런 것들이 교회의 세속화의 주범입니다.

여러분, 우리는 아무리 경건하게 살아도 하나님의 눈에는 여전히 죄인에 불과할 뿐입니다. 우리가 아무리 큰 업적을 세워도 하나님의 눈에는 여전히 먼지에 불과할 뿐입니다.

그러므로 우리의 신앙과 행위의 기초를 바르게 합시다 "만일 너희가 믿음에 거하고 터 위에 굳게 서서 너희 들은 바 복음의 소망에서 흔들리지 아니하면 그리하리라"(23) 쉽게 말하면 이것은 "만일 너희가 믿음에 거하여 거기에 뿌리를 내리고 확고히 서면, 그리고 복음의 소망에서 벗어나지 않으면 그리하리라"란 뜻입니다.

'그리하리라'는 어떻게 된다는 말인가요? 앞의 절을 주목합시다. "이제는 그의 육체의 죽음으로 말미암아 화목하게 하사 너희를 거룩하고 흠 없고 책망할 것이 없는 자로 그 앞에 세우고자 하셨으니"(22) 이 구절 하반부가 '그리하리라'에 해당됩니다. 그래서 연결하면 '만약에 너희가 이 믿음의 기초에 굳게 서있으면 거룩하고 흠이 없고 책망할 것이 없는 자가 된다'는 것입니다.

그렇다면 우리가 서야 하는 믿음의 기초 즉 복음의 정수는 무엇일까요? 예수 그리스도가 십자가에서 피 흘리셨습니다. 그렇다면 예수가 누구신가요? 이것이 15-18절의 내용입니다. 그는 유대인에게 붙잡히고 빌라도의 권세에 좌우되고 로마병정에게 못 박힐 그런 유약한 인간이 아닙니다.

그는 하나님이시오, 만유의 주십니다. 이 우주 안의 보이는 것들이나 보이지 않는 것들이 다 그로 말미암아 창조되고 그를 위해서 존재합니다. 그는 알파와 오메가요, 처음과 나중입니다. 그는 세상 모든 권세 위에 계신 주권자요, 동시에 교회의 머리이십니다.

이 세상의 왕이 세상에 오셔서 십자가에서 피 흘리셨습니다. 이것은 누구에게나 믿어지기 어려운 역설입니다. 이 역설적인 진리가 바로 우리 신앙의 시작입니다.

왜 그가 이런 비참한 죽음을 당하셨나요? 하나님과 만물을 화목케 하시기 위해서입니다. "그의 십자가의 피로 화평을 이루사 만물 곧 땅에 있는 것들이나 하늘에 있는 것들이 그로 말미암아 자기와 화목하게 되기를 기뻐하심이라"(20)

여기서 우리는 십자가 사건의 주체를 보게 됩니다. 하나님 아버지이십니다. 유대인이 아니요, 빌라도가 아니요, 로마병정이 아니요, 하나님이 그의 아들을 십자가에 매달려 피를 흘리고 죽게 하셨습니다. 죄로 인해 부패해진 만물과 다시 화목하기 위해서입니다.

이 화목의 핵심은 인간입니다. "전에 악한 행실로 멀리 떠나 마음으로 원수가 되었던 너희를 이제는 그의 육체의 죽음으로 말미암아 화목하게 하사 너희를 거룩하고 흠 없고 책망할 것이 없는 자로 그 앞에 세우고자 하셨으니"(21-22)

전에 악한 행실 즉 죄로 인해 우리는 하나님의 원수였습니다. 하나님은 내 속에서 죄를 보시니 분노하셨습니다. 나는 분노의 대상이었습니다. 내가 나의 죄를 보는 것과는 차원이 다릅니다. 누군가 자신이 꽤 의로운 사람이라고 자부한다면, 하나님은 그 내면 깊은 곳에 숨겨진 엄청난 죄들을 드러내실 것입니다. 우리가 뭘 해도 하나님의 성에 찰 수가 없습니다. 그렇다면 결국 그가 심판하실 때에 누가 피할 수 있겠습니까?

이것이 인간의 불행입니다. 하나님의 원수가 되어 버린 인간의 깊은 심연에는 두려움이 있습니다. 하나님에 대한 두려움입니다. 죄인은 본능적으로 하나님을 두려워합니다. 죄의 형벌을 예감하기 때문입니다. 죄의 대가가 현실에서 고난이나 불행으로 주어질까봐 두려워하는 것입니다. 아울러 내세에 겪게 될 영원한 형벌에 대한 두려움도 있습니다.

그러므로 인간은 나름 죄에서 벗어나려고 노력합니다. 우리 속에 양심이라는 것이 있어서 착하게 살아야 한다고 생각합니다. 남을 등쳐먹고 사는 사기꾼도 자식만큼은 착하게 살기를 바랍니다. 착하게 살면 복 받고 나쁜 짓하면 벌 받는다고 생각합니다.

이 권선징악은 모든 인간의 보편적인 가치입니다. 아울러 사회를 지탱해가는 중요한 기둥입니다. 한편에서 죄라고 하는 것이 불의 부패 거짓을 만들지만, 다른 한편에서 양심은 법을 만들어 그것을 지키며, 공명정대와 사회정의, 나아가 더불어 사는 삶을 지향하게 합니다.

이방인과 달리 이스라엘에게는 율법이 주어졌습니다. 이 율법은 무엇이 죄고 무엇이 의인가를 가르치시는 하나님의 법입니다. 율법은 양심보다 훨씬 더 높은 수준의 법입니다.

그러나 문제는 무엇입니까? 양심이건 율법이건 잘 지키고 선하게 살려고 노력하면 죄를 덜 지을 수 있을지는 모르나, 죄를 없애 버릴 수는 없습니다. 양심과 율법은 죄가 무엇인지 깨닫게 할 수는 있지만, 극복하게 할 수는 없습니다. 중독에 걸린 사람을 보십시오! '다시 도박에 손대면 짐승이야, 다시 술 마시면 개야!'라고 다짐하지만, 결국 짐승이 되고 개가 되고 맙니다.

그러므로 인간은 자기 힘으로는 죄 없는 의로운 상태 즉 "거룩하고 흠 없고 책망할 것이 없는 자"(22)의 상태에 도달할 수 없습니다.

2010년 일어난 칠레 탄광 매몰 사고를 생각해보십시오. 33명의 광부가 지하 622m 깊이 아래에 갇혀있습니다. 그들이 어떻게 빠져나올 수 있을까요? 불가능합니다. 결국 바깥세상에서 구멍을 뚫고 캡슐을 넣어 한사람씩 끌어올려 다 구해냈습니다.

이처럼 죄와 멸망의 상태에서 벗어나게 하는 구원은 밖에서 와야 합니다. 그러므로 하나님이 그의 아들 예수 그리스도라는 캡슐을 보내셨습니다. 그 육체의 죽음을 통해 죄인에게 손을 뻗어 하나님의 의로 끌어올리셨습니다. 그러자 죄인은 한 순간에 "거룩하고 흠 없고 책망할 것이 없는 하나님의 의"에 도달하게 되었습니다. 그래서 마침내 그와 화목하게 된 것입니다.

이것은 전적으로 하나님이 기쁨으로 행하신 일방적인 행위였습니다. 그래서 이것을 은혜라 부릅니다. 하나님은 이제 내게 은혜의 하나님이십니다. 나에 대한 하나님의 태도가 180도 달라졌습니다. 그는 더 이상 나에게 분노하시지 않습니다.

왜입니까? 죄가 없기 때문입니다. 내 죄는 이미 십자가에서 다 날라가 버렸습니다. 그리스도의 보혈이 율법의 요구를 만족시킨 것입니다. 이로써 나는 이제 의인이요, 존귀하고 보배로운 그의 아들이 되었습니다. 십자가는 그 사랑의 확증입니다. "우리가 아직 죄인 되었을 때에 그리스도께서 우리를 위하여 죽으심으로 하나님께서 우리에 대한 자기의 사랑을 확증하셨느니라"(롬 5:8)

이것이 내가 믿어야 할 믿음의 내용입니다. 우리는 십자가의 피로 나와 화목을 이루신 하나님의 은혜를 믿습니다. 그리고 그 은혜로 인하여 이루어진 실제적인 변화를 믿는 것입니다.

무슨 변화입니까? 하나님 아버지는 이제 나를 위하시는 분입니다. 내 편입니다. 그가 내 편에 계신다면 누가 나를 대적하겠습니까? 그가 무조건 나를 의롭다 하시니 누가 나를 정죄하겠습니까? 예수 그리스도는 하나님의 우편에서 나를 위하여 간구하고 변호하시는 분으로 계십니다. 예수의 이름으로 내 안에 오신 성령은 내가 하나님의 자녀임을 증거 하시고, 나를 위해 말할 수 없는 탄식으로 간구하십니다.

이처럼 삼위일체의 하나님이 나의 보혜사가 되시고 든든한 목자가 되십니다. 그렇다면 우리가 염려할 일이 뭐가 있겠습니까? 두려워할 필요가 없습니다. 두려울 일도 대상도 없습니다. 그가 우리의 목자시니 우리는 부족함이 없습니다. 지금의 고난도 결국 합력하여 선을 이룰 것입니다.

이 믿음의 기초가 분명한 사람의 반응은 이것입니다. "항상 기뻐하고 쉬지 말고 기도하고 범사에 감사하는 것"입니다. 이것은 하나님과 화평하게 된 사람의 특권입니다.

이것이 우리 신앙행위의 동기입니다. 오직 하나님의 은혜! 은혜 받은 자여, 너 십자가의 보혈로 하나님과 화평케 된 자여, 평안을 누리라! 너 하나님의 택하신 사람이여, 너 하나님의 자녀여, 너 왕 같은 제사장이여, 너 거룩한 성도여, 그에 합당하게 살아라! 더 이상 죄에 머무르지 말라! 이것이 성화입니다.

여러분, 우리는 여기서 출발합니다. 이 하나님의 은혜 속에서 강한 자가 되어야 합니다. 하나님의 넘치는 은혜가 우리 신앙의 기초로 잘 다져져야 합니다. 다지고 또 다지고, 배우고 또 배우고, 확신하고 또 확신해서, 어떤 상황 어떤 문제 앞에서도 하나님의 사랑을 조금도 의심하지 않는 사람이 되는 것입니다. 나아가 그 사랑을 입은 자로서 나도 또한 하나님을 사랑하는 것입니다. 무엇보다 사랑의 동기에서 열정을 가지고 달려가는 자가 되는 것입니다.

그리고 그 열정은 무엇보다도 복음을 증거하는 데 사용되어야 합니다. 내가 값없이 구원을 받았으니 다른 사람에게도 기회를 주어야 합니다. 누구든지 복음을 듣고 믿으면 구원받을 것입니다. 그것은 너무도 쉬운 길입니다. 그러므로 이 믿음과 복음의 소망을 가진 자는 복음을 전해야 합니다.

말씀을 맺읍시다!

우리 신앙의 기초를 돌아봅시다. 우리의 의가 아닌 하나님의 의, 하나님의 은혜에 다시금 섭시다. 그 위에서 힘 있게 열정으로 주를 섬기는 우리 모두가 되기를 바랍니다.

(2014년 6월 15일)

신앙의 여정

십자가에서 재림까지

성령이 친히 우리의 영과 더불어 우리가 하나님의 자녀인 것을 증언하시나
니 자녀이면 또한 상속자 곧 하나님의 상속자요 그리스도와 함께 한 상속자니
우리가 그와 함께 영광을 받기 위하여 고난도 함께 받아야 할 것이니라 생각
하건대 현재의 고난은 장차 우리에게 나타날 영광과 비교할 수 없도다 피조물
이 고대하는 바는 하나님의 아들들이 나타나는 것이니 피조물이 허무한 데
굴복하는 것은 자기 뜻이 아니요 오직 굴복하게 하시는 이로 말미암음이라 그
바라는 것은 피조물도 썩어짐의 종 노릇 한 데서 해방되어 하나님의 자녀들의
영광의 자유에 이르는 것이니라 피조물이 다 이제까지 함께 탄식하며 함께 고
통을 겪고 있는 것을 우리가 아느니라 그뿐 아니라 또한 우리 곧 성령의 처음
익은 열매를 받은 우리까지도 속으로 탄식하여 양자 될 것 곧 우리 몸의 속량
을 기다리느니라 우리가 소망으로 구원을 얻었으매 보이는 소망이 소망이 아
니니 보는 것을 누가 바라리요 만일 우리가 보지 못하는 것을 바라면 참음으
로 기다릴지니라(롬8:16~25)

예수님께서 십자가에 못 박혀 죽으셨을 때에 그를 믿고 따르는 제자
들은 깊은 좌절과 절망에 빠졌습니다. 그들의 눈에 이것은 어둠의 승리
로 보였습니다. 두 제자가 엠마오로 가는 길에서 부활하신 예수님을 만
났습니다. 그들은 예수님을 알아보지 못한 채 슬픔에 잠긴 모습으로 이
렇게 말합니다. "우리들은 예수님이 이스라엘을 속량할 자라고 기대했
건만 그는 십자가 형틀로 사라져버렸다!"

이 말에 예수님은 이렇게 책망하십니다. "미련하고 선지자들이 말한 모든 것을 마음에 더디 믿는 자들이여 그리스도가 이런 고난을 받고 자기의 영광에 들어가야 할 것이 아니냐"(눅 24:25-26) '이 십자가의 고난은 실패가 아니야, 하나님의 계획된 경륜이요, 그리스도가 자기 영광에 들어가기 위해 거쳐야 할 과정이야!' 그러시면서 성경에 기록된 자기에 대한 말씀을 자세히 설명해 주셨습니다.

조금 전까지 십자가의 고난을 실패로 여겼던 그들은, 이것이 오히려 큰 영광으로 들어가는 과정임을 깨닫자 그 마음이 뜨거워졌습니다. 그들은 발걸음을 돌이켜 예루살렘으로 돌아왔습니다.

자신들에게 일어났던 불행을 보는 눈이 달라진 것입니다. 단순히 긍정적인 마인드를 갖는 것이 아니라, 하나님의 뜻과 경륜의 틀 안에서 주어진 현실을 이해하게 된 것입니다.

하나님은 승리자입니다. 이것은 하나님을 믿는 자의 소중한 고백입니다. 그는 마지막에 결국 승리하게 될 것입니다. 이 완전한 승리 후 악과 어둠은 제거되고, 만유는 다시 하나님과 통일되어 마침내 그가 최종 주권자로 서게 될 것입니다.

이 모든 것은 하루아침에 뚝딱 되는 것이 아닙니다. 이 모든 과정에는 주어진 시간과 계획된 사건들이 있습니다. 카이로스 즉 하나님이 계획하신 때가 차야 합니다. 그 시간을 따라 정해진 일들이 순서대로 이뤄집니다. 그 시간은 하나님에게는 한 경점에 불과하지만, 인간에게는 매우 길고도 지루한 과정일 수 있습니다.

그리고 힘으로 뒤엎는 것이 아닙니다. 하나님의 공의와 사랑의 속성이 훼손되지 않아야 합니다. 이것을 다 만족시키기 위해서는 그 아들이 고난과 죽임을 당하는 과정이 있어야 합니다. 성도들에게도 그의 남은 고난을 감당하는 과정이 있어야 합니다. 그 뒤에 부활과 영광이 뒤따르는 것입니다.

우리가 이 하나님의 우주적인 섭리를 이해하는 것이 얼마나 중요합니까? 성령은 구약과 신약에 계시된 말씀을 통해서 우리의 눈을 열어주십니다. 저 시작부터 이 끝을 보게 해주십니다. 그 과정에서 성도된 우리가 겪어야 하는 일을 알게 해주십니다. 그 안에는 우리의 삶의 근거와 목적이 담겨있습니다. 이것을 알면 우리는 엠마오로 가던 두 제자처럼 마음이 뜨거워져서 발걸음을 돌이키게 됩니다. 이 하나님의 경륜 속에 있는 가장 중요한 사건 두 가지를 돌아봅시다.

첫째, 예수 그리스도의 십자가입니다.

예수님의 십자가! 이보다 더 엄청난 사건은 역사 속에 없습니다. 하나님의 아들이 첫 번째 이 땅에 오셔서 죽임당한 십자가 - 그 십자가 속에는 우주의 비밀, 하나님의 비밀스러운 경륜과 아울러 그리스도인의 존재근거가 담겨져 있습니다.

고난의 상징인 십자가! 이 십자가에 매달린 예수는 세상사람의 눈에는 실패한 인생으로 보였습니다. 힘없이 붙들려 채찍질 당하고 여기에 못 박혀 비참하게 죽었습니다. 유대인에게 이 십자가는 거리껴지는 것이고, 헬라인에게는 미련해 보이는 것입니다. 그러나 믿는 우리에게 그것은 놀라운 하나님의 능력이요 지혜입니다.

십자가를 통해서 우주 만물에 꼬여있던 수많은 문제들이 한꺼번에 해결되었습니다. 예수 그리스도의 십자가의 대속으로 말미암아 모든 인간의 죄가 사하여졌습니다.

그리고 그 죄를 근거로 세상을 지배하던 사악한 마귀는 권세를 잃고 무장해제를 당하여 왕좌에서 쫓겨났습니다. 그리고 지금은 이 세상에서 사람들을 미혹하고 괴롭히는 일을 하고 있습니다. 이것도 하나님이 허락하신 경륜의 과정입니다. 때가 되면 이 마귀는 불못에 던져질 것입니다.

한편, 십자가로 승리하시고 하늘과 땅의 권세를 가지신 예수 그리스도는 그의 이름으로 오신 성령을 통해서 세상을 다스리십니다. 하나님의 통치 즉 하나님나라가 임한 것입니다. 이처럼 십자가는 사단의 통치가 끝나고 하나님나라가 시작되었음을 보여주는 표지입니다. 뿐만 아니라 이미 이 땅에 임한 하나님나라는 계속해서 확장되어 가고 있습니다.

이제 사람들은 믿음으로 이 하나님나라에 들어가 그 백성이 됩니다. 그들은 세상에 대해서 죽고, 하나님나라에서 살아났습니다. 죄에 대해서 죽고, 하나님에 대해서 살아났습니다. 세상 자녀에서 하나님의 자녀로 거듭났습니다. 이것이 성령세례입니다.

성령이 우리가 하나님의 자녀로 거듭나도록 역사하실 뿐 아니라, 또한 그것을 증거하십니다. "성령이 친히 우리의 영과 더불어 우리가 하나님의 자녀인 것을 증언하시나니"(16)

이 모든 것은 십자가에서 시작된 일입니다. 이스라엘이 언제나 유월절과 출애굽에서 시작하듯이, 우리는 언제나 십자가에서 출발합니다. 여기가 하나님의 은혜의 근원이자 축복의 근원입니다. 여기서 우리는 하나님의 사랑을 확증할 수 있습니다.

십자가는 우리의 모든 삶과 행위의 동기입니다. 이 십자가 은혜에 감사해서 하나님께 예배드리고 우리의 몸을 산제물로 드립니다. 그리고 그 은혜에 감사해서 주님을 사랑하고, 이것은 하고 저것은 하지 않는 것입니다.

아울러 십자가는 이 세상에서 우리가 당하는 고난의 의미를 알게 해줍니다. 그것은 한마디로 영광을 위한 고난입니다. "자녀이면 또한 상속자 곧 하나님의 상속자요 그리스도와 함께 한 상속자니 우리가 그와 함께 영광을 받기 위하여 고난도 함께 받아야 할 것이니라"(17)

하나님의 자녀인 우리에게는 말로 다할 수 없는 영광이 약속되어 있습니다. 우리는 하나님의 상속자입니다. 그리스도와 같은 수준의 영광의 기업을 유사으로 받게 되어있습니다.

그러나 이 영광을 그리스도와 함께 받기 위해 먼저 그와 함께 고난의 과정을 지나야 합니다. 예수님이 영광에 들어가시기 위해 십자가의 고난을 당하신 바로 그것과 같은 것입니다.

고난! 무슨 고난입니까? 이 세상의 모든 고난입니다. 먹고 살기 위해 겪는 고난으로부터 시작해서 질병과 궁핍, 시험과 환란, 그리고 곤고와 위험들입니다. 이 세상은 이런 고난으로 가득 차 있습니다. 아직 죄 아래 눌려있는 피조세계는 여전히 허무한데 굴복하여 썩어짐의 종노릇하고 있습니다.

그러므로 이 세상에서 고난은 운명입니다. "피조물이 다 이제까지 함께 탄식하며 함께 고통을 겪고 있는 것을 우리가 아느니라"(22) 어느 누구도 이 탄식과 고통에서 벗어날 수 없습니다.

구원받고 성령 받은 하나님의 자녀 역시 마찬가지입니다. "그분 아니라 또한 우리 곧 성령의 처음 익은 열매를 받은 우리까지도 속으로 탄식하여 양자 될 것 곧 우리 몸의 속량을 기다리느니라"(23) 우리의 영은 이미 죄로부터 벗어났습니다. 그러나 우리의 몸은 아직 속량되지 못했습니다.

그러므로 믿는 자들에게도 고난이 있습니다. 수많은 고난이 있습니다. 우리가 하나님의 말씀을 좇아 신앙양심 대로 살려고 하면 할수록,

더 많은 고난을 겪게 될 것입니다. 우리는 이 고난 한가운데서 살아가고 있습니다.

그렇다면 이 고난은 무엇입니까? 장차 예수님과 함께 누릴 영광에 들어가기 위한 통과과정일 뿐입니다. 이 과정을 반드시 거쳐야만 영원한 영광에 들어갈 수 있습니다. 잠깐의 좁은 길을 통과해야 넓고 풍요로운 초장이 나온다고 한다면, 그 좁은 길은 결코 불행이 아닙니다. 고난은 실패와 불행이 아니라 축복의 과정입니다.

오늘도 많은 고난을 짊어지고 살아가는 성도 여러분, 하나님의 경륜이라는 넓은 눈으로 고난을 바라봅시다. 그것은 지극히 작고 잠깐일 뿐입니다. "생각하건대 현재의 고난은 장차 우리에게 나타날 영광과 비교할 수 없도다"(18)

어느 날 저는 아주 크다고 느껴지는 고난과 씨름하고 있었습니다. 그 문제에 골몰하다보니 마치 저 자신이 거대한 바위에 눌려 허우적대는 왜소한 존재처럼 여겨졌습니다.

그런데 이 로마서의 말씀을 붙들고 묵상하는 가운데, '이 모든 고난은 황홀한 영광으로 가기 위한 필연적인 과정일 뿐이다. 이 고난과는 비교할 수 없는 영광이 이제 곧 주어질 것이다.'라는 깨달음과 확신이 찾아오자, 어느덧 제 속의 어두움은 아침 안개처럼 사라졌고 그곳에 깊은 평안이 찾아왔습니다. "그리스도가 이런 고난을 받고 자기의 영광에 들어가야 할 것이 아니냐"(눅 24:26)

여러분, 고난은 오래가지 않습니다. 고난은 절대로 우리를 삼킬 수 없습니다. 하나님은 반드시 우리로 하여금 감당하게 하시고 피할 길을 열어주십니다. 이 모든 고난의 과정을 통과한 뒤, 마침내 우리에게 올 영광은 너무도 크고 황홀한 것입니다. 그러므로 조금만 더 참고 인내하며 믿음을 지킵시다.

아니, 복음을 위해 더 적극적으로 고난을 받아들입시다. 일시적인 향락과 세상영광을 누리기보다는 하나님나라를 위해 고난을 받읍시다. 그것이 장차올 영원한 영광을 진정 믿는 사람의 모습입니다. 십자가, 십자가로 인해서 사는 우리 모두가 됩시다!

둘째, 예수 그리스도의 재림입니다

우리에게는 소망이 있습니다. 적어도 올바른 믿음을 가진 진정한 신앙인이라면, 무엇보다 소망의 소중함을 알 것입니다.

우리는 분명 예수를 믿고 이미 구원받았습니다. 그러나 아직 그 구원이 완성되지는 않았습니다. 십자가의 승리로 하나님나라가 이미 이 땅에 임하였지만, 아직 그 나라는 완성되지 않았습니다. "이미"와 "아직," 그 사이에 우리가 살고 있습니다.

바로 여기서 우리의 모든 삶을 움직이는 힘은 다른 무엇이 아닌 소망입니다. (24-25) "우리가 소망으로 구원을 얻었으매 보이는 소망이 소망이 아니니 보는 것을 누가 바라리요 만일 우리가 보지 못하는 것을 바라면 참음으로 기다릴지니라"

우리는 부활을 소망합니다. 우리 몸이 속량되는 날입니다. 죄로부터 완전히 벗어나 사망권세가 미치지 못할 영의 몸으로 부활합니다. 그리고 그 몸으로 휘장너머에 있는 영광으로 들어갑니다. 거기서 의의 면류관을 쓰고 하나님의 크고 위대하신 유산을 받을 것입니다. 죄와 슬픔과 고통과 죽음이 없는 그곳에서 주와 함께 영원히 살게 될 것입니다.

그 소망은 주의 재림의 날에 이루어집니다. 주님께서 홀연히 다시 오시면, 지금까지 우리를 미혹하고 괴롭히던 원수 마귀는 영원한 형벌을 받을 것입니다. 주를 부인하는 자들 역시 마찬가지입니다. "사망과 음부도 불못에 던져지니 이것은 둘째 사망 곧 불못이라 누구든지 생명책에 기록되지 못한 자는 불못에 던져지더라"(계 20:14-15)

최후의 심판, 그 이후에 오게 될 새 하늘과 새 땅, 완성된 하나님나라! 그곳에서의 영생! 우리는 보지 못하는 이 영원한 것들을 진정으로 소망합니다. 그 소망이 우리 믿는 자들의 심장에 있습니다. 성령이 그 소망을 우리의 심장에 심어놓으셨습니다.

이 종말에 대한 믿음과 소망은 죽음 이후에 이루어지는 것으로 끝나지 않습니다. 소망은 지금 여기 나의 삶을 움직이는 힘을 가지고 있습니다. 내 삶의 방향을 이 영원한 세계에 맞추도록 만들어줍니다.

그래서 보이는 것에 집착하지 않게 합니다. 그것은 지나가는 일시적인 것에 불과할 뿐입니다. 이 세상의 주어지는 상황에 일희일비하지 않습니다.

지금 안 되는 것 같지만, 지금 가난하고 병약한 것 같지만, 지금은 슬픈 일 같고 불행해 보이는 상황인 것 같지만, 너무 낙심하지 않습니다. 이것은 모두 지나가는 것입니다.

우리의 시간과 물질을 조금 더 영원한 것에 투자하게 합니다. 세상은 그런 삶을 보면서 인생을 허비한다고 말할지 모르지만, 영원한 것에 투자하는 것이 진정 남는 것입니다. 그것이 정말 지혜로운 것입니다.

왜냐하면 우리에게는 분명 살아있는 소망이 있기 때문입니다. 주님께서 오실 것입니다. 반드시 오실 것입니다. 곧 오실 것입니다. 우리는 이것을 믿습니다. 마라나타 주여 어서 오시옵소서! 이것이야말로 우리의 진정한 소망입니다.

정리해 본다면 십자가에서 출발해서 재림을 향해서 가는 순례의 여정입니다. '이미'와 '아직' 사이에 살고 있는 우리는 지금은 많은 고난을 당하고 있지만, 그러나 영광을 향해서 나아가고 있습니다. 이 믿음과 소망의 여정에서 참고 인내하여 마침내 승리하기를 바랍니다.

(2019년 1월 13일)

광야로 가라

세례 요한이 광야에 이르러 죄 사함을 받게 하는 회개의 세례를 전파하니 온 유대 지방과 예루살렘 사람이 다 나아가 자기 죄를 자복하고 요단 강에서 그에게 세례를 받더라 요한은 낙타털 옷을 입고 허리에 가죽 띠를 띠고 메뚜기와 석청을 먹더라 그가 전파하여 이르되 나보다 능력 많으신 이가 내 뒤에 오시나니 나는 굽혀 그의 신발끈을 풀기도 감당하지 못하겠노라 나는 너희에게 물로 세례를 베풀었거니와 그는 너희에게 성령으로 세례를 베푸시리라(막 1:4~8)

유대에 거대한 영적인 부흥이 일어났습니다. 사람들이 자기의 죄를 깨닫고 회개의 자리로 나아옵니다. 이 부흥의 중심에 세례요한이 있었습니다. 그의 지위와 외모가 영향력을 끼친 것이 아닙니다. 외적인 권세가 부여된 것도 아닙니다. 그에게는 영적인 힘이 있었던 것입니다.

영적인 파워, 이것은 모든 그리스도인들, 모든 영적인 사람들의 갈망입니다. 겉으로는 그럴듯한 모습을 갖추고 있고 심지어 견고한 자리에 있는 것처럼 보이는 사람조차 너무 유약합니다. 오늘날 교회의 조직은 발전하고, 건물과 시설은 더욱 세련되어지고, 프로그램들은 진화되고 있습니다.

그럼에도 불구하고 그리스도인들은 어떤 면에서는 점점 더 약해지고 있습니다. 주어지는 현실의 문제와 세상의 유혹과 도전에 당당히 맞서 대항하지 못합니다. 이 시대를 돌아볼 때에 교회가 세상을 점령해서 변혁시키기는 어려운 반면, 세상은 쉽게 교회를 점령해서 빠른 속도로 세속화시키고 있습니다.

많은 교인들이, 마치 조금만 바람을 쐬면 감기에 걸리고, 조금만 불결한 환경에 가면 감염되기에 늘 온실에 가두고 포대기로 싸안아야 하는, 어린아이와 같습니다. 내적인 저항력이 없는 것입니다.

근간에 많은 아이들이 알레르기로 인한 아토피를 앓고 있습니다. 공해나 여러 화학약품과 재료 등등이 그 원인으로 지목되다보니, 아이 방을 알레르기를 일으키지 않는 재료로 바꾸려고 하고 있습니다. 어떤 이는 이런 현상을 보고 알레르기에 대한 알레르기반응을 보이고 있는 것이라고 말합니다.

최근 이탈리아의 한 학회에서 "알레르기를 앓지 않게 하려면, 아이들을 좀 더 더럽게 키워라."라는 색다른 보고가 있었습니다. 이탈리아의 우가치오 박사에 의하면, 지나치게 깨끗하게 키운 아이들은 알레르기 병원균에 대한 항체를 얻지 못한다는 것입니다. 예를들면, 1950년대에는 이탈리아 어린이 10명 중 1명 꼴로 알레르기를 앓던 것이 위생 상태가 더욱 개선된 오늘날은 그 비율이 3배로 증가되었다는 것입니다. 반면 "세균에 대한 노출이 더욱 심한" 아프리카에서는 알레르기는 거의 찾아볼 수 없다는 것입니다. "좀 더 더럽게 키운다는 것" - 현대의 어머니들에게는 무리한 요구입니다. 그러나 한번쯤은 짚어볼 필요가 있습니다.

신앙에 있어서도 마찬가지입니다. 현대의 풍조에 맞추는 것이 당연시되는 현실에서, 생각의 전환을 가져봅시다. 먼저 거친 광야로 눈을 돌려봅시다. 바로 여기에 영성의 비결이 숨겨있습니다.

세례요한은 한마디로 광야의 사람이었습니다. 그리고 이 광야가 바로 그의 영성의 산실이었습니다. 그만이 아니었습니다. 성경을 보면 하나님은 그의 사람들을 광야에서 키우셨습니다. 성령도 공생애를 시작하신 예수님을 먼저 광야로 몰고 가셨습니다. 거기서 40일을 금식하며 보내게 하셨습니다. 다메섹에서 주님을 만나 변화된 바울도 먼저 아라비아광야의 시간을 가져야 했습니다.

요한은 어려서부터 광야에 익숙했습니다. "아이가 자라며 심령이 강하여지며 이스라엘에게 나타나는 날까지 빈들에 있으니라"[눅 1:80] 빈들은 광야를 가리킵니다. 그리고 이 광야에서 하나님의 말씀이 임했습니다. "안나스와 가야바가 대제사장으로 있을 때에 하나님의 말씀이 빈들에서 사가랴의 아들 요한에게 임한지라"[눅 3:2]

당시 왜곡된 현실을 등진 채 광야로 물러나 자기들끼리 공동체생활을 하는 사람들이 있었습니다. 우리는 이들을 에세네파라고 부릅니다. 또 그 일파로 쿰란에 자리 잡은 사람들을 쿰란공동체라고 부릅니다. 많은 학자들이 세례요한이 쿰란이나 에세네파였을 것이라 생각합니다. 보통 성지순례를 위해 이스라엘을 방문하게 되면 이 쿰란공동체가 살았던 곳을 꼭 방문하게 됩니다. 그래서 아마 여러분도 그곳의 사진을 본적이 있을 것입니다. 그야말로 광야 한가운데입니다.

자, 광야! 어떤 이미지를 주나요? 이런 곳에서 산다면 지금은 없는 무엇을 얻을 것이라고 생각이 되시나요? 그렇다면 세례요한은 어려서부터 이 광야에서 무엇을 배우고 훈련받았을까요?

우리는 두 가지로 생각해 볼 수 있습니다.

첫째는, 고독과 침묵의 훈련입니다.

오늘 우리들에게 가장 힘든 것 중의 하나는 말없이 홀로 하루를 지내는 것입니다. 우리는 너무 많은 사람들 속에 둘러싸여 있습니다. 조직사회 안에 거미줄 같이 얽혀있는 인간관계는 아침부터 저녁까지 끊임없이 누군가와 함께 있게 하고, 무엇인가를 말하게 만들고 있습니다. 그래서 그것에 익숙해진 우리는 이제 홀로 있는 것을 두려워합니다. 어떤 이는 보지 않으면서도 TV라도 켜놓아야 합니다. 사람들의 소리를 들어야 마음에 안심이 됩니다.

우리 그리스도인들은 공동체 속에서 부르심을 받았습니다. 그래서 다른 지체들과의 유기적인 관계 속에서 하나님을 섬기는 것입니다. 그러나 때로 우리에게는 홀로 있는 시간이 필요합니다. 내가 하나님을 만나고 하나님에게 집중하는데 종종 사람들이 방해가 됩니다. 그러기에 사람을 의지하고, 사람 사이에서 편안함을 누리려고 하는 사람은 하나님의 소리를 듣고 그분만을 의지하기 어렵습니다. 정말 어렵습니다. 그러므로 사람들과 함께 하는 훈련 못지않게 필요한 것은 홀로 있는 훈련입니다.

아울러 우리는 침묵할 줄 알아야 합니다. 사람들과 늘 함께 있으니 말을 많이 하기 마련입니다. 그러다보니 말이 많은 사람들이 되어가고 있습니다. 그리고 그 말들 중에는 할 필요가 없는 말들, 또 해서는 안 될 말들이 너무 많습니다. 세상은 온갖 음란한 말들과 가십과 비방의 말들로 넘쳐나고 있습니다. 그리스도인들 역시 그 입을 제어하지 못함으로 인하여 실패를 반복하면서 내면의 영적인 힘을 소진해 버립니다.

말 할 대상이 없는 광야에서 사람들은 침묵을 배웁니다. 단순히 말하지 않는 것이 아닙니다. 자신의 혀를 제어하고 다스리는 것입니다. 그리고 그 침묵은 하나님을 보게 하고 하나님과 대화하게 만듭니다. 리처드포스터는 "침묵과 고독의 목적은 볼 수 있고, 들을 수 있고자 함이다. 소리를 없애는 게 아니라 다스리는 것이 침묵의 열쇠다"라고 말합니다. 이것이 영적인 힘을 담는 통로입니다.

그렇다면 홀로 침묵하는 그 광야는 어떤 것입니까? 예수님은 공생애 기간 중 언제나 광야를 가지고 계셨습니다. 매일 같이 먹고 자는 12명의 제자들, 매일 자신에게 몰려드는 수많은 사람들을 피해서 주님은 새벽 오히려 미명에 한적한 곳으로 나가셨습니다. 거기서 하나님과만 계셨습니다. 여기가 그의 광야였습니다.

러시아의 신비주의 작가 후에크 도로티의 카테리나는 그가 이주한 북아메리카에서 '푸스티니아' 운동을 했습니다. 러시아어 '푸스티니아'는 "광야"를 뜻하는 말입니다. 그것은 단순히 지형학적인 면에서의 사막이 아니라, 침묵과 기도 속에서 하나님을 만나는 장소를 가리키는 것입니다. 나다나엘이 머무른 무화과나무 아래가 바로 푸스티니아 즉 광야입니다.

오늘날 우리에게 필요한 것은 무엇입니까? 광야입니다. 매일 아침마다 기도의 자리로 나아가십시오! 집이 번잡하다면 교회로 나아오십시오! 성경을 펴고 조용히 하나님의 뜻이 무엇인가를 찾으십시오! 읽고 묵상하십시오! 새벽기도, 수요기도회와 같은 기도의 모임을 놓치지 마십시오! 기회가 주어진다면 종종 기도원을 찾아가서 반나절, 또는 한나절 광야의 시간을 가지십시오! 그래야 우리는 살 수 있습니다. 영적인 힘을 가질 수 있습니다. 여러분은 무슨 대가를 지불하고서라도 광야로 가야 합니다. 고독과 침묵의 영성을 가질 수 있기를 바랍니다.

둘째, 단순함의 훈련입니다.

예전에 독일에서 고속도로를 달릴 때, 같은 사진이 여러 차례 반복해서 설치된 광고판을 본 기억이 납니다. 그 사진에는 사고위험이 높은 아주 산만한 운전 습관을 가진 남자의 모습이 그려져 있습니다. 한 손은 핸들에 가있고 핸드폰을 어깨와 뺨 사이에 끼우고 전화를 하고 있습니다. 입에는 담배를 문채, 다른 한 손으로 라이터를 켜서 불을 붙이고 있습니다. 그 광고판의 제목은 '도대체 어떻게 운전을 하고 있는 겁니까?'입니다.

이것이 바로 오늘날 세상을 살아가는 우리들의 모습입니다. 우리 대부분은 산만한 삶을 살아갑니다. 해야 할 일도 많지만, 하고 싶은 일도 많습니다. 많은 것을 계획하고, 갖고 싶고, 하고 싶습니다. 그러다보니 많은 것들에 시간과 정력을 할애해 주어야 합니다.

이런 우리들에게 세례요한은 광야의 삶을 소개합니다. "요한은 낙타털 옷을 입고 허리에 가죽 띠를 띠고 메뚜기와 석청을 먹더라."(6) 당시도 유행이 있었습니다. 세상에도 좋은 옷감과 다양한 무늬의 옷들이 있었습니다. 그러나 그는 투박한 낙타가죽으로 만든 옷을 입고 거기에 가죽 띠를 띠고 있었습니다. 아마 그의 모습을 보면 당시 사람들에게도 좀 가관이었을 것입니다. 한마디로 그는 입는 것에 마음을 빼앗기지 않았습니다.

먹는 음식은 더했습니다. 메뚜기와 야생꿀 - 그것은 광야에서 손쉽게 구할 수 있는 "일식 일찬"이었습니다. 어쩌다 먹는 특식이 아닙니다. 매일의 양식입니다. 어떻게 그런 것만을 먹고 살겠습니까? 그는 먹는 데 신경을 빼앗기지 않았습니다.

광야의 삶은 단순한 삶입니다. 그리고 그 단순함이 하나만을 바라보게 합니다. 키에르케고르는 "마음의 순결함은 단 하나만을 바라는 것이다"라고 말합니다. 이 말은 단 하나 즉 주님만을 바랄 때 우리의 마음은 순결해진다는 것입니다. 그리고 너무 많은 것에 눈을 돌릴 때, 우리 마음은 불결해질 수밖에 없다는 것입니다.

우리는 여기서 우리 신앙의 문제가 무엇인가를 보게 됩니다. 우리는 바라는 것이 너무 많습니다. 우리의 시간과 정력과 재물은 무엇을 입을까, 무엇을 먹을까에 허비되고 있습니다. "좀 더 아름답게, 좀 더 맛있게, 좀 더 편하게!" 매스컴의 온갖 광고들은 이 욕망을 자극하는 것들로 가득 차 있습니다. 소박함은 촌스러움으로 비하되고, 화려함과 세련됨은 고귀함으로 칭찬받습니다. 이미 교회 안에서조차 우리의 눈은 그렇게 길들여져 버렸습니다. 우리는 유행을 좇아가고, 세상의 눈과 수준을 맞추는 사람이 되려고 노력하고 있고, 시대에 뒤떨어지지 않는 사람이 되려고 애쓰고 있습니다. 유행에 뒤지는 것은 현실에 뒤지는 것이라고 매스컴이 설득했기 때문입니다.

사람들은 좋은 집을 장만하기 위해서 전력 질주합니다. 좋은 집에 들어가면 이에 걸 맞는 좋은 가구가 필요하고, 이 모든 것을 위해서는 더 많은 돈이 필요하고, 더 많은 돈을 위해서 더 많이 일해야 합니다. 심지어는 주일도 일하고 돈을 벌어야 합니다. 더 많은 필요는 우리를 더욱 인색하게 만들고 남을 돌아보지 못하게 만듭니다. 아니 때로는 부정한 것에 손을 대야 하고, 보다 더 부정직하게 살아야 합니다.

단순성 – 그것은 이 불의한 시대에 우리의 순결을 지켜주는 가장 중요한 훈련입니다. 광야에서 이 훈련을 몸에 익힌 요한은 그 앞에 나온 자들에게 이렇게 말합니다. "무리가 물어 이르되 그러면 우리가 무엇을 하리이까 대답하여 이르되 옷 두 벌 있는 자는 옷 없는 자에게 나눠 줄 것이요 먹을 것이 있는 자도 그렇게 할 것이니라 하고 세리들도 세례를 받고자 하여 와서 이르되 선생이여 우리는 무엇을 하리이까 하매 이르되 부과된 것 외에는 거두지 말라 하고 군인들도 물어 이르되 우리는 무엇을 하리이까 하매 이르되 사람에게서 강탈하지 말며 거짓으로 고발하지 말고 받는 급료를 족한 줄로 알

라 하니라"(눅 3:10-14)

요한의 이 말을 정리하면 이것입니다. 자신이 받는 급료에 만족하고, 욕심을 내어 거짓과 강탈을 하지 마십시오! 자족하십시오! 옷 두벌 있는 자는 옷 없는 자에게 나누어주십시오! 나눠주며 사십시오! 그렇습니다. 이것이 오늘 이 부정한 세대에 사는 우리가 들어야할 하나님의 메시지입니다.

사랑하는 성도 여러분, 병든 사회에 맞추어 사는 것은 바로 병드는 것이라고 리차드 포스터는 말하고 있습니다. 도시의 복잡한 삶, 수많은 욕망으로 얽혀있는 현실은 얼마든지 우리의 영성을 더럽히고, 영적인 힘을 잃게 만들 수 있습니다.

그러므로 광야로 나아갑시다! 자기만의 광야를 꼭 갖도록 합시다. 오직 주님만을 만나는 고독과 침묵 시간을 가집시다! 단순한 삶을 훈련합시다!

거기서 영적인 힘을 회복하고 세례요한과 같이 세상을 바꾸는 영향력있는 사람이 되기를 바랍니다.

(2008년 5월 25일)

절박한 믿음

"예수께서 그들에게 항상 기도하고 낙심하지 말아야 할 것을 비유로 말씀하여 이르시되 어떤 도시에 하나님을 두려워하지 않고 사람을 무시하는 한 재판장이 있는데 그 도시에 한 과부가 있어 자주 그에게 가서 내 원수에 대한 나의 원한을 풀어 주소서 하되 그가 얼마 동안 듣지 아니하다가 후에 속으로 생각하되 내가 하나님을 두려워하지 않고 사람을 무시하나 이 과부가 나를 번거롭게 하니 내가 그 원한을 풀어 주리라 그렇지 않으면 늘 와서 나를 괴롭게 하리라 하였느니라 주께서 또 이르시되 불의한 재판장이 말한 것을 들으라 하물며 하나님께서 그 밤낮 부르짖는 택하신 자들의 원한을 풀어 주지 아니하시겠느냐 그들에게 오래 참으시겠느냐 내가 너희에게 이르노니 속히 그 원한을 풀어 주시리라 그러나 인자가 올 때에 세상에서 믿음을 보겠느냐 하시니라"(눅 18:1-8)

복음서를 읽다보면 예수님의 상이 우리 속에 그려집니다. 예수님이 무엇을 좋아하고 싫어하시는지, 언제 기뻐하고 분노하시는지를 살펴보면, 그분의 생각을 읽게 됩니다.

또 어떤 부류의 사람들을 가까이 하셨는지, 어떤 문제를 가지고 종교지도자들과 논쟁하셨는지를 보면서, 신앙에서 무엇을 중요하게 여기셨는지를 이해하게 됩니다. 그러한 것들을 이해함으로써 예수님이 원하시는 사람이 되고, 그분이 기뻐하시는 자리에 서는 것, 그것이 우리가 진정 바라는 바입니다.

예수님의 스타일은 어떤 것인지 생각해봅시다.

사람은 누구나 왠지 하나님이 계신 방 앞에서 주저하기 마련입니다. 그 안으로 쉽게 들어가지 못합니다. 두려운 것입니다. 만왕의 왕 앞에서 두려움을 갖는 것은 당연한 것입니다.

삼성이나 현대 같은 대기업에서 말단 직원이 회장을 만나러 회장실로 간다고 상상해봅시다. 아마도 비서실 앞에서조차 망설여 질 것입니다. 겨우 용기를 내서 문을 두드렸는데 안에서 아무런 응답이 없으면, '아, 바쁘신가보다. 사람을 안 만나려고 하는가보다'하면서 얼른 돌아서게 될 것입니다.

저는 군복무시절 연대 본부에서 근무한 적이 있었습니다. 그런데 그 때는 연대장 실 앞에는 얼씬 거리지도 못했습니다. 만약에 연대장이 호출했다면 두려운 마음으로 그 방에 들어갔을 것입니다.

겨우 대기업 회장이나 육군대령한테도 두려움을 갖는데, 하물며 하나님 앞에서 우리가 두려워하는 것은 당연하지 않겠습니까? 많은 이들이 소심하게 주저주저하면서 문도 제대로 두드리지 못하고, 그냥 돌아서려고 할 것입니다.

그런데 예수님은 그런 우리의 등을 떠밀면서 재촉하듯 말씀하십니다. "뭘 두려워해, 하나님은 그런 분이 아니야, 가서 용기를 갖고 두드려봐! 아니 두드리려면 좀 제대로 두드리지 그렇게 두드려서 안에서 들리겠니? 좀 크게 두드려봐! 한번 두드려서 반응 없다고 돌아서려고 하지 말고 또 다시 두드려봐 열어 줄때까지!" 이것이 예수님의 스타일입니다.

우리 중에는 나름 그럴듯하게 하나님을 걱정해주는 사람도 있습니다. "아니 하나님이 얼마나 바쁘시겠어요. 한 두 사람이 만나려고 해야지요, 한 두 사람이 청탁하겠습니까? 그거 다 들어 주시느라 얼마나 힘드시겠어요. 거기에 저까지 부담을 드리면 되겠습니까? 그래서 저는 기도하지 않습니다. 다 하나님을 위한 것입니다."

이렇게 하나님 사정을 무척이나 헤아리는 사람을 예수님은 참 싫어하십니다. 그것은 겸손이 아니라 하나님에 대한 이해부족이고, 하나님을 제대로 믿지 못하는 사람의 모습입니다. 더 나아가 아직 여유가 있는 자의 모습입니다. 아직 배부른 사람, 달리 도망갈 길을 갖고 있는 사람의 태도입니다. 그는 두 마음을 품고 있는 사람이고 하나님을 의지하지 않는 사람입니다.

오히려 하나님을 귀찮게 하는 사람, 인간적으로 보면 좀 무례해 보일 만큼 매달리는 그 사람을 예수님은 칭찬해주십니다. 오늘 이 비유가 그것을 말하고 있습니다.

우선 이 비유이야기에서 예수님은 주인공을 과부로 설정하셨습니다. 왜 과부입니까? 과부가 풍기는 이미지는 무엇입니까? 그 시대에 과부는 고아와 함께 가난하고 의지할 곳 없는 힘없는 약자를 상징합니다. 제대로 농사를 짓기 어렵다보니 빚을 지게 되고 그러다보면 나중에는 종으로 팔려가게 됩니다. 이것이 고대사회에서 고아와 과부의 일반적인 길이었습니다. 그야말로 누군가의 도움이 없이는 살 수 없는 사람들입니다.

그런데 이 과부는 심지어 원한까지 가진 과부입니다. 자기 권리와 소유를 억울하게 빼앗긴 것이었습니다. 이런 것을 상상해 봅시다. 평생 오직 남편만을 바라보고 의지하면서 산 여인이 있습니다. 그런데 그 남편이 어느 날 겨우 집 한 채 남겨놓고 세상을 떠났습니다.

그런 뒤 하루는 죽은 남편의 친구가 찾아와 걱정하는 척하며 앞으로 어떻게 살려는지, 그 집만 가지고 살 수 있겠는지 하면서, 자신이 좋은 곳을 소개해주겠다고 합니다. 마침 믿을만한 투자처가 있는데, 연 30% 이자를 준다고 합니다. 30%! 그러면 이자수입으로도 살 수 있을 거라는 것입니다. 그 말에 귀가 솔깃해서 집을 저당해서 대출을 받아서 그에게 줬습니다. 그런데 나중에 보니 사기였습니다. 세상물정에 어둡고, 남편친구를 믿은 것이 화근이었습니다.

자, 이와 비슷한 일을 겪었다면, 그 과부는 너무도 억울할 것입니다. 뼛속 깊이 한이 맺히게 될 것입니다. 남은 것은 아무 것도 없습니다. 그 집마저 잃으면, 결국 거지가 되는 것입니다.

어찌하겠습니까? 재판장을 찾아가 자신의 권리를 찾게 해달라고 간청할 것입니다. 그런데 그 도시의 재판장을 예수님은 불의한 재판장이라 불렀습니다. 재판장이 불의하다는 것은 재판을 공정하게 하지 않는다는 말입니다. 가난한 자를 불쌍히 여기는 긍휼의 사람도 아닙니다. 그는 사람을 무시하고 더 나아가 하나님도 두려워할 줄 모르는 그런 사람입니다. 예수님이 설정한 이 사람은 그야말로 의와 긍휼에서 벗어난 냉혈한입니다.

그런 재판장을 과부는 찾아가서 문을 두드립니다. 그러나 이 가난한 과부를 알아본 재판장은 귀찮다는 듯 만나주지 않고 내쫓아버립니다. 주변에서 그렇게 말했을 것입니다. "계란으로 바위치기야. 그 재판장 아마 절대 만나주지 않을 거야, 포기해"

그러나 그녀는 다음날 또 찾아갑니다. 또 안 만나줍니다. 그 다음날 또 찾아갑니다. 계속 가서 두드립니다. 끈기와 인내의 사람입니다. 언제까지입니까? 재판장이 만나줄 때까지입니다.

왜 이처럼 수모를 당하면서도 또 가는 것일까요? 이게 유일하게 사는 길이기 때문입니다. 이 과부에게는 달리 길이 없습니다. 재판장만이 그녀를 도와줄 수 있기에 그가 유일한 생명줄이기에, 수치스러워도 거절당해도 또 찾아가는 것입니다.

자, 시간이 흐르면서 이 불의한 재판장이 생각하기 시작했습니다. "나는 이 여자를 무서워하지도 않고, 또 하나님을 두려워하지도 않지만, 한 마디로 귀찮구나! 이 여자는 절대로 포기하지 않을 사람 같다. 어쩌면 일 년 내내 매일같이 시달릴지 모르겠다. 안 되겠다. 빨리 처리해서 다시는 안 오게 하자." 그렇게 해서 재판장은 이 과부를 만나고 원한을 풀어주었습니다.

이 모습을 상정하시면서 주님은 이렇게 결론을 내리십니다. "주께서 또 이르시되 불의한 재판장이 말한 것을 들으라 하물며 하나님께서 그 밤낮 부르짖는 택하신 자들의 원한을 풀어 주지 아니하시겠느냐 그들에게 오래 참으시겠느냐"(6-7) 불의한 재판장은 귀찮아서라도 들어주는데, 하물며 의와 긍휼의 하나님 아버지가 그 택하신 자녀들의 부르짖음을 듣지 않겠습니까? 아닙니다. 경청하시고 반드시 응답하십니다.

주님은 이 과부에게 큰 박수를 보내십니다. 그 열정과 인내에 하나님에 대한 믿음과 신뢰를 담는다면 가장 멋있을 것입니다. 그것이 절박한 믿음이라는 것입니다.

오늘날 우리들은 이것을 놓치고 있습니다. 이 과부의 열정과 악착같음! 우리에게는 그것이 없습니다. 오늘날 현대인들은 절박한 믿음을 잃어버렸습니다. 우리는 너무 여유가 있습니다. 피할 길과 의지할 것이 너무 많습니다. 그래서 우리는 불의한 재판관을 찾아간 이 과부의 영성을 잃어버린 것입니다.

열두 해 혈루병을 앓은 여인도 마찬가지입니다. 그녀는 예수님의 옷을 만지기만 해도 구원을 받으리라는 믿음을 갖고 나아갔습니다. 어떻게 그녀에게 이런 믿음이 생겼을까요? 어떻게 예수님께 나아갈 용기를 가졌을까요?

마가복음을 잘 살펴봅시다. 마가는 마태나 누가에 비해 그녀가 처한 상황을 좀 더 상세히 설명합니다. "열두 해를 혈루증으로 앓아 온 한 여자가 있어 많은 의사에게 많은 괴로움을 받았고 가진 것도 다 허비하였으되 아무 효험이 없고 도리어 더 중하여졌던 차에"(막 5:25-26)

12년간의 투병생활에서 그녀는 모든 것을 다 잃었습니다. 낫기 위해 많은 의사를 찾아다녔습니다. 그러면서 많은 치료비로 결국 재산을 다 탕진해버렸습니다. 그런데 아무런 효험도 없고 오히려 병이 더 중해졌습니다.

이 상황설명을 생각해보십시오. 예수께 나아가는 그녀의 심정은 '이제 여기가 마지막이다'라는 절박함이었습니다. 예수님에게 치유 받지 않으면, 나는 끝이다. 더 이상 소망이 없다.

그런 절박함이 이 믿음을 가능하게 했습니다. '그 옷 가에만 손이 닿아도 나을 것이다. 이분은 분명히 나를 치료해주실 것이다.' 그녀의 믿음은 이런 절박한 믿음이었습니다.

그래서 이 부정한 여인은 사람들의 비난에도 아랑곳하지 않고, 군중 속으로 뛰어 들어가 사람들을 헤집고 예수께 나아가 옷을 붙잡은 것입니다. 예수님은 그녀를 어떻게 평하셨습니까? "예수께서 이르시되 딸아 네 믿음이 너를 구원하였으니 평안히 가라 네 병에서 놓여 건강할지어다"(막 5:34)

여러분, 오늘날 우리의 문제는 무엇입니까? 우리에게 찾아온 문제들이 문제가 아닙니다. 그 문제들을 대하는 우리의 심령이 가난하지 않은 것이 문제입니다.

인생의 문제를 만났지만, 도망갈 곳이 많다고 생각합니다. 수많은 물질과 여유로운 환경, 두터워지는 사회적 안전망, 복지제도 등등이 우리 속에서 믿음의 절박함을 빼앗아갔습니다.

그래서 우리의 태도에는 여유가 있습니다. "오늘 못하면 내일하지! 이것 안 한다고 망하는 것도 아닌데, 그렇게 무리해서 할 필요가 있나? 기도를 꼭 그렇게 간절하게 해야 하나? 그렇게 거머리같이 물고 늘어질 필요가 있나? 하나님이 알아서 해주시겠지! 안 되면 할 수 없고!" 그리고 이런 안이함과 여유에는 은혜의 깊이와 열정이 없습니다.

이와 관련해서 고3 때에 들은 설교가 기억납니다. 가끔 학교 근처에 있는 새문안교회라는 아주 오래된 교회에서 1부 예배를 드렸습니다. 1부 예배는 중고등부 중심의 예배였습니다.

어느 부목사님이 설교도중 자기 이야기를 했습니다. 이 목사님은 신학교 다닐 때에 너무도 가난했습니다. 있을 곳이 없어서 교회에서 허락한 쪽방에서 살았습니다. 새벽마다 리어카에 두부를 가득 싣고 땀을 흘리며 나르는 일을 한 뒤에 등교했습니다. 제대로 먹지도 못해 저녁만 되면 기진맥진 했지만, 일심단편 주님만 의지하면서 기쁘고 행복했다는 것입니다. 지금은 목사가 되어 그때에 비하면 모든 것이 나아지고 훨씬 안정적인 환경에서 살아가고 있습니다. 그런데 돌아보면 오히려 그 때 가난했던 신학생 시절의 열정이 그립다는 것입니다.

그 설교가 그렇게 은혜가 되고 기억되는 것은, 그 당시 저도 너무도 힘든 환경에 처해서 의지할 분은 주님밖에 없었기 때문입니다. 그리고 지금 그때보다 훨씬 안정된 환경에 살고 그때보다 더 많은 것을 알고 있고 더 많이 세련되어졌지만, 그때의 열정과 순전함을 따라가지 못하기 때문입니다. 여러분은 어떠합니까?

주님은 우리가 좀 밤낮 부르짖는 과부처럼, 어떻게든 예수님의 옷이라도 만지고 싶어 했던 혈루병 여인처럼, 아니 얍복강에서 하나님이 자기를 축복하지 않으면 놓지 않겠다면서 하나님을 물고 늘어졌던 야곱처럼, 절박한 믿음을 갖고 하나님 앞에 서기를 원하십니다.

여러분, 정말 삶에서 심각한 문제를 만났습니까? 주님은 기다리십니다. 이들처럼 해봅시다. 배수진을 치고 "나는 더 이상 기댈 곳이 없습니다, 하나님이 돕지 않고 구원하지 않으면 길이 없습니다"라고 말하면서, 오직 그분께 구하고 또 구하고, 부르짖고 또 부르짖는 것입니다. 그분이 응답할 때까지 낙망치 말고 계속 구하는 것입니다. 이 주님의 약속을 굳게 믿고 나갑시다.

우리의 기도에는 이런 절박함이 담겨있어야 합니다. 하나님께서 '내가 응답하지 않으면 안 되겠구나'라고 생각하실 만큼의 그런 절박함이 묻혀있어야 합니다. 하나님만이 답이라는 믿음이 담겨있어야 합니다. 그런 절박한 믿음으로 하나님께 나아가는 우리 모두가 되기를 바랍니다.

(2018년 4월 29일)

이 좋은 것을 택하라

"그들이 길 갈 때에 예수께서 한 마을에 들어가시매 마르다라 이름하는 한 여자가 자기 집으로 영접하더라 그에게 마리아라 하는 동생이 있어 주의 발치에 앉아 그의 말씀을 듣더니 마르다는 준비하는 일이 많아 마음이 분주한지라 예수께 나아가 이르되 주여 내 동생이 나 혼자 일하게 두는 것을 생각하지 아니하시나이까 그를 명하사 나를 도와 주라 하소서 주께서 대답하여 이르시되 마르다야 마르다야 네가 많은 일로 염려하고 근심하나 몇 가지만 하든지 혹은 한 가지만이라도 족하니라 마리아는 이 좋은 편을 택하였으니 빼앗기지 아니하리라 하시니라"(눅 10:38-42)

작년 연말에 50대 남성이 심장에 갑자기 이상이 와서 한 병원의 응급실로 실려 갔습니다. 응급실 인력이 총동원돼 심폐소생술을 했습니다. 너무 급하다보니 누군가 남성의 맨몸을 빨리 드러내기 위해 입고 있던 양복을 가위로 잘랐습니다. 하지만 안타깝게도 그 남성은 곧 사망하고 말았습니다.

그런데 다음날 상복을 입은 한 여성이 응급실로 찾아왔습니다. 그녀는 그곳 근무자들에게 소리 지르면서 말했습니다. "도대체 누가 내 남편의 양복을 자른 거야? 그게 어떤 양복인 줄 알아? '상상할 수도 없이 비싼 양복'이야" 그곳의 근무자들 모두가 할 말을 잃었습니다.

이것은 유머가 아니라 실제 일어난 일입니다. 이 코미디 같은 사건

속에서 뭔가 뒤집어진 삶의 모습을 보게 됩니다. 그 양복이 몇 천만 원 짜리인지는 모르겠지만, 남편의 생명보다 더 귀했나봅니다. 정말 그러지 않고야 이런 말과 행동을 할 수 없었을 것입니다.

그러나 이런 이야기가 우리와는 동떨어진 낯선 이야기만은 아닙니다. 우리가 사는 시대는 너무도 산만한 시대입니다. 별 중요하지 않은 허접 쓰레기와 같은 것들이 매우 중요한 것처럼 자신을 포장합니다. 그리고는 우리를 현혹시키면서 사방에서 우리의 마음을 빼앗습니다. 이것도 사고 싶고, 저것도 하고 싶습니다. 그러면서 우리의 신경과 에너지는 분산되고 이런 것들에 시간과 재물을 허비하게 됩니다. 그러다보니 진짜 중요한 것에 집중하지 못하고, 진짜 필요한 것을 얻지 못합니다.

여기 마르다와 마리아의 이야기는 그것을 가르쳐줍니다. 이들이 사는 베다니라는 마을에 예수님이 오셨습니다. 마르다가 주님을 자기 집으로 영접했습니다.

그녀는 주님을 잘 대접하고 싶었습니다. 많은 요리를 준비했습니다. 빵도 새로 굽고, 양고기 요리도 하고, 국도 끓이고, 샐러드도 하고, 과일도 준비하다보니 생각보다 시간이 길어졌습니다. 마음이 분주해졌습니다. '주님이 배고프실 텐 데 왜 빨리 안 되지? 이 양고기 스튜는 간이 맞을까? 빵이 잘 구워질까?' 이런 분주함은 점차 염려와 근심으로 변했습니다.

그리고 염려와 근심은 서서히 짜증과 분노로 발전하기 마련입니다. 동생 마리아 쪽으로 눈이 갑니다. 주님은 무엇인가 재미있고 진지하게 말씀하고 있고, 마리아는 주님 발치에 앉아 열심히 듣고 있습니다. '저게 지금 와서 나를 도와줘도 시원치 않을 판에' 마르다는 화가 나기 시작했습니다.

참다 참다 마침내 마르다는 폭발했습니다. 예수님께 가서 말합니다. "주님 내 동생이 나 혼자 일하게 하는 것 보이지 않으세요? 그녀에게 나를 도와주라고 하세요." 사실은 자기가 마리아에게 가서 "마리아야 너 뭐하고 있니? 날 도와줘야지!" 이렇게 말해야 되지 않습니까?

그런데 불평의 화살을 예수님께 돌리는 것은 주님도 책임이 있다고 시위하는 것입니다. "주님은 왜 이런 철없는 애를 야단치지 않고 도리어 같이 놀아주고 계세요" 아마도 이런 뉘앙스였을 것입니다.

이런 말을 들었을 때, 저라면 "그렇지 미안하구나. 마르다야 혼자 애쓰는구나! 마리아야 가서 네 언니를 도와라"고 말했을 것입니다. 그러나 주님은 그렇게 말씀하지 않으셨습니다. "마르다야 마르다야 네가 많은 일로 염려하고 근심하나 몇 가지만 하든지 혹은 한 가지만이라도 족하니라 마리아는 이 좋은 편을 택하였으니 빼앗기지 아니하리라 하시니라"(41-42)

주님은 마르다가 자신을 대접하기 위해서 그러는 것을 모르지 않았을 것입니다. 그러나 그녀의 행위를 칭찬하지 않으셨습니다. 이를 위한 마음의 분주함, 많은 음식을 준비하기 위해서 가지는 염려와 근심 - 이것이 그녀의 문제였습니다.

그런 많은 음식이 필요합니까? 그것이 주님을 기쁘게 할 수 있는 일입니까? 마르다는 그렇다고 생각했지만, 주님은 No! 였습니다. 그것은 한마디로 불필요한 것이었습니다.

정말 필요하고 중요한 일은 하나입니다. 42절의 "몇 가지만 하든지 혹은 한 가지만이라도 족하니라"는 올바른 번역이 아닙니다. 이에 대한 정확한 번역은 이것입니다. "그러나 꼭 필요한 것은 한 가지뿐이다."

한 가지만 있으면 됩니다. 일품요리면 된다는 뜻이 아니라 한 가지만 필요하다는 뜻입니다. 그것이 무엇입니까? 그것은 주님의 말씀을 귀 기울여 듣는 것입니다. 마리아의 눈은 주님의 눈과 일치했습니다. 이 좋은 것을 택했는데, 그것을 빼앗길 이유가 없었습니다.

여러분, 이러한 주님의 마음을 이해하십니까? 옛날 독일에서 목회할 때에 어느 성도가정에 심방 간 일이 생각납니다. 그 당시 대부분 부부가 직장생활을 하다 보니 보통 심방은 저녁때에 가고, 가면 식사를 하게 되어있습니다. 방문하려 했던 것은 이 가정이 그 당시 주일예배에 종종 빠졌기 때문입니다. 영적으로 나태해졌다는 느낌이 들었습니다. 제시간에 방문했는데, 뭔가 집이 좀 어수선하다는 느낌을 받았습니다. 부인은 부엌에서 음식 만드느라 정신이 없었습니다. 목사님 부부가 오랜만에 오니까 저녁을 정성껏 대접해 주고 싶었을 것입니다. 남편은 밖에서 불을 피우고 있었습니다. 목사님이 그릴 좋아한다니까 숯불을 피우고 고기를 구우려는 것이었습니다.

그러나 우리는 예배를 드리고 싶었습니다. "자 이제 오셔서 예배드립시다." 라고 말을 하였습니다. 오긴 왔는데 두 부부의 마음은 온통 부엌과 그릴 불에 가있었습니다. 찬양을 부르다 말고 국이 넘친다며 부엌에 갔다 왔습니다. 설교를 하는데, 남편은 잠깐 숯을 몇 개 더 얹어야 한다면서 또 나갔다가 다시 왔습니다. 이들에게 主는 저를 잘 먹이는 것이고 副는 예배드리는 것이었습니다. 순서가 뒤바뀌었습니다. 잘못된 것입니다. 이렇게 말하고 싶었습니다. "밥 안 먹어도 좋으니 예배 좀 바르게 드립시다. 당신들의 영혼이 병들어 있어요!"

예수님은 마르다 속에서 이런 것을 보신 것입니다. 마르다는 주님이 진정 무엇을 귀하게 여기고 무엇을 기뻐하시는지 읽지 못한 것입니다.

그런데 오늘날 우리들 대부분도 마르다의 길을 가고 있습니다. 많은 일로 산만해져있습니다. 갖고 싶은 것이 많고, 하고 싶은 일이 많습니다. 재미있고 흥미로운 것들이 널려져 있습니다. 누구 집에 가서 그 집 인테리어한 것을 보면 따라하고 싶어집니다. 돈이 좀 생기면 집 뜯어 고치고, 다양한 취미와 문화생활을 누리고 싶어합니다. TV와 인터넷에서는 온갖 문명의 이기들을 우리 속에 쏟아 붓습니다. 그리고 끊임없이 유혹합니다. "너도 해봐. 참 좋다, 좋아"

이런 저런 것에 기웃거리다 보면, 이것도 소유하고 싶고 저것도 하고 싶어하며 우리의 삶은 더 바빠집니다. 이제 그것은 하고 싶은 일이 아니라 해야 할 일들이 되고 맙니다. 할 일들이 쌓이면서 시간이 점점 더 없어집니다. 거기서 오는 피로감으로 인해 늘 신경은 예민해져있고 염려와 근심거리는 더 많아집니다. 그런 가운데 내리는 결정은 그야말로 후회 투성이입니다.

조지 팍스는 이렇게 말합니다. "사업에 정신을 뺏기고 거기에 발목 잡힐 위험과 유혹이 당신에게 있습니다. 그래서 하나님의 일을 할 수 없게 됩니다. 결국 '내 사업, 내 사업'하고 외치면서 당신의 정신은 사물들 위에서 그것을 지배하는 것이 아니라, 사물들 속으로 들어가 지배 받게 될 것입니다." 우리가 삶을 지배하는 것이 아니라, 삶의 지배를 받고 쫓기면서 살아갑니다.

더 큰 문제는 정말 중요한 것을 놓치고 있다는 것입니다. 꼭 필요하고 가치 있는 일은 하찮은 일처럼 뒷전으로 밀립니다. 누구나 겪는 일입니다. 다윗의 시를 봅시다. "진실로 각 사람은 그림자 같이 다니고 헛된 일로 소란하며 재물을 쌓으나 누가 거둘는지 알지 못하나이다"(시 39:6) 그 역시 죽음의 병에 걸렸을 때에 비로소 무엇이 중요한 것인가를 비로소 깨달았습니다. "주여 이제 내가 무엇을 바라리요 나의 소망은 주께 있나이

다"(시 39:7)

우리는 죽음의 병까지 가서는 안 됩니다. 오늘 여기서 주님의 말씀을 진지하게 받아들입시다. "그러나 꼭 필요한 것은 한 가지뿐이다." 한 가지만 있으면 됩니다. 주의 말씀 앞에 서는 것입니다. 마리아처럼 우리도 이 좋은 편을 선택해야 합니다.

키에르케고르는 마 6:33을 갖고 이런 귀한 깨달음을 전합니다. "'너희는 먼저 하나님의 나라와 그의 의를 구하라' 이건 무슨 뜻일까? 나는 무엇을 해야 할까? 내 재능과 능력에 알맞은 직업을 구해서 영향력을 발휘할까? 아니야, 먼저 하나님의 나라를 구해야해. 그러면 내 전 재산을 가난한 사람들에게 내줄까? 이것도 아니야, 먼저 하나님의 나라를 구해야해. 그러면 이 가르침을 전하러 세상으로 나갈까? 이것도 아니야, 먼저 하나님의 나라를 구해야해. 그렇다면 어떤 의미에서는 내가 할 일이 아무 것도 없는 것이 아닌가! 그렇다. 분명 어떤 의미에서 그것은 무(無)다. 하나님 앞에서 무가 되는 것. 침묵하기를 배우는 것, 이 침묵 속에 시작이 있다."

내가 무엇을 하려고 하지 마십시오! 먼저 모든 것을 내려놓으십시오! 말도 하지 마십시오. 침묵하면서 그가 하신 일에 귀를 기울이고, 그가 주시는 말씀에 경청하십시오! 이것이 그의 나라와 의를 구하는 것이요, 이것이 경건의 시작입니다.

이것을 잘하기 위해 꼭 필요한 것이 있습니다. 삶을 단순화하는 것입니다. 경건의 능력은 단순함에서 시작됩니다. 그러나 현대인들에게 이것이 오히려 가장 어려운 것입니다. 한 미국목사님이 설교 가운데 자기 이야기를 합니다. 어떤 수련회에 참석한 적이 있는데, 거기서 참가자들의 핸드폰을 모두 빼앗았다는 것입니다. 일주일간 너무도 힘들었다는 것입니다. 요즘 핸드폰 중독자들이 많습니다. 걸어가면서 운전하면서도 문자 날리는 사람이 한 둘이 아닙니다.

물론 꼭 해야 할 일들이 있고, 살면서 없어서는 안 되는 것들이 많이 있습니다. 그러나 의외로 많은 것들이 불필요한 것입니다. 없으면 못살 것 같지만 없어도 살 수 있는 것들입니다.

리처드 버드가 황량한 북극 지방에서 몇 개월 혼자서 살면서 일기에 기록한 말입니다. "나는 인간이 물건 더미들 없이도 얼마든지 행복하게 살 수 있음을 배우고 있다"

우리에게 불필요한 것들 가운데 단 몇 가지라도 정리해봅시다. 단순한 만큼 정말 필요한 일에 집중할 수 있습니다. 정말 귀한 것을 얻을 수 있습니다. 영적인 실력을 쌓을 수 있습니다.

칭기즈칸의 몽고군대가 유럽군대를 이겼던 비결이 있었습니다. 바로 그들의 단순함이었습니다. 불필요한 모든 것들은 소지하지 않았습니다. 고기는 말려 육포를 만들어 휴대했습니다. 그래서 몽고군인의 무장은 7Kg이었습니다. 그러나 유럽군인의 무장은 그의 열배가 되는 70Kg이었습니다. 어땠겠습니까? 칭기즈칸의 군사들은 유럽 군인들보다 열배나 빨랐습니다. 단순함에서 오는 기동력 - 이것이 그들의 승리의 비결이었습니다.

우리의 산만한 삶을 정리합시다! 그리고 마리아처럼 주의 발치에 앉아 하나님의 말씀에 경청합시다. 여기에 우리가 살 길이 있습니다.

이 가을에 풍성한 말씀의 잔치가 벌어집니다. 그런데 여러분은 혹시 말씀 들을 시간이 없을 만큼 여전히 바쁘지는 않습니까? 집회에 참석할 수 없는 이유가 열 가지나 있지는 않습니까? 그것이 여러분의 경건과 영성의 현주소입니다.

아닙니다. 다 내려놓으십시오! 그것은 사는 길이 아닙니다. 사는 길은 오직 예수님 앞에 나오는 것입니다. 그 발 앞에 앉아 말씀을 듣는 것입니다. 여기에 우리가 살 수 있는 길이 있습니다. 이 한 가지가 진짜 필요한 것입니다. 이 좋은 것을 택해서 은혜를 누릴 수 있기를 바랍니다.

(2012년 11월 4일)

거룩한 축복의 날

"천지와 만물이 다 이루어지니라 하나님이 그가 하시던 일을 일곱째 날에 마치시니 그가 하시던 모든 일을 그치고 일곱째 날에 안식하시니라 하나님이 그 일곱째 날을 복되게 하사 거룩하게 하셨으니 이는 하나님이 그 창조하시며 만드시던 모든 일을 마치시고 그 날에 안식하셨음이니라" (창2:1-3)

쉰다는 게 참 좋지 않습니까? 일주일에 한 번씩 쉬는 날이 돌아온다는 것은 일을 하면서 사는 사람들의 즐거움입니다. 만약에 그 쉼의 날을 싹 다 없애고 일 년 열두 달 매일 일해야 한다면, 상상만 해도 끔찍합니다.

한 주일에 한 번씩 돌아오는 그 쉼의 시작은 어디일까요? 세상만물이 창조될 때부터입니다. 이 쉼이라는 것은 창조시부터 주어진 하나님의 창조원리입니다. 오늘 말씀은 그 '쉼의 기원'을 말해줍니다.

이 말씀은 "천지와 만물이 다 이루어지니라"(1)는 선포로 시작됩니다. 1장의 내용 즉 6일 동안 일어난 창조사건을 한 마디로 요약한 것입니다.

그리고 어떤 일이 있었습니까? "하나님이 그가 하시던 일을 일곱째 날에 마치시니 그가 하시던 모든 일을 그치고 일곱째 날에 안식하시니라"(2) 여기서 '마치시니'에 해당하는 히브리어 '칼라'는 "끝내다, 완성하다"라는 의미입니다. 즉, 하나님은 일곱째 날에 그의 창조사역을 완성하셨다는 것입니다.

성경을 조금 주의 깊게 보는 사람은 이런 의문점을 가질 수 있습니다. "창조를 여섯째 날에 끝내신 거 아닌가? 왜 일곱째 날이지?" 당연한 질문입니다. 그렇게 생각하는 사람들이 많습니다.

70인경(LXX)이라는 유명한 성경이 있습니다. BC 250년경 히브리어로 쓰여진 구약을 헬라어로 번역한 성경인데, 이 성경에서는 아예 일곱째 날을 여섯째 날로 고쳐서 이렇게 번역했습니다. "여섯째 날에 하나님이 그의 일을 마치시니" 그러나 옛날만이 아닙니다. 우리나라의 표준새번역성경도 이 70인경을 따르고 있습니다. "하나님은 하시던 일을 엿샛날까지 다 마치시고"

그러나 이것은 번역을 잘못한 것입니다. 하나님은 분명 일곱째 날에 모든 일을 마치셨습니다. 그리고 안식(샤바트)하셨습니다. 유명한 구약학자 폰 라드는 여기 '일곱째 날 완성했다' 와 '안식'을 하나로 보았습니다. 창조를 마친 뒤에 안식한 것이 아니라, '안식함'으로 그의 창조사역이 완성되었다는 것입니다. 옛날 한 랍비는 이것을 재미있게 표현했습니다. "6일 동안의 창조 뒤에 아직 뭔가가 빠져있었다. 그게 무엇인가? 바로 쉼이었다. 그러자 하나님의 안식과 함께 그 쉼이 왔고, 우주는 비로소 완성되었다."

이렇게 보면 안식(사바트)의 의미가 훨씬 깊어집니다. 이는 그 다음 절에서 더욱 확실해집니다. "하나님이 그 일곱째 날을 복되게 하사 거룩하게 하셨으니 이는 하나님이 그 창조하시며 만드시던 모든 일을 마치시고 그 날에 안식하셨음이니라"(3)

'날을 축복하고 거룩하게 한다.' 이는 참 특이한 표현입니다. 이 말은 무엇을 의미할까요? 6일에 걸쳐 세계가 창조되었습니다. 그러나 일곱째 날은 이 보이는 세계를 만드신 '보이지 않는 거룩하신 하나님'을 만나도록 특별히 구별된 축복의 날이라는 말입니다. 여기서 우리는 이 세계의 존재 목적과 의미를 찾을 수 있습니다.

그러므로 사바트(안식)의 저자 아브라함 헤셸은 이렇게 말합니다. "안식은 하나님이 마지막에 창조하셨지만, 그의 계획 속에서 가장 먼저이다. 그러므로 안식은 천지창조의 목적이다."

아울러 복과 거룩에는 영원한 안식이 암시되어 있습니다. 폰 라드는 이렇게 말합니다. "아직 인간에게는 숨겨져 있지만, 이것은 엄청난 구원이 준비됨을 말하는 것이다." 그래서 이후 성경에서 '안식'은 하나님의 핵심적인 언약이 됩니다. 히 4:1에서 말하는 바, "그의 안식에 들어갈 약속"이 바로 그것입니다. 안식일은 이것을 기억하고 소망하는 날입니다.

그러므로 이 안식일은 단순히 일주일 중의 하루가 아닙니다. 오히려 일주일의 중심입니다. 이런 관점에서 우리는 이 하나님의 안식일에 담긴 메시지를 몇 가지 숙고 할 수 있습니다.

첫째, 안식은 하나님의 창조질서입니다.

하나님은 인간을 만들면서 일하게 하셨습니다. "생육하고 번성하여 땅에 충만하라, 땅을 정복하라, 바다의 물고기와 하늘의 새와 땅에 움직이는 모든 생물을 다스리라"(창 1:28) 인간은 6일간 이 일들을 하면서 살아야 합니다.

그리고 제 7일째는 안식해야 합니다. 이것은 창조질서요, 하나님의 뜻입니다. 그러므로 하나님은 이것을 십계명중 네 번째 계명으로 주셨습니다. "안식일을 기억하여 거룩하게 지키라 엿새 동안은 힘써 네 모든 일을 행할 것이나 일곱째 날은 네 하나님 여호와의 안식일인즉 너나 네 아들이나 네 딸이나 네 남종이나 네 여종이나 네 가축이나 네 문안에 머무는 객이라도 아무 일도 하지 말라 이는 엿새 동안에 나 여호와가 하늘과 땅과 바다와 그 가운데 모든 것을 만들고 일곱째 날에 쉬었음이라 그러므로 나 여호와가 안식일을 복되게 하여 그 날을 거룩하게 하였느니라"(출 20:8-11)

나만 쉬는 것이 아닙니다. 자녀들도 쉬게 하고, 종들 즉 내가 고용한 직원들도 쉬어야 합니다. 가축들도 쉬어야 합니다. 더 나아가 땅도 쉬어야 하는데 7년마다 돌아오는 안식년에는 이 땅도 쉬게 했습니다. 그래야 인간과 자연 모두가 건강하게 유지됩니다. 이것이 하나님의 창조원리입니다.

쉬는 게 좋지 않습니까? 그런데 사람들은 오히려 쉬지 못합니다. 이 쉼의 원리를 지키지 않습니다. 왜 그렇습니까? 욕심 때문입니다. 조금 더 많이 만들고, 조금 더 많이 벌고, 조금 더 잘하겠다는 욕심이 이 하나님의 뜻을 거스르게 합니다.

박태환이라는 수영선수를 기억할 것입니다. 2007년 세계선수권대회와 2008년 베이징올림픽에서 연달아 금메달을 따며 자유형 400m 최강자가 되었습니다. 그런데 그 다음해 로마 세계선수권대회에서 예선 탈락을 해 충격을 주었습니다. 사람들은 그 원인이 훈련 양 부족 때문이라고 수군대었습니다. 그러나 실상은 반대입니다. 휴식부족이 부진의 원인이었습니다. 2005년부터 쉬지 않고 달려왔으니 당연히 지친 것입니다. 반드시 쉼을 가져야 한다는 것 이것이 바로 창조의 원리입니다.

로마사람들은 이 창조원리를 몰랐습니다. 세네카는 "안식일은 유대인의 게으름의 표지이다."라고 말했습니다. 이에 대해서 유대학자 필로가 변증합니다. "안식일은 모든 일로부터 쉬도록 한 날입니다. 그러나 율법을 지키기 위해서가 아닙니다. 오히려 이 끝이 없는 고된 노동으로부터 인간을 회복시키려고 하는 것이 그 목적입니다. 그로 하여금 아주 세심하게 짜여진 휴식의 체제를 통해서 새 힘을 얻게 하려는 것이고 새로운 힘으로 다시금 자기 일로 돌아갈 수 있도록 하는 것입니다."

안식을 위해 하나님이 주신 날은 꼭 쉽시다. 내가 결단할 수 있는 위치에 있다면 하나님의 돌보심을 믿고 그렇게 해봅시다. 혹 남의 밑에 있어 쉬기 어려운 사람들은 주일을 지키는 문제를 놓고 기도합시다. 그것이 하나님의 뜻일진대 두드리면 길이 열릴 것입니다. 믿음의 사람은 잘 쉴 줄 아는 사람입니다. 이 소중한 안식의 은혜를 누리며 살기를 바랍니다!

둘째, 안식일은 하나님을 예배하는 날입니다.

하나님이 세우신 안식은 단순히 아무 일도 하지 않은 채 쉬기만 한다는 것을 의미하지 않습니다. 그런데 구약의 안식일규례는 시간이 지나면서 그 본질이 변했습니다. 해서는 안 되는 일에 대한 규정이 점점 더 엄격해졌습니다. 예수님 당시에는 바리새인들에 의해 사람을 정죄하는 도구로 전락해버렸습니다.

그러나 예수님은 그것이 하나님의 창조원리가 아님을 가르치셨습니다. 오히려 막 2:27-28에서 안식일에 관한 본질적인 가르침을 주셨습니다. "또 이르시되 안식일이 사람을 위하여 있는 것이요 사람이 안식일을 위하여 있는 것이 아니니 이러므로 인자는 안식일에도 주인이니라"

안식일은 사람을 위하여 세워진 것입니다. 그러므로 안식일은 계명의 멍에가 아니라, 복을 누리고 구원을 얻는 날입니다. 여기 '날을 복 되게 하신다'에 사용된 '바락'이라는 동사는 '능력으로 채움받다'(filled with power)라는 뜻을 가지고 있습니다. 다시 말하면 이 '날'은 우리가 삶의 힘을 공급받는 날이라고 할 수 있습니다.

그렇다면 언제 우리가 삶의 힘을 공급받을 수 있습니까? 모든 능력의 근원이 되는 하나님을 만날 때, 즉 예배드릴 때입니다. 이 날 우리는 온 성도들과 함께 예배를 드립니다. 하나님은 예배를 기쁘게 받으시면서 예배자들의 몸에서 죄의 멍에를 벗기고 거룩함을 회복시키십니다. 하나님의 거룩한 영이 우리의 영혼을 만지시고 치유하시는 것입니다. 그리고 그의 신비한 능력을 부어주시는 것입니다. 그러므로 우리는 무엇보다 바른 예배자들이 되어야 할 것입니다.

헤쉘(Heschel)은 안식일의 의미를 이렇게 말합니다. "우리는 한 주에 엿새 동안은 땅에서 이윤을 짜내며 이 세계와 씨름하지만, 안식일에는 영혼 속에 심겨진 영원의 씨앗을 각별히 보살핀다."

그리고 이 '날' 즉 안식일의 중심에 계신 분이 있습니다. 바로 하나님의 아들 예수 그리스도이십니다. 그는 안식의 언약을 이루신 메시아입니다. 그러므로 예수님께서는 회당에서 이 성경을 읽으신 후, 이로써 그 언약이 이루어졌음을 선포하셨습니다. "주의 성령이 내게 임하셨으니 이는 가난한 자에게 복음을 전하게 하시려고 내게 기름을 부으시고 나를 보내사 포로 된 자에게 자유를, 눈 먼 자에게 다시 보게 함을 전파하며 눌린 자를 자유롭게 하고 주의 은혜의 해를 전파하게 하려 하심이라 하였더라"(눅 4:18-19) '주의 은혜의 해'는 안식년이 일곱 번 지나고 나서 오는 희년을 가리킵니다. 이 희년은 모든 굴레와 사망으로부터 벗어나게 하는 해방의 날입니다.

이것이 어떻게 이루어졌습니까? 그가 십자가에서 우리의 죄 값을 치르심으로써 우리를 속량하셨습니다. 그리고 부활하셔서 사망권세에서 벗어나게 하셨습니다. "그러므로 이제 그리스도 예수 안에 있는 자에게는 결코 정죄함이 없나니 이는 그리스도 예수 안에 있는 생명의 성령의 법이 죄

와 사망의 법에서 너를 해방하였음이라"(롬 8:1-2)

이 해방은 주님이 부활하심으로써 이루어졌습니다. 그 부활은 안식일 다음 날에 일어났습니다. 그래서 우리는 이 '날'을 일요일이 아닌 '주님의 날' 즉 '주일'(Lordsday)이라 부르는 것입니다. 이 날이 새 언약(신약) 시대를 살아가고 있는 우리의 참 안식일입니다.

이제 모든 것은 바로 이 주일을 중심으로 일어납니다. "이 날 곧 안식 후 첫날 저녁 때에 …. 예수께서 오사"(요 20:19) 초대교회는 이 날 모였습니다. "그 주간의 첫날에 우리가 떡을 떼려 하여 모였더니"(행 20:7) "매주 첫날에 너희 각 사람이 수입에 따라 모아 두어서 내가 갈 때에 연보를 하지 않게 하라"(고전 16:2)

우리가 안식일이 아닌 주일을 지키는 것을 두고 안식교를 비롯한 여러 이단들은 태양신을 숭배하는 로마에 교회가 굴복한 것이라고 말합니다. 아닙니다. 순교의 신앙을 지킨 교회가 이방종교에 굴복할 이유가 어디 있습니까?

부활의 날인 주일이 오히려 진정한 안식일입니다. 매 주일날 드려지는 우리의 예배는 십자가의 은혜를 감사하고 부활의 승리를 기뻐하며, 이로 인해 시작된 안식의 축복을 경축하는 예배입니다.

그러나 그 안식은 아직은 완성되지 않았습니다. "그런즉 안식할 때가 하나님의 백성에게 남아 있도다 이미 그의 안식에 들어간 자는 하나이 자기의 일을 쉬심과 같이 그도 자기의 일을 쉬느니라"(히 4:9-10)

주님이 다시 오시는 날, 우리 몸은 부활할 것입니다. 그리고 주님과 함께 영원한 하나님의 안식으로 들어갈 것입니다. 이로써 창 2:3에 숨겨진 안식의 언약이 종료되는 것입니다. 그러므로 우리의 예배는 다시 오실 그리스도를 기다리는 것입니다.

그러므로 이 주일은 아주 중요한 날입니다. 주일은 일주일 중의 하루가 아닙니다. 오히려 일주일의 중심입니다. 주일에 우리는 일주일을 사는 힘과 능력을 얻습니다. 그리고 일주일을 살아가는 삶의 의미와 목적을 찾는 것입니다.

그러므로 우리가 주일을 제대로 지키지 못하면 방황하게 됩니다. 오늘날 유럽의 교회들이 죽어가는 것은 주일을 잃었기 때문입니다. 주일예배에 교회가 텅텅 비어가고 있습니다. 그들에게 주일은 그저 쉬는 일요일에 불과합니다. 하나님을 만나고 예배하는 날이 아닙니다.

그러나 주일을 잃으면, 결국 모든 것을 잃게 됩니다. 우리는 그렇게 해서는 안 됩니다. 유럽교회를 타산지석으로 삼아서 주일을 철저히 지킵시다. 우리 자녀들에게 주일 교육을 철저히 해서 주일의 전통을 이어가게 합시다. 주일예배를 사랑합시다. 모이기를 힘씁시다! 이 거룩한 축복의 날! 이 날의 예배를 통해 세상을 이기는 힘을 얻게 되기를 바랍니다.

(2016년 2월 14일)

거룩한 책임감

"만물이 그에게서 창조되되 하늘과 땅에서 보이는 것들과 보이지 않는 것들과 혹은 왕권들이나 주권들이나 통치자들이나 권세들이나 만물이 다 그로 말미암고 그를 위하여 창조되었고 또한 그가 만물보다 먼저 계시고 만물이 그 안에 함께 섰느니라 그는 몸인 교회의 머리시라 그가 근본이시요 죽은 자들 가운데서 먼저 나신이시니 이는 친히 만물의 으뜸이 되려 하심이요 아버지께서는 모든 충만으로 예수 안에 거하게 하시고 그의 십자가의 피로 화평을 이루사 만물 곧 땅에 있는 것들이나 하늘에 있는 것들이 그로 말미암아 자기와 화목하게 되기를 기뻐하심이라 전에 악한 행실로 멀리 떠나 마음으로 원수가 되었던 너희를 이제는 그의 육체의 죽음으로 말미암아 화목하게 하사 너희를 거룩하고 흠 없고 책망할 것이 없는 자로 그 앞에 세우고자 하셨으니 만일 너희가 믿음에 거하고 터 위에 굳게 서서 너희 들은 바 복음의 소망에서 흔들리지 아니하면 그리하리라 이 복음은 천하 만민에게 전파된 바요 나 바울은 이 복음의 일꾼이 되었노라 나는 이제 너희를 위하여 받는 괴로움을 기뻐하고 그리스도의 남은 고난을 그의 몸된 교회를 위하여 내 육체에 채우노라 내가 교회의 일꾼 된 것은 하나님이 너희를 위하여 내게 주신 직분을 따라 하나님의 말씀을 이루려 함이니라 (골 1:16-25)

몇 년 전에 일간지에 실린 에피소드입니다. 회사 내의 박과장이라는 인기 없는 선배에 대한 글입니다. 원래 후배들에게 인기 있는 선배는 후배들을 변호해주고, 당당한 태도로 할 말 다 하면서, 자신감 넘치는 목소리를 가진 사람입니다.

그런데 박과장은 지나칠 정도로 윗사람에게 저자세였습니다. 상사가 모욕적인 질책할 때, 잘못이 없음에도 그저 "예, 예"라며 고개 숙여 사과부터 하고, 부당하고 과중한 업무 지시를 받아도 군소리 없이 야근합니다. 이런 예스맨이니 상사들 보기에는 더할 나위 없는 충복이지만, 후배들에게는 "저렇게는 살지 말자"를 다짐하게 하는 서글픔의 아이콘이었습니다.

그런데 이 글 쓴 이가 어느 주말에 KTX를 탔습니다. 마침 가운데 가족석에 꼬마들이 시끄럽게 떠들어서 보니, 뜻밖에도 박과장 가족이었습니다. 4명이 앉는 좌석에 4명의 아이들과 부부 모두 6명이 비좁게 앉아 있었습니다. 그가 네 아이의 아버지임을 처음 알았습니다. 막내를 품에 안고, 옆에 앉은 큰아이에게 자상하게 구구단 문제를 내던 박과장은 기차가 출발하자마자 이내 곯아떨어졌습니다. 얼마 뒤 아이들은 아빠를 깨우겠다고 "아빠 힘내세요, 우리가 있잖아요"를 합창하는데, 사람들은 짜증내기보다는 이 예쁜 가족의 모습에 미소를 짓고 있었습니다.

주말이 끝나고 회사에서 다시 본 박과장은 여전히 상사의 지시에 "예, 알겠습니다"를 남발하며 분주히 뛰어다니고 있었습니다. 그런데 이 과장의 모습이 이전처럼 비굴하거나 서글퍼 보이는 것이 아니라, 토끼 같은 아이 넷을 키우는 한 위대한 가장의 모습으로 보였습니다. 공감이 가지 않습니까?

이 글을 읽으면서 떠오르는 단어가 있었는데, 바로 책임감이었습니다. 한 아내의 남편, 네 아이의 아버지로서의 책임감, 가족을 지키고 행복하게 해주어야 한다는 책임감이 직장에서의 수많은 비굴함과 억울함을 끌어안고 살게 하는 것이었습니다.

그러고 보면 책임이라는 것은, 세상을 보존하고 유지해 가는 열쇠라는 생각이 듭니다. 지금도 자기자리에서 책임감을 갖고 맡겨진 일을 성실히 해나가는 한 사람 한 사람들을 통해, 가정이나 직장, 국가나 교회 공동체가 유지됩니다. 그들은 박과장처럼 때로 하고 싶은 말도 참고, 하기 싫은 일도 맡아서 하면서 그 자리를 지키고 있을 것입니다.

사람뿐만이 아닙니다. 짐승도 그렇지 않습니까? 자기가 낳은 새끼가 스스로 설 때까지 보호해주고 먹여주고 훈련시키는 어미의 책임의식이 없다면 그 종들이 보존될 수 있겠습니까? 이 창조세계는 피조물 속에 심겨져 있는 책임감에 의해서 보존되는 것입니다.

그렇다면 그 책임감은 어디서 온 것입니까? 책임의 근원은 어디입니까? 바로 창조주 하나님과 그의 아들 예수 그리스도, 그리고 성령 즉 삼위일체 하나님입니다.

물론 오늘 이 성경은 기독론적인 관점에서 예수 그리스도를 창조와 구원의 주체로 기술하고 있지만, 성경 전체를 볼 때에 창조와 구원의 주체는 삼위일체 하나님입니다.

이 하나님이 하늘과 땅에서 보이는 것들과 보이지 않는 만물을 만드셨습니다. 특별히 그 중심에 인간이 있습니다. 하나님은 인간을 다른 피조물과 달리 자기 형상을 따라 만들고 만물을 다스리게 하셨습니다. 또 창조세계를 보존하시기 위해 권세를 허락하고 통치자를 세우셨습니다. 이것이 16~17절의 말씀입니다.

이처럼 하나님과 하나 되어 자유롭고 생명이 충만했던 만물은 죄로 말미암아 하나님으로부터 분리되면서 비참한 존재가 되었습니다. 먼저 우리 인간부터 죄와 사망의 종이 되어 심판과 영원한 멸망을 받을 처지에 놓여졌습니다. 다른 피조물 역시 허무한데 굴복하고 썩어짐의 종노 릇하며 고통을 겪으면서 탄식하고 있습니다.

하나님은 이렇게 오염되고 더러워진 세상을 버리거나 포기하지 않으 셨습니다. 도리어 그 세상을 사랑하셔서 그것을 구원하시기 위해 최선 을 다하셨습니다.

예를 들어, 방바닥을 급히 닦아 더러워진 행주를 생각해보십시오. 그것을 다시 식탁 위에 올려놓겠습니까? 버릴 것입니다. '그까짓 행주 쯤' 하면서 말입니다. 그러나 하나님은 그것을 버리지 않고 빨고 또 빨 아 아주 깨끗하게 만들어 또 쓰십니다. 성경전체는 바로 이것, 하나님의 창조물에 대한 거룩한 책임감에 대한 이야기입니다.

이를 위해 하나님은 독생자를 내주셨습니다. 예수 그리스도는 종의 형체로 세상에 오셨고, 마침내 십자가에서 죽으셨습니다. 이 희생제사 로 인해 먼저 인간부터 죄에서 완전히 속량되고 하나님과 화목하게 되 었습니다. 21-22절이 그것을 말해줍니다. "전에 악한 행실로 멀리 떠나 마 음으로 원수가 되었던 너희를 이제는 그의 육체의 죽음으로 말미암아 화목하 게 하사 너희를 거룩하고 흠 없고 책망할 것이 없는 자로 그 앞에 세우고자 하 셨으니"

인간만이 아닙니다. 십자가의 피는 모든 피조물로 하여금 썩어짐의 종노릇 한데서 해방되어 다시 하나님과 화목케 되는 길을 열어주었습니 다. "그의 십자가의 피로 화평을 이루사 만물 곧 땅에 있는 것들이나 하늘에 있는 것들이 그로 말미암아 자기와 화목하게 되기를 기뻐하심이라"(20) 만물 이 하나님과 화목하게 되는 것입니다.

여기 화해라는 말이 중요합니다. 죄로 인해 하나님과 분리되었던 세 상 만물이 그리스도로 말미암아 하나님과 화목하게 되고, 마지막에는 하나님 안에서 통일되는 것입니다. 이것이 하나님의 뜻이고 경륜입니다.

우리는 이처럼 자신의 창조세계에 대해 철저히 책임지시는 하나님과 주 예수 그리스도를 믿고 따르는 자들입니다. 그러므로 누구보다도 책임감 있는 사람이 되어야 합니다.

이 화해의 사역은 지금도 진행 중에 있습니다. 예수의 이름으로 오신 성령께서 주님이 다시 오시는 그 날까지 이 화목케 하는 일을 계속하실 것입니다. 하시되, 우리와 함께, 우리를 통해서 하십니다. 우리는 그 책임을 맡은 자들입니다.

본회퍼는 이 화해의 사역이 4개의 영역에서 이루어진다고 말했습니다. 교회와 가정과 직장과 국가입니다. 하나님이 우리를 그곳에서 화해의 증인으로 살도록 하시는 것입니다.

특별히 복음증거의 사역과 교회사역은 다른 세 개의 영역, 가정과 직장과 국가에서 우리가 거룩한 책임을 올바르게 감당할 수 있게 해주는 사역입니다. 그러므로 이것은 본질적이고 근본적인 사역입니다. 오늘은 이 두 가지에 대해 나누어봅시다.

첫째, 우리에게는 복음전파의 책임이 있습니다.

하나님과 원수 된 사람들이 어떻게 하나님의 사랑을 받는 자로 바뀌어 질 수 있을까요? 다른 것이 없습니다. 먼저 23절에서 말하듯이 이 십자가 복음을 듣고 믿는 것입니다. "만일 너희가 믿음에 거하고 터 위에 굳게 서서 너희 들은 바 복음의 소망에서 흔들리지 아니하면 그리하리라"(23)

듣지 않으면 어떻게 믿을 수 있겠습니까? 전하지 않으면 어떻게 듣겠습니까? 그러므로 복음전파야말로 우리에게 첫 번째로 주어진 거룩한 책임입니다. 여러분, 가정에서 직장에서 학교에서 사회에서 복음 전하는 일을 항상 힘쓰십시오. 때를 얻든지 못 얻든지 전합시다. 혼자서하기 어려우면 교우들이 팀을 이루어 함께 전도합시다.

아울러 선교에 힘을 씁시다. 선교사를 보내고 지원하고, 가능하다면 선교지를 방문해서 선교에 직접 동참합시다. 우리가 해야 합니다. 나의 일입니다. 이 거룩한 책임감으로 복음을 전하는 일에 힘을 다하기를 바랍니다!

둘째, 우리에게는 지역교회를 세우는 책임이 있습니다.

화해의 사역을 위해 주님은 이 땅에 교회를 세우셨습니다. 18절에서 주님과 교회의 관계를 이렇게 설명합니다. "그는 몸인 교회의 머리시라" 주께서 머리로 계시는 교회는 어두운 세상의 빛이며, 썩어져가는 세상의 소금입니다. 다시 말해 교회야말로 세상을 구원하고 섬기는 축복의 통로입니다.

건강한 지역교회 속에서 교인들이 바르게 양육되면, 그들이 속한 가정과 직장과 국가가 그들을 통해서 올바른 섬김을 받게 됩니다. 반면에 교회가 병들어 교회로서의 기능을 못하게 되면, 세상을 위한 교회가 될 수가 없습니다.

그러므로 우리는 다른 무엇보다도 교회에 대한 거룩한 책임감을 가져야 합니다. 바울이 본을 보이고 있습니다. "나는 이제 너희를 위하여 받는 괴로움을 기뻐하고 그리스도의 남은 고난을 그의 몸된 교회를 위하여 내 육체에 채우노라 내가 교회의 일꾼 된 것은 하나님이 너희를 위하여 내게 주신 직분을 따라 하나님의 말씀을 이루려 함이니라"(24 −25)

쉽게 말하면 이런 뜻입니다. "하나님은 나를 말씀으로 교회를 섬기도록 사역자로 세우셨습니다. 그런데 교회의 사역에는 많은 수고와 헌신이 요구되고 괴로운 일도 있게 마련입니다. 나는 교인들을 위해 이런 괴로움을 기쁘게 감당하겠습니다. 그리고 교회 일을 하면서 겪는 고난은, 주님이 남기신 고난으로 여기고 기꺼이 감수하겠습니다." 이처럼 바울은 교회에 대한 거룩한 책임감에 사로잡힌 사람이었습니다.

교회는 그야말로 복음의 전초기지입니다. 이 교회에서 하나님을 만나고 신뢰하고 사귀는 길을 가르쳐줍니다. 하나님의 군사들이 치료받고 회복됩니다. 이들을 말씀으로 가르치고 훈련하고 성장시킵니다. 이렇게해서 세상으로 다시 파송합니다. 이런 사역을 감당하는 교회를 사랑하고 잘 섬겨야 합니다. 교회는 한 두 사람이 세워가는 것이 아닙니다. 우리 각자가 하나의 벽돌들이 되어 교회를 이루어가는 것입니다.

성령은 우리 각 사람에게 은사와 직임을 주십니다. 우리는 그것을 갖고 다른 지체를 섬기는 것입니다. 이 예배를 생각해보십시오. 수많은 사람들이 각자 자기 영역에서 최선을 다해서 준비합니다. 그러기에 이 예배는 관현악단의 연주처럼 하모니를 이루어 하나님을 영화롭게 하는 것입니다.

이와 같이 우리 모두에게는 각각 하나님으로부터 세움 받은 자리가 있고 사역이 있습니다. 가르치는 자는 가르치는 일을, 섬기는 자는 섬기는 일을, 다스리는 자는 다스리는 일을 신실하게 하는 것입니다. 어떤 이는 어린 신자를 보호하고 양육하며, 연약한 자를 격려하고, 규모 없는 자를 권면할 것입니다. 이처럼 우리 모두는 교회 안에서 크건 작건 사역을 해야 합니다.

또한 교회의 회원들은 모두 재정에 대한 책임을 갖고 있습니다. 헌금은 하나님께 감사와 헌신을 표하는 것만이 아닙니다. 이 헌금은 교회공동체를 세우기 위한 책임에서 하는 것이기도 합니다.

교회는 교인들의 헌금을 갖고 목회자나 직원들이 사역에 전념할 수 있도록 생활비를 제공하고, 예배당을 비롯해 교육과 교제를 위한 물리적인 공간을 만들어가고, 전도하고 선교하고, 어려운 사람을 구제하고, 우리가 못하는 사역을 하는 외부 기관을 도와줍니다. 다시 말해서, 세상과 화목하려는 하나님의 뜻을 이루어 가는 일에 재정은 반드시 필요합니다.

그러므로 교회의 지체된 우리는 억지나 강요가 아니라, 거룩한 책임감을 갖고 자원하여 즐거이 헌금해야 합니다. 바울은 고후 9:7에서 헌금에 대한 이런 자세를 가르치고 있습니다. "각각 그 마음에 정한 대로 할 것이요 인색함으로나 억지로 하지 말지니 하나님은 즐겨 내는 자를 사랑하시느니라"

그리고 그 책임은 공평하게 나누어져야 합니다. 재물이 많은 성도는 더 많은 재정적인 책임을 감당하고, 재물이 적은 사람은 적게 감당하는 것입니다. 이것이 공평한 것입니다. 그러므로 구제 받을 만큼 가난한 분이 아닌 한, 진정 예수를 믿는 교인이라면 자신의 능력에 합당하게 헌금을 해야 합니다. 이것이 우리의 거룩한 책임감입니다.

그 외에도 좋은 교회를 세워가기 위해서 우리 모두는 세심하게 생각하며 노력해야 합니다. 교회의 질서를 존중해야 합니다. 교회의 지도자들을 귀히 여기고 순종해야 합니다. 교회공동체에 상처를 입히는 일을 하지 말아야 합니다. 우리의 게으름으로 교회가 무기력하게 되지 않도록 해야 합니다.

바울이 말한 바대로, 교회를 섬기는 데는 많은 어려움이 있습니다. 그러므로 수고와 노력이 필요하고 헌신과 희생이 요구됩니다. 괴로운 일이나 힘든 일도 찾아옵니다.

그럴 때, 뒤로 물러서거나 도망가면 안 됩니다. 그것은 책임 없는 것입니다. 교회 사역을 할 때 겪는 고난을 그리스도께서 남기신 고난으로 여기고 기꺼이 감당해야 합니다. 감사함으로 받고 인내로 이겨내야 합니다.

사랑하는 성도 여러분, 복음을 전합시다. 그리고 교회를 사랑하고 바르게 잘 세워갑시다. 이 거룩한 책임감을 지고 가기를 바랍니다!

(2018년 6월 3일)

언약의 공동체

저 첫 언약이 무흠하였더라면 둘째 것을 요구할 일이 없었으려니와 그들의 잘못을 지적하여 말씀하시되 주께서 이르시되 볼지어다 날이 이르리니 내가 이스라엘 집과 유다 집과 더불어 새 언약을 맺으리라 또 주께서 이르시기를 이 언약은 내가 그들의 열조의 손을 잡고 애굽 땅에서 인도하여 내던 날에 그들과 맺은 언약과 같지 아니하도다 그들은 내 언약 안에 머물러 있지 아니하므로 내가 그들을 돌보지 아니하였노라 또 주께서 이르시되 그 날 후에 내가 이스라엘 집과 맺을 언약은 이것이니 내 법을 그들의 생각에 두고 그들의 마음에 이것을 기록하리라 나는 그들에게 하나님이 되고 그들은 내게 백성이 되리라 또 각각 자기 나라 사람과 각각 자기 형제를 가르쳐 이르기를 주를 알라 하지 아니할 것은 그들이 작은 자로부터 큰 자까지 다 나를 앎이라 내가 그들의 불의를 긍휼히 여기고 그들의 죄를 다시 기억하지 아니하리라 하셨느니라 새 언약이라 말씀하셨으매 첫 것은 낡아지게 하신 것이니 낡아지고 쇠하는 것은 없어져 가는 것이니라(히8:7~13)

성경을 크게 둘로 나눈다면, 구약(옛 언약)과 신약(새 언약)입니다. 이 언약이 성경의 주제입니다. 처음에 주어진 언약이 있었는데 그것이 폐기되면서 새 언약이 주어진 것입니다. 이에 대한 부연설명이 오늘 성경에 나옵니다. 8~12절에 인용된 말씀(렘 31:31~34)을 중심으로 그 앞과 뒤의 말씀이 그 내용입니다.

"저 첫 언약이 무흠하였더라면 둘째 것을 요구할 일이 없었으려니와"(7)

"새 언약이라 말씀하셨으매 첫 것은 낡아지게 하신 것이니 낡아지고 쇠하는 것은 없어져 가는 것이니라"(13)

이것은 우선 하나님과 사람의 관계에서 언약이 얼마나 중요한가를 보여줍니다. 사람만이 아닙니다. 하나님의 창조세계는 모두 언약의 틀 안에 있습니다.

오늘 이 말씀 가운데서 먼저 하나님과 우리 사이의 언약에 주목하고, 그 다음에 삶의 모든 영역에서 이 언약신앙을 어떻게 적용할 것인가를 생각해봅시다.

언약은 히브리어로 '베리트', 헬라어로 '디아데케'인데, 그 의미는 우리가 흔히 생각하는 '약속'(promise)보다는 '계약'(covenant)이란 것에 더 가깝습니다.

아빠가 아이에게 약속합니다. "이번 생일에 자전거 사줄게!" 이것은 아무 조건이 없이 일방적으로 주는 약속입니다. 그러나 계약은 다릅니다. 어느 한쪽이 아닌 상호 간의 약속입니다.

요즘 우리 사회에서는 계약이라는 것이 점차로 일상화되고 있습니다. 예전에는 회사가 나를 일방적으로 고용해주었다고 생각했지만, 이제는 피차간에 고용계약을 맺는 것으로 이해합니다. 그래서 근로자가 고용조건이 담긴 고용계약서에 동의해야 비로소 고용계약이 성립되고 일을 할 수 있게 됩니다.

집을 사고팔 때도 미리 계약금을 걸고 매매 계약을 합니다. 만약에 어느 쪽에서 계약을 파기하면 위약금을 물어야 합니다. 여행예약을 했다가 취소해도 위약금을 물게 됩니다. 서양에서는 오래전부터 일상화된 계약문화에 이제 우리도 점점 익숙해져 가고 있습니다.

그런데 그런 계약의 역사는 맨먼저 하나님으로부터 시작되었습니다.

하나님은 인간들과 계약하시는 분이셨습니다. 아담, 노아, 그리고 아브라함과 계약하셨습니다. 그러나 성경이 말하는 첫 언약 즉 옛 언약은 이스라엘과의 계약입니다. "또 주께서 이르시기를 이 언약은 내가 그들의 열조의 손을 잡고 애굽 땅에서 인도하여 내던 날에 그들과 맺은 언약과 같지 아니하도다"(9a)

그 계약의 내용은 무엇입니까? "너희를 내 백성으로 삼고 나는 너희의 하나님이 되리니"(출 6:7a) 이것입니다. 이것은 모세오경에서 계속 반복됩니다. "나는 너희 중에 행하여 너희의 하나님이 되고 너희는 내 백성이 될 것이니라"(레 26:12) 이 계약은 예레미야를 통해서도 주어졌습니다.

그리고 이것은 여기 히브리서에 인용된 새 계약의 핵심이기도 합니다. (10) "또 주께서 이르시되 그 날 후에 내가 이스라엘 집과 맺을 언약은 이것이니 내 법을 그들의 생각에 두고 그들의 마음에 이것을 기록하리라 나는 그들에게 하나님이 되고 그들은 내게 백성이 되리라"

아울러 바울도 이것을 인용했습니다. "이와 같이 하나님께서 이르시되 내가 그들 가운데 거하며 두루 행하여 나는 그들의 하나님이 되고 그들은 나의 백성이 되리라"(고후 6:16)

그러므로 하나님의 계약은 구약과 신약에서 이스라엘과 그리스도인들 모두에게 공통된 것입니다. "나는 너희의 하나님이 되고 너희는 나의 백성이 된다." 이것입니다.

그런데 문제는, 첫 번째의 계약이 파기 된 것입니다. "그들은 내 언약 안에 머물러 있지 아니하므로 내가 그들을 돌보지 아니하였노라"(9b) 이스라엘이 계약에 성실하지 못했습니다. "이는 하나님께 향하는 그들의 마음이 정함이 없으며 그의 언약에 성실하지 아니하였음이로다"(시 78:37)

쉽게 말하면 이들이 계약위반을 했는데, 도대체 어떻게 계약위반을 했다는 것입니까? 이스라엘은 하나님의 백성이 되기 위해 하나님이 주신 율법을 지켜야 했습니다. 그 계약의 징표로서 모든 남자들은 태어난 지 팔 일만에 할례를 받아야만 했습니다. 할례는 율법을 철저히 지키면서 이 언약공동체 안에 거하겠다는 의식이었습니다.

그럼에도 불구하고 이스라엘은 율법을 지키지 못했습니다. 왜 그럴까요? 이미 죄로 오염된 육신은 율법을 지킬 힘이 없었기 때문입니다. 지킬 힘이 없는 사람에게 주어진 법은 아무 도움이 되지 못했습니다.

그래서 하나님은 다른 방법을 쓰셨습니다. "율법이 육신으로 말미암아 연약하여 할 수 없는 그것을 하나님은 하시나니 곧 죄로 말미암아 자기 아들을 죄 있는 육신의 모양으로 보내어 육신에 죄를 정하사 육신을 따르지 않고 그 영을 따라 행하는 우리에게 율법의 요구가 이루어지게 하려 하심이니라"(롬 8:3-4)

이제 율법 대신 자기 아들을 육신으로 보내셨습니다. 그리고 인간내면에 깊이 뿌리내린 죄를 그 아들에게 옮기셨습니다. 그 모든 죄를 대신지신 예수 그리스도는 십자가에서 대속의 죽음을 통해 죄를 도말하셨습니다.

그러면서 하나님은 우리와 새 계약을 세우셨습니다. 그 계약의 핵심은 3가지인데, 첫째는 그의 법을 우리 마음에 기록하셨다는 것입니다. "또 주께서 이르시되 그 날 후에 내가 이스라엘 집과 맺을 언약은 이것이니 내 법을 그들의 생각에 두고 그들의 마음에 이것을 기록하리라"(10)

이를 위해서 먼저 우리 속에 성령을 부어주셨습니다. "내가 그들에게 한 마음을 주고 그 속에 새 영을 주며 그 몸에서 돌 같은 마음을 제거하고 살처럼 부드러운 마음을 주어 내 율례를 따르며 내 규례를 지켜 행하게 하리니 그들은 내 백성이 되고 나는 그들의 하나님이 되리라"(겔 11:19-20)

둘째는 하나님을 알게 하셨다는 것입니다. "또 각각 자기 나라 사람과 각각 자기 형제를 가르쳐 이르기를 주를 알라 하지 아니할 것은 그들이 작은 자로부터 큰 자까지 다 나를 앎이라"(11)

우리 속에 임한 성령이 친히 우리를 진리 가운데로 인도하시는 것입니다. "너희는 주께 받은 바 기름 부음이 너희 안에 거하나니 아무도 너희를 가르칠 필요가 없고 오직 그의 기름 부음이 모든 것을 너희에게 가르치며 또 참되고 거짓이 없으니 너희를 가르치신 그대로 주 안에 거하라"(요일 2:27)

셋째는 우리의 죄를 기억하지않으신다는 것입니다. "내가 그들의 불의를 긍휼히 여기고 그들의 죄를 다시 기억하지 아니하리라 하셨느니라"(12) 이것은 완전한 속죄입니다. 구약에서처럼 죄를 위한 제사를 반복해서 드릴 필요가 없습니다. 예수님이 완전한 제사를 드리심으로써 죄가 단번에 영원히 사해지게 된 것입니다.

하나님이 우리와 맺은 계약의 내용은, 하나님이 우리 하나님이 되고 우리가 그의 백성이 되는 것입니다. 옛 언약의 경우 우리의 행위가 바로 그 계약이 유지되기 위한 조건이었습니다. 우리가 율법을 철저히 지키고 의롭게 살아야 했습니다.

그러나 새 언약은 다릅니다. 하나님이 모든 것을 다 하셨습니다. 아들을 보내어 우리 죄를 사하시고, 성령을 부어 하나님을 알게 하시고, 우리의 마음을 변화시켜 그의 계명을 지킬 수 있게 하셨습니다. 그야말로 은혜입니다. 그러므로 새 언약은 은혜의 언약입니다.

그렇다면 이 새 언약의 조건은 무엇입니까? 믿음입니다. 누구든지 믿으면, 하나님의 백성이 되고 그리스도 안에 거하는 것입니다. 이스라엘이 율법공동체였다면, 교회는 믿음공동체입니다.

새 언약의 경우 옛 언약과 달리 하나님과 우리의 계약은 결코 끊어지지 않습니다. 그것은 우리의 행위나 노력에 의해서 유지되는 것이 아니라, 하나님의 신실하심에 의해 유지되기 때문입니다. 우리를 그의 백성으로 삼으신 하나님은 미쁘신 분입니다. 그리고 우리는 그 하나님을 믿는 것입니다.

그를 믿는 한, 우리는 그가 끝까지 책임지시는 그의 백성입니다. 여러분, 어떤 상황에서도 하나님과 그의 아들 예수 그리스도를 믿는 믿음을 붙들고 그의 언약 안에 거하기를 바랍니다.

이 계약신앙은 그 다음 단계로 모든 삶의 영역에 적용됩니다. 여기 히브리서에 인용된 것 중에 빠진 것이 있습니다. [렘 31:32] "내가 그들의 남편이 되었어도 그들이 내 언약을 깨뜨렸음이라" 하나님은 그의 언약을 마치 결혼서약처럼 여기셨습니다.

이러한 관점에서, 먼저 하나님이 최초로 세우신 가정공동체를 생각해봅시다. 결혼식에는 서약이 반드시 있습니다. 가정은 죽을 때까지 서로에게 충실하겠다는 이 남편과 아내의 계약 위에 세워지는 것입니다.

하나님이 허락하신 국가도 마찬가지입니다. 주권을 가진 국민이 권력자를 선출하여 그에게 통치권을 위임하는 것은, 상호 간의 암묵적인 계약에 근거하는 것입니다.

무엇보다도 그리스도의 몸 된 교회는 이 계약신앙에 근거한 공동체입니다. 교회는 예수 그리스도를 믿음으로써 하나님의 백성이 된 자들의 공동체입니다. 그 지체를 한 사람 한 사람은 하나님과 계약관계에 있으면서 동시에 공동체와도 계약관계에 있는 것입니다.

과거 이스라엘에 쿰란파가 있었습니다. 그들은 사해 근처 광야에서 공동체 생활을 했습니다. 이 공동체의 구성원이 되기 위해서는 먼저 일정기간 공동체 생활을 해야 합니다. 그후 자격이 인정될 때 비로서 입교

의식을 갖습니다. 그들은 이것을 "다마스커스 땅으로 들어가는 새 계약"이라 표현했습니다. 새 회원은 사유재산을 포기하고 공동체 규율에 따를 것을 서약하면서 세례를 받았습니다. 그러면 그는 쿰란의 멤버가 되는 것입니다.

오늘날 교회는 이 언약공동체라는 의미를 간과하고 있습니다. 이 의미를 생각한다면, 누군가가 교회의 지체가 된다는 것이 그렇게 단순한 일이 아닙니다. 어쩌면 우리나라에서 교회의 회원이 되는 것은 세상의 무슨 클럽에 가입하거나 취미단체에 들어가는 것보다 더 쉬울 수 있습니다.

그러다보니 교회의 정체성이 훼손되며, 공동체성이 약화되고 심지어 이단이 손쉽게 침투해 교회가 어려움 겪기도 합니다.

이제 독일에서 있었던 저의 경험을 다시 말해보겠습니다. 논문을 마무리하는데 집중하다보니 목양에 한계가 느껴졌고, 그래서 사임하게 되었습니다. 우리 가족은 신앙을 공유할 수 있는 독일교회를 찾았습니다. OM 선교단체 출신의 목사님이 목회하시며 매 주일 50여 명이 모여 예배드리는 작은 교회를 나가게 되었습니다.

그곳에서 세 번 정도 주일예배를 드린 후에 등록을 결심하고, 장로님에게 그 뜻을 전했습니다. 그랬더니 어떻게 이렇게 빨리 교회 등록을 할 수 있느냐면서 의아해했습니다. 그래서 우리 한국교회는 방문한 첫 주일에 등록하기도 한다 했더니 더 많이 놀랐습니다. 그리고 자신들은 등록을 그렇게 쉽게 받지 않는다고 했습니다. 먼저 목사님과 장로님 두 분이 우리 집을 방문해서 면담을 했습니다.

그들은 우리가 그 교회의 회원이 될 자격이 있는가를 알고 싶어 했습니다. 그래서 먼저 신앙 간증과 고백을 물었습니다. 제가 바로 옆 도시에 자신들보다 큰 교회에서 9년 가까이 목회를 한 목사라고 말했음에도 불구하고 대답을 요구했습니다. 우리 가족은 차례로 어떻게 예수를 믿게 되었고, 예수를 누구로 고백하는지 새 신자처럼 말했습니다. 그들은 자신들의 신앙과 동일하다며 기뻐했습니다.

그런 다음, 교회에 등록해서 회원이 되면, 우리가 무엇을 할 수 있고 또 해야 하는지를 가르쳐주었습니다. 회원의 권리와 의무를 가르쳐주는 것입니다. 우리는 공동의회에 참여해서 교회의 살림에 관여할 수 있고, 교회 지도자를 선출할 수가 있다고 했습니다. 아울러 회원이 되면, 크건 작건 교회봉사를 함께 하고 재정적인 책임을 같이 짊어져야 한다고 했습니다. 이 모든 것이 기록된 서류에 우리 가족은 동의한다는 사인을 했습니다.

그런 뒤 식사하는 자리에서 장로님이 이런 양해를 구했습니다. "이런 절차가 여러분에게는 좀 생소할지 모르나, 우리는 교회에 많은 사람들이 들어오는 것보다, 같은 신앙을 가진 사람들과 함께 하는 것을 더 중요하게 여깁니다." 그 말을 듣고 나서 저는 오히려 지금까지 목회에 이런 것을 한 번도 하지 않았음에 부끄러웠습니다.

그 다음 주일예배 시간에 우리를 위한 열렬한 환영식이 있었습니다. 그리고 그해 연말에 공동의회가 있어서 참석을 했습니다. 그런데 식탁에 접시가 정확히 25개만 놓여있어서 깜짝 놀랐습니다. 매주 예배에 참석하는 50여 명 중 교회에 등록한 회원은 25명에 불과했던 것입니다. 그런데 누가 등록교인인지 모를 만큼 모두가 교회활동을 하고 있었습니다.

정말 저에게는 신선한 경험이었습니다. 꼭 같지는 않지만, 서양 교회들이 대체로 이런 마인드와 시스템을 갖고 있습니다. 그 밑바닥에는 계약신앙이 자리 잡고 있고, 일상생활에서 계약문화가 보편화되어 있기 때문입니다. 한국교회도 이제 교인 숫자를 불리는 데 관심을 가지기 보다는 교회의 본질과 정체성을 돌아보아야 할 때입니다.

교회에 등록한다는 것은 교회의 소중한 지체가 되는 것입니다. 이 교회가 지향하는 신앙에 공감하며 함께 그 신앙을 지켜가는 것입니다. 아울러 교회의 손님이 아니라 교회의 주체가 되어, 권리와 의무를 같이 나누면서 함께 교회를 만들어가고 세워가는 것입니다. 이런 책임의식 위에 서 있는 교인이야말로 진정한 교인이라고 할 수 있을 것입니다.

말씀을 정리하겠습니다. 미국에 교인이 150명 정도 되는 세이비어 교회가 있습니다. 그러나 이 150명 모두가 예외 없이 신실한 사역자들입니다. 그러다보니 온갖 큰 사역들을 이루어내면서 거대한 미국을 움직이는 가장 영향력 있는 교회가 되었습니다.

이 교회를 모범으로 삼은 워싱턴의 뉴커뮤니티교회는 그 교회 교인이 되기 위한 5가지 기본의무를 이렇게 명시하고 있습니다. 1) 뉴커뮤니티교회의 신앙선언에 명시된 교회의 신조를 받아들일 것 2) 뉴커뮤니키교회가 표방하는 소명과 비전을 지지할 것 3) 하나님과 서로와의 관계 속에서 성장할 것 4) 하나님이 주신 은사들을 다른 회원들과 나누면서 뉴커뮤니티 교회를 통해서 예수님 섬기는데 사용할 것 5) 물질적으로 헌신할 것 등입니다.

우리 하나님은 계약의 하나님이십니다. 계약을 맺으실 뿐 아니라, 그 계약을 신실하게 지키시는 미쁘신 하나님이십니다. 그것을 지키시기 위해 자기 아들도 희생하셨습니다.

그 은혜의 계약으로 인해 우리는 오직 믿음으로 값없이 그의 백성이 되었습니다. 이 신실하신 하나님을 본받아 먼저 하나님께 충실한 신자가 되고, 또 우리가 몸 담고 있는 어느 공동체에서나 책임의식을 갖고 주어진 계약을 충실히 지켜갑시다.

부부간에 사랑의 서약을 충실히 지킵시다. 직장과 국가도 마찬가지입니다. 특별히 그 무엇보다도 교회공동체에 대한 책임의식을 갖고, 교회를 사랑하고 교회를 건강하게 세워갑시다. 주어진 계약을 지키기 어려운 상황에서도 지키기 위해 노력합시다. 그래서 올 한해 어느 곳에서나 신실한 그리스도인으로 살아가길 바랍니다!

(2018년 1월 21일)

나의 전부가 되신 예수님

"형제들아 내가 당한 일이 도리어 복음 전파에 진전이 된 줄을 너희가 알기를 원하노라 이러므로 나의 매임이 그리스도 안에서 모든 시위대 안과 그 밖의 모든 사람에게 나타났으니 형제 중 다수가 나의 매임으로 말미암아 주 안에서 신뢰함으로 겁 없이 하나님의 말씀을 더욱 담대히 전하게 되었느니라 어떤 이들은 투기와 분쟁으로, 어떤 이들은 착한 뜻으로 그리스도를 전파하나니 이들은 내가 복음을 변증하기 위하여 세우심을 받은 줄 알고 사랑으로 하나 그들은 나의 매임에 괴로움을 더하게 할 줄로 생각하여 순수하지 못하게 다툼으로 그리스도를 전파하느니라 그러면 무엇이냐 겉치레로 하나 참으로 하나 무슨 방도로 하든지 전파되는 것은 그리스도니 이로써 나는 기뻐하고 또한 기뻐하리라 이것이 너희의 간구와 예수 그리스도의 성령의 도우심으로 나를 구원에 이르게 할 줄 아는 고로 나의 간절한 기대와 소망을 따라 아무 일에든지 부끄러워하지 아니하고 지금도 전과 같이 온전히 담대하여 살든지 죽든지 내 몸에서 그리스도가 존귀하게 되게 하려 하나니 이는 내게 사는 것이 그리스도니 죽는 것도 유익함이라"(빌 1:12-21)

나는 몇 주에 걸쳐서 '균형 잡힌 경건생활'에 대해서 설교하려고 합니다. '균형 잡힌 경건생활'이란 어떤 것일까요? 먼저 경건은 물과 성령으로 거듭나면서부터 시작됩니다. 그렇다면 경건이란 도대체 어떤 것이며, 경건의 궁극적인 목표는 무엇일까요? 먼저 이렇게 큰 방향부터 잡아야 합니다. 그렇지 않으면 경건이 그저 성경 읽고 기도하고 전도하는 것이라는 형식에 치우치기 쉽습니다.

경건을 쉽게 이해해봅시다. 청년들이 매주일 모여 예배드리고 소그룹활동을 합니다. 또 훈련도 받고, 봉사도 하면서 서로를 알고 가까워집니다. 그러면서 형제자매의 지체의식을 느낍니다. 그러나 그저 형제자매일 뿐입니다. 이들 중 혹시 누군가 다른 도시로 가게 되면, 아쉽긴 하지만 시간이 지나면 곧 잊게 됩니다. 왜냐하면 보통관계의 형제자매들은 서로가 서로에게 그저 삶의 아주 작은 한 부분만을 차지하고 있기 때문입니다.

그런데 같은 방향으로 전철을 타고 가는 형제와 자매가 있습니다. 대개 이런 경우 일이 일어납니다. 늘 같은 방향으로 가다보니 친해졌습니다. 그러던 어느 날 형제가 자매에게 서로 사귀자고 뎃쉬를 합니다. 그러면서 둘 사이에는 이제 평범한 형제자매가 아닌 특별한 관계가 시작됩니다.

시간이 가면서 사랑이 싹트고 사랑이 발전해갑니다. 매일 만나야 합니다. 안보면 보고 싶고, 만나면 헤어지기 싫어합니다. 형제의 마음은 온통 어떻게 하면 자매를 기쁘게 해줄 수 있을까 에만 가있습니다. 자매도 마찬가지입니다. 서로가 마음의 공간을 점점 더 차지해 갑니다.

자매는 형제에게 삶의 보물이 되었고, 형제는 자매에게 삶의 전부가 됩니다. 여기까지 오면 헤어지는 것은 상상하지 못합니다. 만일 어떤 연유로 헤어지게 되면 그 상처는 클 것입니다. 심장을 도려내는 아픔과 삶을 잃어버린 듯한 고통을 겪게 될 것입니다.

왜 연애 얘기를 할까요? 경건이 무엇인가를 이해하는데 이보다 좋은 것이 없기 때문입니다. 거듭나면서부터 우리와 예수님과의 관계는 시작되고 점차로 그 관계는 깊어갑니다. 예수님이 내 삶에 차지하는 비중이 점차로 커져갑니다. 그리고 마지막에는 예수님이 삶의 전부가 되는 것입니다. 이것이 경건입니다.

물론 대부분의 사람들에게 처음에는 예수님이 그저 삶의 한 부분에 불과합니다. 매주 예배는 꼬박꼬박 드립니다. 목장에도 나갑니다. 그러면서 교회나 목장에서 영성을 실감하기도 합니다. 그러나 많은 생활영역에서는 여전히 예수님과 상관없이 살아갑니다. 푼돈 가지고 싸우기도 하고, 운전하면서 욕도 내뱉습니다. 직장의 일이나, 학교에서의 학문도 예수님과 무관합니다. 교회에서는 믿음의 방식대로, 세상에서는 세상 방식대로 살아갑니다.

삶에서 크고 작은 결정을 내릴 때, 주님께 묻지 않을 뿐 아니라 주님이 그 결정을 기뻐하실까도 잘 생각지 않습니다. 물론 전에 없는 죄의식을 느끼기도 하고, 이래도 되나 하면서 고민하기도 하지만, 아직 부분적입니다.

주님은 아직 내 삶의 한 부분만을 차지하실 뿐입니다. 내가 많은 방문을 닫아두고 있기 때문입니다. 경건의 뿌리가 골고루 깊이 내리지 못했습니다. 만약 이런 시기에 큰 문제에 봉착하거나 시험에 들게 되면, 한때의 열정은 잃어버리고 공동체를 떠나가거나 멀리할 수도 있습니다.

그런데 믿음이 잘 자라면 달라집니다. 영적으로 성장하면서 그 마음의 공간, 그 삶의 공간을 예수님이 점점 더 많이 차지해 가는 것입니다. 어느 정도 되면 이제 예수를 떠난다는 것은 상상할 수 없다는 고백을 합니다. 그것은 종교를 잃어버리는 것이 아니라, 삶을 잃어버리는 것이기 때문입니다.

한 불신청년을 전도했습니다. 처음에는 외로우니까 교회 친구들과 어울리는 것이 좋아서 잘 나왔습니다. 그러다가 신앙을 가지게 되고 세례도 받았습니다. 그가 한번은 이런 말을 했습니다. "목사님 처음에 교회 나올 때 예수님은 사실 내 삶에 아주 작은 분이었습니다. 거의 영향을 미치지 못했습니다. 문제가 생겨도 그분과 의논하는 것은 생각지도 못했습니다. 그런데 그분이 내게 점점 크신 분으로 느껴지더군요." 이것이 바로 신앙이 무엇인가를 아는 것입니다.

그렇습니다. 내 삶 속에서 예수님이 커지는 것이 경건입니다. 교회에서 예배드리고, 성경 읽고 기도하고, 성경공부하고, 훈련받는 것은 경건의 모양입니다. 그 결과 내 속에서 예수님이 크신 분이 되고, 마지막에는 전부가 되는 것이 진정한 경건입니다.

그렇다면 그 예수가 전부가 된다는 것은 어떤 것일까요? 경건한 사람 바울에게서 이것을 배울 수 있습니다. 예수를 만나기 전 그에게도 예수는 아주 작은 분이었습니다. 가말리엘 교법사의 수제자인 바울에게 나사렛 촌 동네의 학벌 없는 예수가 눈에 들어왔겠습니까? 무슨 선한 것이 있다고 생각했겠습니까? 오히려 그를 이단의 괴수라 여겼습니다. 그래서 스데반을 돌로 쳐 죽이고, 그리스도인들을 박해했습니다. 바울에게서 예수는 없어져야 할 무가치하고 해악된 존재였습니다.

그러나 예수를 만나고 모든 것이 달라졌습니다. 물세례와 성령세례를 받자마자 그는 예수를 주라고 증거하면서 전도자의 길을 걸어갔습니다. 세 차례의 전도여행을 마친 후 그는 로마감옥에 갇히게 되었습니다. 그곳에서 순교하기 4~5년 전 이 빌립보서를 기록했습니다.

이렇게 오랜 세월 믿음의 길을 달려오면서, 그에게 일어난 변화의 핵심은 무엇일까요? 그것은 바울의 자기 고백 안에 들어있습니다. "나의 간절한 기대와 소망을 따라 아무 일에든지 부끄러워하지 아니하고 지금도 전과 같이 온전히 담대하여 살든지 죽든지 내 몸에서 그리스도가 존귀하게 되게 하려 하나니 이는 내게 사는 것이 그리스도니 죽는 것도 유익함이라"(20-21)

그는 20절에서 자신의 삶의 목적을 말하고, 21절에서 "이는" 이라는 접속사를 통해 그렇게 사는 이유 즉 근거에 대해 두 가지를 말하고 있습니다.

첫째, 예수가 곧 삶입니다.

거듭난다는 것은 삶의 근본이 바뀌는 것입니다. 우리의 옛사람이 십자가에 못 박히고, 그리스도와 함께 새사람이 살아나는 것입니다. 바울은 이것을 이렇게 표현했습니다. "내가 그리스도와 함께 십자가에 못 박혔나니 그런즉 이제는 내가 사는 것이 아니요 오직 내 안에 그리스도께서 사시는 것이라"(갈 2:20) 이 말을 오늘 성경에서는 이렇게 표현했습니다. "이는 내게 사는 것이 그리스도니 죽는 것도 유익함이라"(21)

이 말씀은 무슨 뜻일까요? 이것은 '그리스도가 내 몸 속에 사신다 또는 나와 동행 하신다'라고 볼 수도 있을 것입니다. 그러나 그 정도가 아닙니다. 그리스도가 내 삶 전체이고 삶 전체가 곧 그리스도임을 의미합니다. 호돈은 이렇게 표현합니다. "삶이 그리스도 안에서 요약된다" 나의 삶 전체가 그리스도로 채워져 있고 삶은 그리스도께 몰두해 있습니다. 나의 삶 전체가 그리스도에 의해 이루어지고, 그리스도를 위해 행해진다는 것입니다.

그러므로 죽는 것도 유익합니다. 마치 죽음에 대한 예찬처럼 들립니다. 때로 죽음을 고난의 탈출구로 생각하는 사람들도 있습니다. 그러나 바울이 죽음을 유익하다고 말한 것은 고통의 멍에를 벗어버리고 싶어서가 아니라, 주님과 보다 더 지속적이고 완전한 연합을 이루고 싶어 하는 열망이 있었기 때문입니다. 예수가 완전히 나의 전부가 되는 것입니다. 그러므로 죽음은 고난의 끝이 아니라, 도리어 이러한 소망의 실현이며 축복의 관문인 것입니다.

그리스도는 삶의 부분이 아닙니다. 삶 전체가 그리스도이고 그리스도가 곧 삶입니다.

둘째, 삶의 목적은 오직 예수 그리스도입니다.

우리는 하루를 살면서도 수많은 생각을 하고, 판단과 결정을 내리고 행동에 옮깁니다. 보통은 별 생각 없이 하지만, 찬찬히 이 모든 것의 동기나 목적을 살펴보면 대개 몇 가지로 요약할 수 있을 것입니다. 자기의 편안함, 자기 이익, 자기 명예, 자기의 소유, 자기의 미래, 이 "자기"라는 것이 중요합니다.

사도행전과 서신서를 보면, 바울도 많은 것을 결정하고 행동에 옮겼습니다. 예를 들면, 다른 곳과 달리 에베소에서는 2년 넘게 머무르기로 작정했습니다. 고린도교회에 책망의 편지를 썼습니다. 그는 되도록 고기를 먹지 않았습니다. 텐트 만드는 업을 하면서 교회에서 생활비를 받지 않았습니다. 또 어떤 때는 성도들이 보내준 돈을 받았습니다. 아내 없이 홀로 살았습니다. 분명 많은 고난이 있음을 알면서도 죽음을 무릅쓰고 예루살렘으로 갔습니다.

그가 이 모든 것을 할 때에 그 동기와 목적은 무엇이었을까요? "나의 간절한 기대와 소망을 따라 아무 일에든지 부끄러워하지 아니하고 지금도 전과 같이 온전히 담대하여 살든지 죽든지 내 몸에서 그리스도가 존귀하게 되게 하려 하나니"(20)

이 말씀 속에 그의 삶의 목적이 분명히 드러나 있습니다. "내 몸에서 그리스도가 존귀하게 되게 하려는 것"입니다. '내 몸에서'란 내 몸이 닿는 모든 곳 즉 모든 삶의 영역을 가리킵니다. 교회나 목장에서만이 아닙니다. 가정, 직장, 사회, 모든 삶의 영역에서 무슨 일을 계획하고 결정하고 추진할 때, 그 목적은 '내'가 아니라 '그리스도'가 존귀하게 되게 하려는 것이어야 합니다.

여기 '존귀히 되다'라는 동사는 본래 '옷에 달린 장식의 크기나 길이를 늘린다'는 뜻으로 '크게 만드는 것'을 의미합니다. 그러므로 바울에게 있어서 모든 행위의 동기와 목적은, 이 세상 속에서 십자가에 못 박히고 부활하신 그리스도를 크신 분으로 만드는 것, 그분의 명예, 그분의 영광, 그분을 높이는 바로 그것입니다.

어느 정도일까요? 우리는 여기에 사용된 "살든지 죽든지" 라는 말을 놓쳐서는 안 됩니다. 그 의미는 '전적으로, 모든 것을 총망라하여, 필사적으로, 목숨을 걸고' 그런 뜻입니다. 그러니까 필사적으로 목숨을 걸고 주님을 높이는 것이 삶의 목표입니다.

그 예가 여기 소개됩니다. 그는 감옥에 갇힌 것에 대해서 감사했습니다. 이것이 도리어 예수가 증거 되는 일에 큰 도움이 되었기 때문입니다. 어떤 전도자들 중에는 바울을 시기하고 미워하면서 그의 고통을 더하려는 의도로 열심히 전도합니다. 이런 사람이 있으면 참 마음 상할 것입니다. 분노가 일어날 것입니다. 그리고 속으로 이렇게 생각할 것입니다. "나쁜 사람 같으니라고, 그러고도 전도한다고, 전도는 고사하고 차라리 마음이나 곱게 먹지"

그러나 바울의 생각은 달랐습니다. "그러면 무엇이냐 겉치레로 하나 참으로 하나 무슨 방도로 하든지 전파되는 것은 그리스도니 이로써 나는 기뻐하고 또한 기뻐하리라"(18) 그는 이렇게 생각하는 것입니다. '비록 나는 밝히지만, 나는 고통 받지만, 이 모든 것을 통해 예수의 이름이 높아진다면 나는 기쁘고 기뻐하리라.' 예수 그리스도 그가 목적이었습니다. 그를 크신 분으로 높이고 존귀케 하는 것이 모든 삶의 목적이었습니다. 바울 자신 안에 사는 것이 그리스도이기 때문입니다.

예수가 나의 삶이라면, 어느 것 하나도 버리지 않고 예수 안에 담아야 합니다. 내년을 계획하는 것, 10년 뒤를 준비하는 것, 사업하는 것, 학문하는 것, 정치하는 것, 나라의 공무를 보는 것, 직장에서 맡겨진 일을 하는 것, 자녀를 교육시키는 것, 집을 가꾸고 가족들의 식사를 준비하는 것, 꽃을 심고 나무를 가꾸는 것, 친구를 만나는 것, 쉼과 휴가를 갖는 것, 명절을 보내는 것, 어느 것 하나도 예수 밖으로 흘려버릴 수 없습니다. 예수 밖에서 일어날 수 없습니다. 그것은 삶이 아닙니다. 아니 먹는 것, 마시는 순간조차 오직 우리 주님의 영광을 위해서 하는 것입니다. "나를 위해"가 아닙니다. 그분이 목적이고 그분이 전부입니다. 이것이 경건입니다.

우리가 그 예수를 전파하는 것은 무슨 사업이나 의무가 아닙니다. 일 년에 한번 새 생명 축제에 반짝 하는 그런 행사가 아닙니다.

예수를 세상에 전하는 것은 삶의 본질이고 전부입니다. 우리는 어디서나 누구에게나 예수를 자랑합니다. 그분의 십자가 때문에 내가 있고, 그분의 희생 때문에 내 삶이 있고 그가 곧 나의 삶이기 때문입니다. 그러므로 예수를 세상에 선포하고 자랑하고 높이는 것은 경건의 핵심입니다.

사랑하는 성도 여러분, 내게 사는 것이 그리스도니 죽는 것도 유익합니다. 그러므로 사나 죽으나 우리는 주의 것입니다. 예수 그리스도가 우리의 전부가 될 수 있기를 바랍니다!

(2012년 09월 23일)

하고 싶은 일 해야 할 일

"그들이 겟세마네라 하는 곳에 이르매 예수께서 제자들에게 이르시되 내가 기도할 동안에 너희는 여기 앉아 있으라 하시고 베드로와 야고보와 요한을 데리고 가실새 심히 놀라시며 슬퍼하사 말씀하시되 내 마음이 심히 고민하여 죽게 되었으니 너희는 여기 머물러 깨어 있으라 하시고 조금 나아가사 땅에 엎드리어 될 수 있는 대로 이 때가 자기에게서 지나가기를 구하여 이르시되 아빠 아버지여 아버지께는 모든 것이 가능하오니 이 잔을 내게서 옮기시옵소서 그러나 나의 원대로 마시옵고 아버지의 원대로 하옵소서 하시고 돌아오사 제자들이 자는 것을 보시고 베드로에게 말씀하시되 시몬아 자느냐 네가 한 시간도 깨어 있을 수 없더냐 시험에 들지 않게 깨어 있어 기도하라 마음에는 원이로되 육신이 약하도다 하시고 다시 나아가 동일한 말씀으로 기도하시고 다시 오사 보신즉 그들이 자니 이는 그들의 눈이 심히 피곤함이라 그들이 예수께 무엇으로 대답할 줄을 알지 못하더라 세 번째 오사 그들에게 이르시되 이제는 자고 쉬라 그만 되었다 때가 왔도다 보라 인자가 죄인의 손에 팔리느니라 일어나라 함께 가자 보라 나를 파는 자가 가까이 왔느니라"(막 14:32-42)

우리는 세상을 살아가면서 언제나 두 가지 일을 만나게 됩니다. 하나는 내가 하고 싶은 일입니다.(Wollen) 그것이 선하고 유익한 일인가를 떠나, 하면 즐겁고 당장의 행복을 가져다주는 일입니다. 우리의 육신은 이런 하고 싶은 일을 즐겨 좇아갑니다. 누가 강요하지 않아도 스스로 하게 됩니다. 그러나 누군가 하지 못하게 하면 괴로워합니다.

그런가 하면 해야 할 일이 있습니다. (Sollen) 그것이 재미있건 재미없건, 하고 싶건 하기 싫건, 내게 맡겨진 과제이고, 나의 책임이고 사명입니다.

내게 명령된 일, 맡겨진 사명이 하고 싶고 흥미 넘치는 일이면 그보다 더 좋은 것은 없을 것입니다. 자녀가 공부하는 것을 제일 재미있어하고, 남편이 출근해서 일하는 것을 행복해하고, 아내가 시댁 가는 것을 친정 가는 것 같이 좋아하고, 성도가 전도하는 것을 즐거운 일로 여긴다면 무엇이 문제겠습니까!

그러나 우리의 현실은 그렇지 않습니다. 많은 경우 우리가 해야 할 일과 하고 싶은 일이 다르다는 것입니다. 여기서 우리의 삶은 수많은 갈등을 갖게 됩니다. 세상사람 누구나 이 Wollen과 Sollen 사이에서 갈등하게 됩니다.

그런데 특별히 우리 신앙인들은 더욱 그러합니다. 우리 안에 거하시는 성령 하나님은 말씀을 통해서 그의 자녀들을 교훈하시고 책망하시고 바르게 하시고 의로 교육하십니다. "무릇 하나님의 영으로 인도함을 받는 사람은 곧 하나님의 아들이라"(롬 8:14)

그가 가라고 명하시는 길은 분명 의로운 길이고, 그 끝은 반드시 선한 결말이 기다리고 있습니다. 그러나 그것은 당장 우리의 육신의 취향과 맞지 않습니다. 한마디로 하고 싶지 않은 일입니다. 거스리기가 쉽습니다. 요나를 보십시오! 니느웨에 가서 말씀을 전하라는 명령을 받았지만 다시스로 도망갔습니다. 전혀 하고 싶지 않은 일이었기 때문입니다.

반대로 성령이 가지 말라고 명하시는 길이 있습니다. 그 길은 분명 나쁜 길이고, 필경 사망의 열매를 맺게 되어있습니다. 그러나 우리의 육신은 그것을 강력히 원합니다. 한번 마음이 꽂히면 그것을 끊고 돌이키는 것이 쉽지가 않습니다.

정도의 차이는 있지만, 여러분이나 저나 다 하고 싶은 일과 해서는 안 되는 일, 하고 싶지 않은 일과 해야 할 일 사이에서 자주 갈등을 느끼며 살아갑니다. 아주 작은 일로부터 일생을 좌우할 만큼 큰일에 이르기까지 우리는 이 갈등의 자리에 서게 됩니다.

그런데 바로 이 자리가 참 중요한 자리입니다. 여기가 바로 우리 신앙의 현주소입니다. 아무리 겉으로 경건해 보이는 사람도 이런 자리에서 자꾸 실패하면, 그는 무능한 외식자에 불과할 뿐입니다. 경건의 모양은 있지만, 경건의 능력은 없는 것입니다.

누구나 한번쯤은 여기서 실패를 경험합니다. 온전한 순종이란 참 어렵습니다. 이 자리에서 우리가 항상 생각해야 하는 성경의 장면이 있습니다. 바로 겟세마네 동산입니다. 내가 원하는 것과 하나님이 원하시는 것이 부딪힐 때 주님은 어떻게 하셨습니까?

다락방에서 유월절만찬을 마치신 뒤, 주님이 자주 쉬러 오셨던 이 겟세마네 동산까지 제자들은 함께 있었습니다. 조금 전 그 제자들은 죽는 자리까지 예수님과 함께 가겠다고 말했습니다. 이처럼 충성된 제자들이 옆에서 보좌하고 있고, 그를 따르는 많은 사람들이 있어 결코 외롭지 않은 것처럼 보였습니다.

그러나 마지막 기도와 결단의 자리에는 아무도 따라올 수 없었습니다. 가장 충성된 세 제자 베드로와 요한과 야고보 역시 졸음을 이기지 못하고 잠들어버렸습니다. 예수님은 돌 던지면 닿을 만큼 떨어진 곳에 가셔서 홀로 엎드리셨습니다.

그 시간이 다가오고 있습니다. 십자가를 지실 시간입니다. 인류구원의 사명을 받고 기꺼이 순종하심으로 종의 형체를 입고 이 땅에 오셨습니다. 그리고 이제 그 순종의 마지막 단계에 이르렀습니다. 그 정해진 시간 즉 카이로스가 바로 여기 문 앞까지 다가온 것입니다.

그러나 이제 곧 닥칠 그 길은 얼마나 힘든 길입니까? 사랑하는 사람들로부터 배신과 버림을 당할 것입니다. 그리고 홀로 사악한 자들에게 둘러싸여 그들로부터 오는 온갖 거짓과 비방과 증오와 폭력을 견뎌야 할 것입니다. 아무 죄 없는 이가 이제 세상 법정에서 가장 사악한 죄수로 선언될 것입니다. 그리고 강도들과 함께 십자가에 매달려 만인이 보는 앞에서 하나님의 심판을 받을 것입니다. 그리고 마지막에는 그로부터 버림을 받아 스올에 떨어질 것입니다. 조금 뒤면 가룟 유다를 앞세운 유대인들이 예수님을 붙잡으러 오는 것을 시작으로 이 가파른 고난의 코스로 진입하게 될 것입니다.

만일 여러분이 이 자리에 홀로 서있다고 상상해보십시오. 어떤 심정이겠습니까?

마치 영화에서 본 노르망디 상륙작전의 장면을 연상케 합니다. 상륙보트에 머리를 숙이고 있는 군인들, 점차로 배는 육지에 가까이 가고 있습니다. 조금 후면 보트 앞문이 열리면서 무조건 뛰어내려야 합니다. 날라드는 적의 총탄에 탄알받이가 될 것입니다. 배에서 그 시간을 초조하게 기다리는 군인들의 모습 - 그야말로 숨막히는 긴장의 시간입니다. 죽음의 문턱에서 느끼는 두려움이 군인들 속에 엄습하고 있습니다.

주님은 그의 심정을 숨기지 않고 이렇게 표현하셨습니다. "베드로와 야고보와 요한을 데리고 가실새 심히 놀라시며 슬퍼하사 말씀하시되 내 마음이 심히 고민하여 죽게 되었으니 너희는 여기 머물러 깨어 있으라 하시고"(33-34) 여기 사용된 단어들은 우리가 평상시 가질 수 있는 감정의 상태가 아닙니다. 아주 극한 상황에 내던져졌을 때에 주체하지 못하면서 겪는 번뇌와 고통의 모습을 가리키는 것입니다.

특별히 마지막 34절 "내 마음이 심히 고민하여 죽게 되었으니"는 직역하면 "내 영혼이 죽게 될 정도까지 괴로우니"라는 말입니다. 요아킴 그닐카는 여기 "죽게 될 정도까지"라는 표현에는 통상적으로 죽음에 대한 염원이 내재되어 있다고 말했습니다. 사람들은 누구나 큰 고통을 당할 때에 죽음을 생각합니다. 죽음만이 나를 여기서 벗어나게 해줄 것 같은 착각을 갖는 것입니다. 이처럼 그를 덮친 슬픔과 두려움이 너무도 커서 죽음만이 이 고통에서 해방시켜 줄 수 있다고 생각할 정도라는 것입니다.

주님은 그 순간에 엎드리셨습니다. 그리고 사랑하는 아빠 아버지께 자신의 마음을 그대로 토하셨습니다. "이르시되 아빠 아버지여 아버지께는 모든 것이 가능하오니 이 잔을 내게서 옮기시옵소서"(36a) 고난의 잔을 피하고 싶은 마음을 숨기지 않으셨던 것입니다. "이 잔을 마시지 않고도 구원을 이루는 다른 길이 있다면 이 잔을 지나가게 해주십시오." 이것은 연약함이 아닙니다. 그의 인간됨입니다. 그는 우리와 꼭 같은 완전한 인간이셨습니다.

그러나 주님의 기도는 여기서 끝나지 않았습니다. "그러나 나의 원대로 마시옵고 아버지의 원대로 하옵소서"(36b) 고난을 피하는 것이 주님의 원함이지만, 주님은 그 원함을 아버지의 뜻에 굴복시키기를 원하셨습니다. "내가 원하는 대로가 아니라, 아버지가 원하는 대로 행하십시오." 이것은 하나님의 뜻에 대한 무조건적인 순종입니다.

누가는 이러한 순종의 고백이 쉽게 나온 것이 아님을 보여줍니다. "예수께서 힘쓰고 애써 더욱 간절히 기도하시니 땀이 땅에 떨어지는 핏방울 같이 되더라"(눅 22:44) 땀이 핏방울이 되는 것 - 이 기도는 그야말로 피를 뿌리는 기도 전투적인 기도였습니다. 천사들도 그가 여기서 승리할 수 있도록 도왔습니다.

이 결단으로 말미암아 겟세마네는 가장 격렬한 갈등의 자리가 아닌 최고의 순종의 자리가 된 것입니다. "사람의 모양으로 나타나사 자기를 낮추시고 죽기까지 복종하셨으니 곧 십자가에 죽으심이라"(빌 2:8)

이 순종을 통해 결국 많은 사람이 의롭다함을 받고 구원을 받았습니다. "한 사람이 순종하지 아니함으로 많은 사람이 죄인 된 것 같이 한 사람이 순종하심으로 많은 사람이 의인이 되리라"(롬 5:19)

겟세마네는 주님을 따르는 모든 성도들이 수없이 오르는 곳입니다. 그곳에는 내가 하고 싶은 일과 내가 해야 할 일 사이에 긴장감이 있습니다. 하나님의 뜻이 무엇인지를 알면서도, 그리고 그것이 내가 해야 할 일임을 알면서도 주저하는 가운데 격렬한 전쟁이 벌어지는 것입니다.

저 역시 이 겟세마네 동산에 자주 올라갑니다. 한 인간으로써 또 목회자로서! 하나님이 명하시는 것은 하나도 틀린 것이 없습니다. 나를 비롯해 모두를 선하고 행복한 길로 인도하시기 위한 것입니다. 이것을 위해서 내가 십자가를 져야 합니다.

독일의 교회에서 한 집사님이 내게는 무척 힘든 분이었습니다. 그는 한마디로 속이 밴댕이 같아서 잘 삐지는 사람이었고, 한번 삐지면 목회자에게 아주 무례하게 행동하는 사람이었습니다. 저는 그의 얼토당토 않은 모습을 볼 때마다 하나님이 저를 위해 보내신 훈련조교라고 생각했습니다. 한번은 아무런 이유도 없이 그가 또 훈련조교 행세를 하려고 했습니다. 그러나 저는 그에 대해 이미 인내의 한계에 와있었습니다. 지금까지 그 집사님이 한 무례한 행동들로 인하여 제 마음은 분노로 달아오르고 있었기 때문에 그와 관계를 회복하기 위해 그 어떤 것도 하고 싶지 않았습니다.

그러나 성령은 무엇을 원했겠습니까? 뻔합니다. 기도할 때마다 "현범아 네가 가야지 너는 목자다." 제 속에 끊임없이 이런 하나님의 원함이 들렸습니다. 그러나 가고 싶지 않았습니다. 그와의 그 어색한 만남, 그 긴장되는 시간들이 정말 싫었습니다. 저는 "못갑니다. 가고 싶지 않습니다. 가도 아무런 변화가 없을 겁니다."라고 마음속으로 외쳤습니다.

하고 싶지 않은 일이었지만, 점점 해야 되는 일로 다가왔습니다. "네가 또 져라! 그래야 교회가 산다." 하나님은 저를 끊임없이 겟세마네 동산으로 인도하시면서 엎드린 주님의 모습을 묵상하게 하셨고, 그의 기도소리를 듣게 해주셨습니다. "그러나 나의 원대로 마시옵고 아버지의 원대로 하옵소서"(36b)

저는 결단했습니다. 정말 싫었지만, 요나와 같은 심정으로 그의 집을 찾아갔습니다. 집 근처 피자집에서 제일 맛있는 이태리 피자를 한판 사서 들고 들어갔습니다. 그는 집을 수리하고 있었습니다. 그의 태도는 냉랭했습니다. 어색한 시간이 흐르고 있었습니다. 말 한마디 한마디가 조심스러웠습니다. 마치 산처럼 쌓여있는 유리잔을 하나씩 꺼내는 게임을 하는 분위기였습니다. 자칫 하나라도 잘못 건드렸다가는 와르르 무너져 내릴 것입니다. 잘못 말을 꺼냈다가 도리어 상황이 악화될지도 모르는 것이었습니다.

그저 일상적인 말 몇 마디 하고 피자를 펴서 같이 먹었습니다. 그 맛있는 피자가 목에 걸려 넘어가지를 않았습니다. 완전 체할 것 같은 분위기였습니다. 그때 깨달은 것이 있었습니다. "식탁의 행복은 무엇을 먹느냐에 달린 것이 아니라, 누구와 먹느냐에 달린 것이다." 무슨 말을 했는지 기억이 나지 않지만 한 30분 정도 힘든 시간을 보내고 인사하고 집을 나왔습니다. 한마디로 엑소더스 탈출이었습니다. "하나님 제 할 일 했습니다. 그러나 보세요 쓸데없잖아요" 하면서 집에 오는데, 이게 목회인가 싶은 것이 많이 허탈했습니다. 가고 싶지 않은 곳이었지만 순종해서 갔고, 만나고 싶지 않은 사람이었지만 순종해서 만났습니다. 이것이 정말 제가 할 수 있는 최선이었습니다.

그런데 그 방문이 있고나서 그 집사님의 태도가 달라지기 시작했습니다. 부드러워졌습니다. 표정이 밝아졌습니다. 표현은 안했지만, 목사의 어려운 걸음에 마음이 녹은 것 같았습니다. 게다가 피자까지 사가지고 가서 같이 먹었으니, 어쨌든 식탁의 교제를 나눈 것입니다. 하나님은 저의 작은 순종을 통해서 역사하신 것입니다. 목회자와의 갈등 속에서 고뇌하던 한 영혼이 해방된 것입니다. 그러나 해방된 것은 그의 마음만이 아니었습니다. 저 역시 마찬가지였습니다. 누군가를 용서하지 못하는 것은 감옥에 갇혀있는 것과 같습니다. 저 역시 그 감옥에서 해방된 것입니다. 그리고 이후로 그 교회를 떠날 때까지 그 집사님은 잘 순종하며 따라주었습니다.

여러분, 지금 여러분 앞에는 어떤 고난의 잔이 놓여져 있습니까? 당신이 져야할 십자가는 무엇입니까? 가정에서, 직장에서, 목장에서, 교회에서 어떤 일을 갖고 씨름하고 있습니까? 씨름을 하십시오! 물러서지 말고 씨름하십시오! 그야말로 땀방울이 핏방울이 되도록 기도하십시오! 그리고 마지막에는 주님이 하신 것과 같이 자신이 원하는 길을 택하지 말고 하나님의 뜻을 좇아가십시오! "나의 원대로 마시옵고 아버지의 원대로 하옵소서"

그것이 당장에는 고난이고 십자가라 할지라도, 결국은 나를 살리는 길이고 너를 살리는 길이고 우리 모두를 살리는 길입니다.

주님과 같이 겟세마네에서 승리하는 우리 모두가 되기를 바랍니다.

(2011년 04월 17일)

하프타임을 선포하라

"그러므로 너희가 그리스도와 함께 다시 살리심을 받았으면 위의 것을 찾으라 거기는 그리스도께서 하나님 우편에 앉아 계시느니라 위의 것을 생각하고 땅의 것을 생각하지 말라 이는 너희가 죽었고 너희 생명이 그리스도와 함께 하나님 안에 감추어졌음이라 우리 생명이신 그리스도께서 나타나실 그 때에 너희도 그와 함께 영광 중에 나타나리라 그러므로 땅에 있는 지체를 죽이라 곧 음란과 부정과 사욕과 악한 정욕과 탐심이니 탐심은 우상 숭배니라 이것들로 말미암아 하나님의 진노가 임하느니라 너희도 전에 그 가운데 살 때에는 그 가운데서 행하였으나 이제는 너희가 이 모든 것을 벗어 버리라 곧 분함과 노여움과 악의와 비방과 너희 입의 부끄러운 말이라 너희가 서로 거짓말을 하지 말라 옛 사람과 그 행위를 벗어 버리고 새 사람을 입었으니 이는 자기를 창조하신 이의 형상을 따라 지식에까지 새롭게 하심을 입은 자니라"(골 3:1-10)

축구에는 하프타임이라는 것이 있습니다. 전반전 45분을 뛰고 하프타임 15분을 가진 뒤에 후반전 45분에 들어갑니다.

야구와 달리 축구는 공격목표가 뚜렷합니다. 상대방의 필드로 치고 들어가 마지막에 골대에 골인하는 것입니다. 다시 말하면 상대방의 골대가 최종목적지입니다.

동시에 방어해야 할 것이 분명합니다. 우리 편 골대입니다. 상대방의 공이 우리 진영 안으로 들어오지 못하게 해야 합니다. 들어오더라도 골대 안만은 절대로 안 됩니다. 그것은 최후방어선입니다. 그래서 수비수들은 온 몸을 내 던져서 상대방을 막는 것입니다.

그런데 축구에서 하프타임이 끝나고 후반전으로 들어가면 모든 것이 뒤바뀝니다. 필드가 바뀌고 공격목표가 바뀝니다. 전반전에 우리 팀이 사수하려고 했던 골대가 이제는 도리어 공격목표가 됩니다. 하프타임을 전후로 이 모든 것이 뒤바뀌어 버립니다.

인생에서 하프타임이 있다면 어떨까요? 전반전과는 전혀 다른 삶을 시작할 수는 없을까요? 태어나서부터 당연하게 생각하고 목표삼고 걸어온 길에서 180도 돌아서는 것, 이것은 결코 쉬운 일이 아닙니다. 대부분의 사람들은 그냥 그대로 쭉 살아갑니다. 자기가 살던 패턴대로, 습관대로, 가치관대로 살아갑니다. 어제 한 것을 오늘도 하고, 지금 가진 생각을 죽을 때까지 가지고 갑니다. 세 살 버릇 여든까지 가고 무덤에 들어갈 때까지 못 고치는 것은 못 고칩니다.

그러나 다른 한편으로 누구에게나 변화의 갈망이 있습니다. 이렇게 살면 안 된다고 생각합니다. 뭔가 삶의 방향이 잘못되어 있음을 깨닫습니다. 바꾸고 싶어 합니다. 그야말로 삶을 리모델링하고 싶은 것입니다. 그런 하프타임을 갈망합니다.

하프타임이라는 말을 유행시킨 밥 법포드의 이야기를 잘 알고 있습니다. 그 역시 행복이라는 파랑새를 쫓아서 살아가는 사람이었습니다. 나쁜 사람도 아니고, 비양심적인 사람도 아닙니다. 그저 열심히 노력하고 성공가도를 달리던 사람입니다.

그러나 어느 날 그의 삶을 뒤집어 놓은 사건이 일어났습니다. 세상에서 가장 사랑하고 자랑스럽게 여겼던 아들 로스가 리오그란데 강에서 익사하고 만 것입니다. 그는 그 소식을 듣고 온 리오그란데 강을 미친 듯이 헤매고 다녔다고 합니다. 하늘이 무너지는 충격과 슬픔의 나날들이 연속되었습니다. 그러나 그에게는 이것이 하프타임의 시작이었던 것입니다.

확실히 그럴 것입니다. 너무 충격적인 일을 겪게 될 때에, 많은 사람들은 자신도 모르는 사이에 과거와 다른 삶을 시작하게 됩니다. 좋은 의미에서도 그럴 수 있고 나쁜 의미에서도 그럴 수 있습니다.

그런데 믿음의 눈으로 돌아봅시다. 우리가 세상을 살아가면서 겪을 수 있는 가장 충격적인 사건은 무엇입니까? 사업이 망하고, 사랑하는 이를 잃고, 건강을 잃는 것보다 더 충격적인 일이 있습니다. 그것은 "내가 죽는 것"입니다. "내가 죽는 것!"

여러분은 죽음을 경험해 보셨습니까? 참 넌센스 같은 질문입니다. 죽었다면 지금 여기 앉아있을 수 없지 않겠습니까? 그러나 그리스도인은 다 죽은 사람들입니다. "이는 너희가 죽었고 너희 생명이 그리스도와 함께 하나님 안에 감추어졌음이라"(3) "너희가 죽었다." 완료형입니다.

우리는 이런 말씀을 너무 많이 듣다보니 오히려 둔감해져 버렸습니다. 둔감하다는 것은 별로 심각하게 생각지 않는다는 것입니다. "죽었다"는 것이 그리 만만한 말은 아닌데도 불구하고 그렇습니다. 아니, 어떤 경우는 이것을 윤리적으로 해석하려고 합니다. 실지 죽은 것이 아니라, 커다란 도덕적 변화를 상징한다고 생각합니다.

그것이 아닙니다. 루터 등의 종교개혁자들은 이 선언을 법적 선언이라 했습니다. 우리는 법적으로 사망선고를 받았습니다. 모든 생명의 주인 되시며, 우주의 재판자 되신 하나님이 선포하신 것입니다. "너는 죽었다."

그런데 이 '죽었다'는 말은 절망이 아닙니다. 오히려 그 반대입니다. 이것은 죄의 굴레에 갇혀서 더 이상 희망이 없는 옛사람의 죽음입니다. 이 망가진 사람을 처음에는 율법으로 뜯어 고치려 했습니다. 망가진 집을 부수지 않고 리모델링하려는 것입니다. 그러나 이 율법으로 말미암아 우리 인간은 더 누더기 같이 되어버렸습니다. 율법은 결코 우리를 죄와 단절된 새사람으로 만들 수 없습니다.

그래서 하나님은 이제 아예 나를 죽게 하셔서 죄의 권세에서 벗어나게 하셨습니다. 이것이 복음입니다.

집에 좋은 천으로 만든 하얀 행주가 있습니다. 깨끗한 것만 닦는 천입니다. 그런데 애가 주스를 흘려서 엄마가 급하게 그 행주로 방바닥을 닦고 말았습니다. 어떻게 되었겠습니까? 그 깨끗한 행주가 그만 걸레가 되고 말았습니다. 이것을 비누로 빱니다. 세탁기에 넣고 돌립니다. 그러나 어떻습니까? 세탁한다고 걸레가 행주될 수는 없습니다. 엄마는 결국 그것을 쓰레기통에 던졌습니다. 마치 사망선고와 같습니다. '너는 더 이상 안 되겠다. 죽어라!' 그리고 어떻게 합니까? 이제 깨끗하고 하얀 새 행주를 꺼내는 것입니다.

'너는 죽었다'는 선언에 이어 '너는 다시 살았다'는 선언이 바로 나옵니다. "그러므로 너희가 그리스도와 함께 다시 살리심을 받았으면"(1) 바로 이 말씀입니다. "죄의 종이었던 너는 죽었고, 다시 의의 종으로 살아났다" 이것은 죄에 대해서 죽고 하나님께 대해서는 살아난 것을 의미합니다. 이것이 십자가의 비밀입니다. 성찬식은 그리스도의 죽음을 기념함과 동시에 우리가 그와 함께 죽었음을 고백하는 것입니다.

그러므로 모든 그리스도인들에게 인생의 전반전은 끝이 났습니다. 호루라기는 불어졌습니다. 그리고 이제 후반전이 시작되는 것입니다. 후반전은 어떻게 살아야합니까? 전반전과 꼭 같이 살 수 있습니까? 아닙니다. 그럴 수 없습니다.

이런 선수를 상상해봅시다. 후반전이 시작되었습니다. 필드가 바뀌었는데, 이 선수는 전반전과 꼭 같은 방향으로 골을 몰고 갑니다. 한 사람 두 사람을 제치고 골문을 향해서 멋지게 슛을 날렸습니다. 들어갔습니다. 골인입니다. 무엇입니까? 자살골입니다. 미친 것입니다.

전반전과는 반대로 뛰어야 합니다. 전반전에 내가 방어하던 골문이 이제는 나의 공격대상이 되었습니다. 내가 인생에서 최종보루로서 가장 소중하고 존귀하게 여기던 그것이 이제는 내가 부서트려야 할 목표가 되었습니다.

그것이 무엇입니까? 땅에 있는 나의 지체들입니다. 그 지체는 많은 것을 가질수록 좋아합니다. 칭찬과 영광을 늘 바라고, 편안하고 안락한 것을 찾아다니며, 말초적인 쾌감을 즐깁니다. 거기서 행복을 얻으려고 합니다.

이 지체들은 인생의 전반전에서는 내 골대였고, 내가 가장 아끼는 보물이었습니다. 이 지체들을 만족시키기 위해 부지런히 뛰어다녔습니다. 그러나 이제는 아닙니다. 이제는 오히려 죽여야 할 대상입니다. "그러므로 땅에 있는 지체를 죽이라 곧 음란과 부정과 사욕과 악한 정욕과 탐심이니 탐심은 우상 숭배니라"(5)

그 지체의 실체를 보십시오. 음란, 부정, 사욕, 악한 정욕, 탐심입니다. 우리 시대만큼 이 말씀이 실감나는 때가 없을 것입니다. 우리 시대는 욕망과 탐욕의 시대입니다. 성적인 타락을 여기서 다시 열거할 필요가 없을 것입니다. 사람들은 부정을 부끄러워하지 않습니다. 온갖 음란물들이 흘러넘쳐 어린 자녀들에게까지도 스며들고, 중독자들과 성범죄

자들이 양산되고 있습니다. 이것이 우리 세대의 풍속도입니다.

아울러 우리 시대는 황금만능시대입니다. 더 많은 재물이 행복의 척도입니다. 사람들은 만족이라는 것을 모릅니다. 탐욕에 눈이 멀어지고 있습니다. 그리스도인들이 절에 가서 불상 앞에 머리 숙이거나, 상가 집에 가서 죽은 사람 사진 앞에 머리 숙이지 않는다 해도 더 나아가, 부적을 차거나 점집에 드나들지는 않는다 해도, 결국 돈, 맘몬 앞에는 너무 쉽게 무릎을 꿇어 숭배하고 맙니다.

이 세상은 정욕의 달콤한 맛에 길들여져 있습니다. 이 세상은 마치 탐욕의 불꽃이 이글거리는 무서운 정글과도 같습니다. 그 유혹은 또 얼마나 강렬합니까? 이들은 우리 옛사람의 습관을 다시 자극합니다. 아직 속량되지 못한 육신 속의 본능을 자극합니다. "너도 이 달콤한 맛을 알지! 먹어봐, 네 눈이 밝아질 것이다. 지금보다 훨씬 더 행복할거다."

천만에! 속지 마십시오! 이것은 결코 우리를 행복하게 해주지 않습니다. 오히려 정반대로입니다. "이것들로 말미암아 하나님의 진노가 임하느니라"(6) 일시적인 달콤함이 지난 뒤에는 커다란 고통과 아픔의 시간이 찾아오는 것입니다. "너희가 육신대로 살면 반드시 죽을 것이로되 영으로써 몸의 행실을 죽이면 살리니"(롬 8:13)

정신차립시다! 나의 지체라고 해서 아껴야할 아군이 아닙니다. 적입니다. 공격의 대상입니다. 싸워야 합니다. 이 유혹과 싸우십시오! 선전포고하십시오! 이것과 싸워 제어하는 것이 경건입니다. "사랑하는 자들아 거류민과 나그네 같은 너희를 권하노니 영혼을 거슬러 싸우는 육체의 정욕을 제어하라"(벧전 2:11) 나쁜 습관을 버리십시오! 죄의 유혹을 멀리하십시오! 탐욕을 좇으려는 자신과 싸우십시오! 피 흘리기까지 싸워야 합니다.

이것 뿐 아닙니다. 과거 삶의 방식을 바구어야 합니다. 분노하고 누군가에 대한 노여움을 풀지 않았습니다. 자주 나쁜 마음을 품었고, 뒤에서 다른 사람 험담하길 즐겨했습니다. 욕과 음담패설을 하고, 거짓말을 거리낌 없이 했습니다. 예전에 이렇게 살았습니다.

그러나 이제는 아닙니다. "너희도 전에 그 가운데 살 때에는 그 가운데서 행하였으나 이제는 너희가 이 모든 것을 벗어 버리라 곧 분함과 노여움과 악의와 비방과 너희 입의 부끄러운 말이라 너희가 서로 거짓말을 하지 말라 옛사람과 그 행위를 벗어 버리고 새 사람을 입었으니 이는 자기를 창조하신 이의 형상을 따라 지식에까지 새롭게 하심을 입은 자니라"(7-10)

이제 이것은 우리에게 어울리는 삶이 아닙니다. 우리는 옛사람을 벗고 새 사람을 입었습니다. 그러므로 삶의 방식도 바뀌어야 합니다. 창조주 하나님의 형상을 회복해 가야합니다.

사랑하는 성도 여러분, 우리는 훌륭한 사람이나 거룩한 사람이 되기 위해서 죄를 멀리하고 절제하는 사람들이 아닙니다. 우리는 이미 거룩한 자가 되었습니다. 그리스도의 보혈로 단숨에 죄가 사해지고 거룩한 영을 받아 성도가 되었습니다. 아니 엄밀한 의미에서 거룩한 무리인 성도(聖徒 Saints)가 아니라, 거룩한 자인 성자(聖者 Saint)가 되었습니다. 우리 한 사람 한 사람은 세상과 구별된 성자입니다. 이미 거룩한 자가 되었으므로 그 신분에 합당한 모습으로 살아가야 합니다. 이것이 성화이고, 이것이 경건입니다.

음란, 탐욕, 부정, 거짓말, 험담, 분노, 악행은 이제 우리에게 맞는 옷이 아닙니다. 전반전에는 이것이 우리의 옷이었습니다. 이것이 자연스러웠습니다.

그러나 여러분은 이미 후반전을 뛰고 있습니다. 전반전과 반대입니다. 우리의 목표는 하나님의 거룩한 형상입니다. 우리는 그것을 향하여 달려가는 것입니다. 이것이 경건입니다.

여러분 자신 속에 다시금 하프타임을 선포하십시오! 전반전은 끝났습니다. 이제 후반전입니다. 이것을 명심하십시오! 명심하십시오! 여러분은 거룩한 무리에 들어있습니다.

정신을 차리고 근신하면서, 영과 육이 온갖 것으로 더러워진 이 세대 가운데서 자신을 깨끗하게 하는 우리 모두가 되기를 바랍니다.

(2012년 10월 7일)

종말을 의식하는 신앙

"성령이 친히 우리의 영과 더불어 우리가 하나님의 자녀인 것을 증언하시나니 자녀이면 또한 상속자 곧 하나님의 상속자요 그리스도와 함께 한 상속자니 우리가 그와 함께 영광을 받기 위하여 고난도 함께 받아야 할 것이라 생각하건대 현재의 고난은 장차 우리에게 나타날 영광과 비교할 수 없도다"(롬 8:16-18)

날이 매우 덥습니다. 이상기후입니다. 전 세계가 지구온난화로 신음하고 있습니다. 이런 이상기후로 인한 재난증가, 환경오염 등을 보면서 사람들 속에 종말에 대한 관심이 커지고 있습니다. TV 광고에서부터 할리우드 영화에 이르기까지 대중문화에 종말론과 관련된 소재가 넘쳐나고 있습니다. 최근 BBC방송에서 미국의 종말론 열풍에 관해 보도된 적이 있었습니다. 이에 의하면, 미국인 중 22%가 자신이 죽기 전에 종말이 올 것을 믿는다고 했다는 것입니다.

사람들은 뭔가 미래에 대한 두려움을 느끼고 있습니다. 이것을 이용한 시한부종말론들도 등장합니다. 1992년 10월 휴거설을 말했던 이장림목사와 다미선교회가 그 중 하나입니다. 이 말을 믿고 성도들은 재산을 팔아 돈을 갖다 바쳤습니다. 그 돈 34억원을 이목사가 빼돌렸습니다. 이처럼 이단들은 종말론을 갖고 혹세무민하고 있습니다.

이런 이단까지는 아니더라도, 교회 역사상 종말론적인 신앙으로 인해 초래된 부정적인 결과들이 많이 있었습니다. 예를 들면, 소위 '내세

주의'에 빠져서, 죽은 뒤의 일에만 관심을 가지고 이야기를 하다 보니 현실에 무관심하고 무감각한 사람들이 되는 것입니다.

이런 모든 문제에도 불구하고, 신앙은 철저히 종말론적입니다. 아니 종말론적이어야 합니다. 그렇지 않으면 신앙은 세속화되고 신앙인들은 세상에서 무기력한 집단이 되고 맙니다.

종말신앙은 어떤 것입니까? 우리 각자에게 종말이 있습니다. 그리고 그 종말 너머 새로운 삶, 영원한 삶이 시작된다는 믿음입니다. 또 이 세상 역사에 종말이 있다는 것입니다. 그리고 그 종말 너머 전혀 새로운 차원의 세계가 시작된다는 믿음입니다.

이를 위해서 우리의 주 예수 그리스도가 재림하시고, 죽은 자가 부활합니다. 그리고 세상의 악과 악한 자들이 심판을 받고, 그 다음에 거룩한 새 하늘과 새 땅이 시작되는 것입니다. 여러분 이 종말에 대한 하나님의 약속을 믿습니까? 이 믿음은 우리로 하여금 세상을 전혀 다른 자세로 살아가게 합니다.

첫째, 항상 깨어서 살아야 합니다.

하나님께서 약속하신 종말은 임박한 그리고 예기치 못한 종말입니다. 주님의 재림은 그 날과 시가 전혀 예고되지 않았습니다. 갑자기 오실 것입니다. 그러나 주님은 이미 문밖에 서계십니다. 곧 오십니다.

물론 우리의 죽음도 마찬가지입니다. 예고 없이 찾아옵니다. 오늘 밤에라도 하나님은 우리 육신의 생명을 거둬 가실 수 있습니다. "어리석은 자여 오늘 밤에 네 영혼을 도로 찾으리니 그러면 네 준비한 것이 누구의 것이 되겠느냐"(눅 12:20)

그러므로 이 종말을 의식하는 사람은 어떻게 살아야합니까? 깨어

있어야 합니다. 졸면 안 됩니다. 사망의 잠을 자면 큰 일 납니다. "그러므로 깨어 있으라 어느 날에 너희 주가 임할는지 너희가 알지 못함이니라"(마 24:42)

깨어 있는 것은 어떤 것입니까? 데살로니가 일부 교인들이나 다미선 교회처럼, 임박한 재림을 맞아 재산을 정리해서 하나님께 바쳐야 합니까? 세상에서 하던 일을 다 내려놓고 기도처로 모여들어 기도에 전념해야 합니까? 아닙니다. 이것이 깨어있는 것이 아닙니다.

재림에 관한 주님의 가르침을 보십시오. "그 때에 두 사람이 밭에 있으매 한 사람은 데려가고 한 사람은 버려둠을 당할 것이요 두 여자가 맷돌질을 하고 있으매 한 사람은 데려가고 한 사람은 버려둠을 당할 것이니라"(마 24:40-41)

어디서 재림의 주님을 맞이합니까? 기도원이나 교회에서 기도하다가가 아닙니다. 밭에서 일하다가, 집에서 맷돌 갈다가 부르심을 받았습니다. 지금으로 치면 직장에서 열심히 일하고 가정에서 살림살이 하다가 종말을 맞이하는 것입니다.

이것이 주는 교훈을 잘 새깁시다. 임박한 종말을 의식하면서 사는 신앙은 별다른 삶이 아닙니다. 하나님께서 우리에게 주신 모든 일에 충실한 사람으로 살아가는 것입니다. "내일 세상의 끝이 와도 내 정원에 한그루의 사과나무를 심으리라"는 만프레드의 시처럼, 모든 일에 하나님 앞에서 착하고 충성된 종으로 사는 것입니다.

그러나 다른 한편으로 주의해야 할 것이 있습니다. 같이 일했지만, 한 사람은 데려갔고 한 사람은 버려둠을 당했습니다. 영적인 사람은 세상에서 성실한 사람이 되어야 합니다. 그렇지만 세상에서 성실한 사람이라고 해서 모두 영적인 사람은 아닙니다. 이것을 조심해야 합니다.

주님은 다른 비유에서 이것을 경고하셨습니다. 왕이 잔치에 사람들을 초청했습니다. 그런데 어떤 이는 밭을 샀으니 돌아보아야 한다고, 어떤 이는 소를 샀으니 시험해야 한다고, 어떤 이는 장가가야 한다면서 거절했습니다.

이들은 자기 직업에 충실해보이지만, 세상에 깊이 빠진 월드맨입니다. 우리도 자녀 교육을 잘해야 한다면서 자녀가 우상이 될 수 있습니다. 직장에서 열심히 일하지만, 출세와 성공의 포로가 되거나 의식주에 대한 염려에 눌릴 수 있습니다. 영적으로 깨어있어야 합니다. "너희는 스스로 조심하라 그렇지 않으면 방탕함과 술취함과 생활의 염려로 마음이 둔하여지고 뜻밖에 그 날이 덫과 같이 너희에게 임하리라"(눅 21:34)

깨어납시다. 정신 차립시다. 밤이 깊고 낮이 가까웠습니다. 종말이 가까웠습니다. 깨어 임박한 종말을 준비하는 우리 모두가 되기를 바랍니다.

둘째, 천국을 꿈꾸며 살아야 합니다.

먼저 하나 물어보겠습니다. "여러분은 10분 잘 놀고 50분 고생하겠습니까?" 아니면 "10분 고생하고 50분 편하게 쉬겠습니까?" 어떤 것을 선택하겠습니까? 아마 이런 질문은 부모가 수험생 자녀에게 많이 할 것입니다. "너 지금 잠깐 재미있게 살고 평생 고생할래? 아니면 지금 조금 고생하고 평생 편하게 살래?"

종말 신앙은 이것입니다. 하나님이 약속하신 영원한 영광을 위하여 세상에서는 잠시 고난의 길을 택하는 것입니다.

하나님 아버지는 예수를 믿음으로 말미암아 받게 되는 진짜 축복을 종말 뒤로 유보시키셨습니다. 지금 여기서가 아닙니다. 주님이 다시 오신 뒤 완성된 하나님나라에서 영광을 누리게 될 것입니다.

어떤 영광입니까? "성령이 친히 우리의 영과 더불어 우리가 하나님의 자녀인 것을 증언하시나니 자녀이면 또한 상속자 곧 하나님의 상속자요 그리스도와 함께 한 상속자니 우리가 그와 함께 영광을 받기 위하여 고난도 함께 받아야 할 것이니라"(16-17)

성경은 우리의 이해를 돕기 위해 그 천국의 황홀함과 영광을 인간의 언어로 표현했습니다. 그 중에 상속이라는 말처럼 매력적인 것이 없을 것입니다. 부자 부모에게 많은 돈을 상속받아 떵떵거리며 사는 사람을 얼마나 부러워하겠습니까?

우리는 사람이 아닌 하나님의 상속자입니다. 상속의 수준은 어느 정도일까요? 우리는 어느 정도 받게 될까요? 세상의 재산과 비교할 수준은 아니지만, 이정도 된다고 한번 상상해봅시다. "박집사님 당신 앞으로 8,000억 원의 유산이 배정되었습니다. 이권사님은 7,000억 원 받을 겁니다." 이런 소식을 듣는다고 합시다. 단돈 십만원 갖고도 바들바들 떨면서 살아가는 우리들에게 듣기만 해도 신나는 일이 아닙니까!

이렇게 단순히 돈을 받는 수준이 아닙니다. 예수 그리스도와 함께 한 상속자로서 그와 함께 영광을 받게 될 것입니다. 상속, 영광이라는 단어들이 피부에 와 닿지 않고 상상이 되지 않아서 그렇지, 정말 우리 한 사람 한 사람은 대단한 사람들입니다.

여러분, 이 천국을 꿈꾸십시오! 날마다 꿈꾸십시오! 천국의 영광을 갈망하십시오! 거룩한 욕망을 가지십시오! 매일 이 약속을 되새기고 또 되새기면서 소망하는 것입니다. 그러면 그럴수록 우리는 세상 영광에 집착하지 않게 됩니다. 이 일시적인 영광은 우리에게 약속된 영광과 비교하면 배설물 밖에 되지 않기 때문입니다.

천국이 없는 사람들은 이 세상 영광에 죽기 살기로 매달리지 않을 수 없습니다. 인생은 한번밖에 없기 때문입니다. 그러므로 여기서 좋은 집짓고, 여기서 잘 살아야 합니다. 여기서 성공하고 인생을 즐겨야 합니다.

그러나 종말을 의식하는 사람들은 그렇지 않습니다. 우리에게는 훨씬 위대한 성공과 영광이 예비 되어 있습니다. 그리고 이 영광을 위해서 세상에서는 약간의 값을 치러야 합니다. "우리가 그와 함께 영광을 받기 위하여 고난도 함께 받아야 할 것이니라"

우리 주님이 그런 삶을 보여주셨습니다. "믿음의 주요 또 온전하게 하시는 이인 예수를 바라보자 그는 그 앞에 있는 기쁨을 위하여 십자가를 참으사 부끄러움을 개의치 아니하시더니 하나님 보좌 우편에 앉으셨느니라"(히 12:2)

우리는 이 분명한 영적원리 앞에 서있습니다. 즉 십자가 뒤에 부활입니다. 고난 뒤에 영광입니다. 그러나 그 고난과 영광의 크기를 어찌 비교할 수 있겠습니까? "생각하건대 현재의 고난은 장차 우리에게 나타날 영광과 비교할 수 없도다"(18)

그러므로 마치 하나님은 이렇게 말씀하시는 것 같습니다. "네가 세상에서 작은 고난을 받으면 여기서 아주 큰 영광으로 보상할테니 너는 적극적으로 고난을 받아라!"

어떤 고난입니까? 당연히 첫 번째는 복음을 위한 고난입니다. 하나님의 나라를 세상에 선포하고 세워가기 위해서는 성도들의 피와 땀이 필요합니다. 예수 그리스도를 증언하는 일에는 고난이 따릅니다. 그러나 이 일은 가장 큰 영광을 약속하는 일입니다.

그뿐 아닙니다. 일상의 삶에서 주님은 종말을 의식하며 사는 자들에게 지혜로운 삶의 방식에 대한 힌트를 주셨습니다. "너희 소유를 팔아 구제하여 낡아지지 아니하는 배낭을 만들라 곧 하늘에 둔 바 다함이 없는 보물이니 거기는 도둑도 가까이 하는 일이 없고 좀도 먹는 일이 없느니라"(눅 12:33) 재물을 하늘에 쌓아 두라는 말씀입니다. 어떻게 해야 합니까? 우리가 우리의 소유로 남을 구제하고 선한 사업에 부요하게 쓰면, 하늘에서 우리가 받을 상이 큽니다. 여러분에게 진정 천국의 소망이 있다면 그렇게 하십시오.

또 이런 말씀도 주셨습니다. "네가 점심이나 저녁이나 베풀거든 벗이나 형제나 친척이나 부한 이웃을 청하지 말라 두렵건대 그 사람들이 너를 도로 청하여 네게 갚음이 될까 하노라 잔치를 베풀거든 차라리 가난한 자들과 몸 불편한 자들과 저는 자들과 맹인들을 청하라 그리하면 그들이 갚을 것이 없으므로 네게 복이 되리니 이는 의인들의 부활 시에 네가 갚음을 받겠음이라 하시더라"(눅 14:12-14)

세상 사람들처럼 자신이 행한 선한 일에 대해 보상을 받으려하지 말라는 것입니다. 우리가 베푼 선행과 수고에 대한 대가를 세상에서 되돌려 받는다면 하늘에서 받을 상이 없습니다. 그러므로 되도록 우리의 대접에 갚을 능력이 없는 가난하고 병들고 소외된 사람들을 섬기십시오. 그렇게 할 때 하늘에서의 영광이 클 것입니다.

물질적인 보상뿐만이 아닙니다. 내가 한 일에 대해 칭찬과 명성을 들으려 하지 말아야 합니다. 사람들의 박수갈채에 목을 매달지 마십시오! 그것은 달콤해 보이지만, 그것을 세상에서 누리면 하늘에서의 상이 없습니다. 누군가 우리의 기도와 금식, 구제, 전도와 선행, 헌신을 보고 칭송한다면, 아무것도 아닙니다. 하늘에서 받을 것이 없습니다.

성도 여러분, 이 거룩한 욕망을 가지고 세상에서 살아야 합니다. 이 땅에 우리의 기업은 없습니다. 여기서는 영광이 허락되지 않았습니다. 이것을 명심하십시오! 허락되지 않은 것을 갈망하면 죄를 짓고 삶을 허비하게 됩니다. 우리의 영광은 하늘에 준비되어 있습니다. 그러므로 여기서는 수고해야 합니다. 일하는 것입니다. 고난 받는 것입니다.

그러므로 진정 종말을 의식하는 신앙은 세상을 황폐하게 만들지 않습니다. 내세에 대한 소망이 현실에 대한 무관심과 무책임이 아닙니다. 도리어 치열한 경쟁과 이기심으로 멍든 세상 속에서 진실한 섬김을 실천하는 사람으로 만들어 갑니다. 양보하고 손해 보며 사는 것을 두려워하지 않는 사람으로 만들어 갑니다. 이런 사람이 세상을 더 아름답고 올바르게 만들어갈 수 있는 사람들이 아닙니까?

그러므로 사랑하는 성도 여러분, 종말을 의식하는 참된 신앙을 통해서 세상을 변화시키는 믿음의 사람 되기를 바랍니다.

(2012년 8월 5일)

고난의 여정과
하나님의 인도

고난 중에 서신 주님

내 하나님이여 내 하나님이여 어찌 나를 버리셨나이까 어찌 나를 멀리 하여 돕지 아니하시오며 내 신음 소리를 듣지 아니하시나이까 내 하나님이여 내가 낮에도 부르짖고 밤에도 잠잠하지 아니하오나 응답하지 아니하시나이다 이스라엘의 찬송 중에 계시는 주여 주는 거룩하시니이다 우리 조상들이 주께 의뢰하고 의뢰하였으므로 그들을 건지셨나이다 그들이 주께 부르짖어 구원을 얻고 주께 의뢰하여 수치를 당하지 아니하였나이다 나는 벌레요 사람이 아니라 사람의 비방 거리요 백성의 조롱 거리니이다 나를 보는 자는 다 나를 비웃으며 입술을 비쭉거리고 머리를 흔들며 말하되 그가 여호와께 의탁하니 구원하실 걸, 그를 기뻐하시니 건지실 걸 하나이다 오직 주께서 나를 모태에서 나오게 하시고 내 어머니의 젖을 먹을 때에 의지하게 하셨나이다 내가 날 때부터 주께 맡긴 바 되었고 모태에서 나올 때부터 주는 나의 하나님이 되셨나이다 나를 멀리 하지 마옵소서 환난이 가까우나 도울 자 없나이다 많은 황소가 나를 에워싸며 바산의 힘센 소들이 나를 둘러쌌으며 내게 그 입을 벌림이 찢으며 부르짖는 사자 같으니이다 나는 물 같이 쏟아졌으며 내 모든 뼈는 어그러졌으며 내 마음은 밀랍 같아서 내 속에서 녹았으며 내 힘이 말라 질그릇 조각 같고 내 혀가 입천장에 붙었나이다 주께서 또 나를 죽음의 진토 속에 두셨나이다 개들이 나를 에워쌌으며 악한 무리가 나를 둘러 내 수족을 찔렀나이다 내가 내 모든 뼈를 셀 수 있나이다 그들이 나를 주목하여 보고 내 겉옷을 나누며 속옷을 제비 뽑나이다 여호와여 멀리 하지 마옵소서 나의 힘이시여 속히 나를 도우소서(시22:1~19)

페스탈로치는 그의 저서에서 "고난과 눈물은 나를 높은 예지로 이끌었다. 그러나 보물과 즐거움은 이것을 만들지 못했을 것이다."라는 말을, 새무얼 스마일즈는 "젊은 날의 고난은 하나님의 은총이다."라는 말을 했습니다. 이렇게 고난을 예찬하는 글들은 수없이 많습니다.

하지만 어느 누구도 고난을 좋아하지 않습니다. 우리의 손이 뜨거운 난로에 닿는 순간 움츠러들듯이, 고난이 오면 피하고 싶은 것이 우리의 본능입니다.

그러나 유감스럽게도 해 아래서 고난 없이 살 수는 없습니다. "사람은 고생을 위하여 났으니 불꽃이 위로 날아가는 것 같으니라"(욥 5:7)

한 국내 기업에서 흥미로운 조사를 했습니다. 사람들이 하루 24시간을 어떻게 쓰고 있는가에 대한 조사였습니다. 이 조사 결과에 따르면 일하는 시간은 8시간, 자는 시간은 6.7시간, 먹고 마시는 시간은 2.6시간이었습니다.그리고 걱정 근심하는 시간이 3시간으로 나타났습니다. 이에 반해 하루 평균 웃는 시간은 딱 90초에 불과했습니다. 이것을 근거로 추론하면, 80평생을 산다 할 때 평생 걱정하는 시간은 10년인데 반해, 평생 웃는 시간은 약 30일에 불과합니다. 모세가 쓴 이 시가 그것을 말해주고 있지 않습니까? "우리의 연수가 칠십이요 강건하면 팔십이라도 그 연수의 자랑은 수고와 슬픔뿐이요 신속히 가니 우리가 날아가나이다"(시 90:10)

이처럼 우리의 삶은 고난 한가운데 서 있습니다. 고난은 특별한 사람의 이야기가 아닙니다. 우리 모두의 이야기입니다.

우리가 만나는 고난 중에는 일시적인 것도 있습니다. 다리를 심하게 접질러서 인대가 늘어나면 한 달간 발에 기브스를 하고 살아야 합니다. 참 불편합니다. 그러나 한 달간입니다. 그러면 정상으로 돌아옵니다. 이런 고난은 일시적입니다.

그런가하면 교통사고로 다리를 영구히 절단해야 하는 일이 생길 수 있습니다. 암이 온몸에 퍼졌거나, 백혈병이나 루게릭병 같은 것에 걸렸다고 해봅시다. 사업에서 완전히 실패해서 길바닥에 나앉게 되었다고 해봅시다. 병이나 사고로 자녀를 잃거나 부부가 이혼하면서 가정이 깨졌다고 해봅시다. 이것은 차원이 다른 고난입니다.

언제 끝날지 모릅니다. 고난이 끝나고 행복이 시작되는 때가 과연 다시 올 수 있을지 알 수 없습니다. 그래서 때로 죽음만이 이 고난을 끝내게 할 수 있다는 어리석은 생각에 사로잡히기도 합니다.

이런 종류의 고난 역시 특별한 사람에게만 일어나는 것이 아닙니다. 우리 모두가 겪을 수 있는 일입니다. 지금 동일본 대지진으로 인해 생긴 이재민들이 겪고 있는 고통은 바로 이런 고통일 것입니다.

이런 고난 가운데 빠졌을 때에 값싼 동정은 별 도움이 되지 않습니다. 이때 우리에게 가장 큰 위로와 치유와 구원이 되는 사실이 있습니다. 나는 오늘 말씀에서 이것을 나누고 싶습니다. 만일 여러분 중에 특별히 고난 중에 있는 분이 있다면 귀를 기울이십시오!

이 시편 22편은 다윗의 시입니다. 이 시에는 죽음에 이를 것 같은 고난 속에서 부르짖는 절규가 담겨있습니다. 아울러 이 시는 예수님의 십자가 고난을 생생하게 보여주고 있습니다. 그래서 "십자가의 시"라 부르기도 하고 제 5복음 이라 말하기도 합니다.

그래서 어떤 이는 이 시를 다윗에게는 적용하지 않고 곧바로 그리스도의 고난으로 귀결시킵니다. 매튜 헨리에 의하면 다윗이 자주 고난을 당한 것은 사실이지만, 이 시에 세부적으로 열거된 특별한 상황들은 결코 그가 직접 경험한 것이 아니라고 말합니다. 그러므로 이 시는 심한 굴욕을 당하신 그리스도께 적용되어야 한다는 것입니다.

그러나 나는 이런 해석이 옳지 않다고 생각합니다. 이 시는 먼저 철저히 다윗의 시로 읽혀져야 합니다. 이것은 미래 메시아가 당할 고난을 생각하면서 쓴 시가 아니라, 다윗 자신이 당한 고난의 현실 속에서 기록한 시입니다. 동시에 이것은 우리의 시이기도 합니다. 우리가 겪을 수 있는 가장 깊은 고난의 심연을 표현해주고 있습니다.

구체적으로 어떤 역사적인 정황을 가리키는지는 알 수 없습니다. 아마도 그의 인생에서 가장 극한 고통 속에서 드린 기도라고 생각하면 정확할 것입니다.

어느 정도의 곤고한 상황 속에 있는지 먼저 12-18절을 보면 가늠할 수 있습니다. 그는 아주 막강한 힘을 갖고 있는 적들에게 둘러싸여 있습니다. 거대한 황소 떼들, 바산의 힘센 소, 부르짖는 사자, 개들, 악한 무리 - 이런 무섭고 강한 존재들이 다윗을 둘러싸고 그의 수족을 찔러 댑니다. 그는 뼈가 다 드러날 만큼 큰 부상을 입고 말았습니다.

그런 다윗을 보면서 주위의 사람들은 비웃고 조롱하고 있습니다. "나는 벌레요 사람이 아니라 사람의 비방 거리요 백성의 조롱 거리니이다 나를 보는 자는 다 나를 비웃으며 입술을 비쭉거리고 머리를 흔들며 말하되 그가 여호와께 의탁하니 구원하실 걸, 그를 기뻐하시니 건지실 걸 하나이다"(6-8)

주위 사람들의 매정한 돌팔매질은 고난 그 자체보다 더 견디기 어려운 것입니다. 아들 압살롬의 반란 때문에 왕도를 버리고 도망갈 때, 시므이를 비롯한 많은 사람들이 다윗을 비방하고 저주합니다. 다윗은 수치심과 좌절감에 사로잡혀 손으로 머리를 가린 채 맨발로 울면서 도망을 가고 있습니다. "어찌 하나님이 나에게 이런 고난을 주실 수 있는가?"

이러한 극한 상황에서 그는 깊은 자기비하에 빠져버립니다. "나 같은 게 무슨 사람인가 난 벌레야 벌레" 그러면서 마침내 그의 내면은 무너져 버립니다. "나는 쏟아진 물처럼 퍼져 버렸고 뼈마디가 모두 어그러졌습니다. 나의 마음이 촛물처럼, 창자 속에서 녹아 내렸습니다."(14) 정신과 의사가 이 사람을 진단했다면 아주 심각한 우울증으로 판정했을 것입니다.

그러나 다윗에게서 가장 큰 고통은 육신이 겪는 고통이 아닙니다. 사람들의 비방이 아닙니다. "내 하나님이여 내 하나님이여 어찌 나를 버리 셨나이까 어찌 나를 멀리하여 돕지 아니하시오며 내 신음소리를 듣지 아니하 시나이까 내 하나님이여 내가 낮에도 부르짖고 밤에도 잠잠하지 아니하오나 응답하지 아니하시나이다"(1-2)

하나님에 대한 그의 확신이 무너지는 것입니다. 조상들에게서 배운 하나님은 어떤 하나님인가요? "우리 조상들이 주께 의뢰하고 의뢰하였으므 로 그들을 건지셨나이다 그들이 주께 부르짖어 구원을 얻고 주께 의뢰하여 수 치를 당하지 아니하였나이다"(4-5) 그 하나님은 주를 의뢰하는 자를 반드 시 구원하시는 분이었습니다. 이것이 그의 확고한 신학이었습니다. 그런 데 지금 이 현실은 무엇인가요? 그가 믿어왔던 것과 다르지 않습니까!

피터 크레이기는 이 신학과 경험 사이의 모순적인 괴리가 바로 다윗 이 당하는 고통의 본질이라고 말합니다. 지금까지 믿어온 것이 이 현실 에서는 통하지 않습니다. 그렇게 부르짖어도 구원의 기미가 보이지 않습 니다. 이 현실은 불가사의한 것이 되고 말았습니다.

그러므로 다윗이 내린 결론은 이것입니다. "하나님이 나를 버리셨 다. 나를 멀리하셨다." 이것은 하나님의 부재, 하나님으로부터의 유기인 것입니다. 그리고 영적인 사형선고입니다.

여러분은 그런 느낌을 가져본 적이 없습니까? 다윗이 겪은 그런 고난의 자리에 서본 적이 없습니까? 이것은 누구나 서게 되는 자리입니다. 비신자부터 성숙한 신앙인에 이르기까지 누구나 종종 하나님의 부재를 느낍니다. 하나님이 내 현실에 전혀 계시지 않는 것처럼 생각됩니다. 하나님으로부터의 유기를 느낍니다. 하나님이 나를 버리신 것입니다.

그러나 과연 그러한가요? 아닙니다. 그것은 느낌일 뿐 사실이 아닙니다. 이 시는 22절 이하에서 다시금 다윗의 믿음의 고백으로 끝이 납니다.

우리는 이제 여기서 그리스도의 십자가로 넘어가야 합니다. 아주 외롭고 괴롭고 절망과 비탄에 빠진 다윗 곁에 홀연히 한 분이 서 계심을 보게 됩니다. 그는 저 하늘, 고난이 없는 영광의 보좌에 앉아서 다윗을 동정만 하시는 그런 분이 아닙니다. 그는 육신의 모양으로 내려오셔서 다윗이 선 바로 그 고난의 자리에 함께 서 계십니다.

그러므로 이 시편 22편은 이제는 다윗만의 시가 아니라, 예수님이 직접 겪으신 그의 시가 됩니다. 죽음을 앞두고 겟세마네 동산에서 땀방울이 핏방울이 되도록 기도하시던 예수님은 그를 찾아온 유대인들에게 붙잡혀 대제사장의 뜰로 끌려 가십니다. 끝까지 곁에 있겠다고 장담했던 제자들은 그를 홀로 두고 다 도망을 가버렸습니다. 그나마 수제자 베드로는 대제사장의 뜰까지 따라오기는 했지만 그의 면전에서 그를 모른다고 세 번이나 부인했습니다. 또 다른 제자 유다는 은 삼십을 받고 그를 유대인에게 팔아넘겼습니다.

이제 그에게는 아무도 없습니다. 온통 그를 미워하고 정죄하는 사람들 속에 둘러싸여 있습니다. 개들과 악한 무리와 같은 대제사장의 종들은 그를 주먹으로 치고 손바닥으로 때립니다. 그리고는 침을 뱉으면서 온갖 모욕을 주고 퍼붓습니다.

이들이 그를 빌라도 앞으로 끌고 와서 십자가에 못 박기를 간청합니다. 그가 아무 죄도 없는 것을 누구보다도 빌라도가 잘 알고 있었습니다. 그러나 이 총독은 폭동이 날까 두려워 그들의 손을 들어주었습니다. 사나운 사자와 바산의 힘센 소와 같은 로마군인들이 그를 끌고가서 머리에 가시면류관을 씌우더니 심하게 채찍질을 합니다. 그의 살이 터지고 온몸에서 피가 흐릅니다.

잔인한 군인들은 골고다 언덕에서 그를 십자가에 누이고, 인정사정 보지 않고 두 두 손과 두 발을 십자가에 못 박았습니다. 그리고 십자가를 높이 세웠습니다. 너무도 너무도 아픕니다. 그 고통을 무엇으로 표현하겠습니까?

그는 벌거벗겨진 채 온 세상 앞에 부끄러운 죄인으로 매달려 있습니다. 군인들은 그의 겉옷을 나누고 속옷을 제비뽑으면서 그를 희롱하고 있습니다. 유대인들은 그를 보고 입을 삐쭉이며 온갖 조롱과 야유를 보내며 하는 말이 이것입니다. "그가 여호와께 의탁하니 구원하실 걸, 그를 기뻐하시니 건지실 걸"(8)

그리고 잠시 후 예수님이 크게 소리를 지르십니다. "엘리 엘리 라마 사박다니 하시니 이는 곧 나의 하나님, 나의 하나님, 어찌하여 나를 버리셨나이까 하는 뜻이라"[마 27:46] 그는 다윗의 고난, 아니 모든 인간이 겪는 가장 큰 고통과 아픔 – 하나님으로부터 버림받는 자리 가운데 함께 하시는 것입니다.

인간이 부르짖을때에 전능하신 하나님께서 하늘에서 구원의 사다리를 내려주시는 것은 어려운 일이 아닙니다. 그러나 친히 그 고난의 자리에 내려오시는 것은 정말 어려운 일입니다. 무엇이 더 깊은 사랑인가요? 어떤 것이 더 큰 은혜입니까? 주님은 바로 그 고난의 자리에 내려오시고 그 고난을 친히 당하셨습니다.

주님은 또한 우리에게 이런 약속을 주셨습니다. "볼지어다 내가 세상 끝날까지 너희와 항상 함께 있으리라"(마 28:20) 우리와 항상 함께 하신다는 약속입니다. 이 말씀처럼 주님인 우리가 미움을 받는 자리, 멸시를 받는 자리, 얻어맞는 자리, 무시당하고 소외당하는 자리, 실패와 아픔의 자리, 협박과 눌림의 자리, 그리고 박해당하고 죽임당하는 자리에 함께 하시는 것입니다.

그러므로 성도들은 그 어떤 고난의 자리에서도 외롭지 않습니다. "기록된 바 우리가 종일 주를 위하여 죽임을 당하게 되며 도살 당할 양 같이 여김을 받았나이다 함과 같으니라 그러나 이 모든 일에 우리를 사랑하시는 이로 말미암아 우리가 넉넉히 이기느니라"(롬 8:36-37) 주님은 우리와 함께(연대)하시는 그리스도(Solidarity of Christ) 이십니다.

히브리서 저자는 우리와 연대하시는 주님을 바라보게 합니다. "우리에게 있는 대제사장은 우리의 연약함을 동정하지 못하실 이가 아니요 모든 일에 우리와 똑같이 시험을 받으신 이로되 죄는 없으시니라"(히 4:15)

성도 여러분, 우리가 인생을 살다 보면 다윗과 같이 하나님으로부터 버림받은 것처럼 보이는 현실이 종종 찾아옵니다. 이때 사람의 위로는 아무런 도움이 되지 못할 것입니다. 그러나 바로 그때 이것 하나만을 분명히 붙잡으십시오! 주님은 여러분의 곁을 떠나지 않으십니다. 그는 여러분의 모든 고난에 함께 하고 계십니다. 그는 십자가의 하나님이십니다. 인생길 험하고 마음이 지쳐 살아갈 용기 없어질 때 오직 한 분 예수 그리스도에게 나아가십시오!

그러므로 마지막으로 하고 싶은 말은 이것입니다. 우리 모든 인생에 있어서 정말 필요한 것은 돈이 아닙니다. 성공이 아닙니다. 지위가 아닙니다. 사람이 아닙니다. 예수 그리스도 바로 그분이십니다. 고난당한 모든 사람들의 친구, 십자가의 하나님!

그 예수님은 우리에게만 필요한 분이 아닙니다. 우리 주위에는 그가 필요한 사람들이 너무도 많습니다. 그들 가운데 다윗처럼 인생의 깊은 고난 속에서 방황하고 좌절하며 살아가는 사람들이 얼마나 많겠습니까? 우리가 가족에게 친구에게 이웃에게 줄 수 있는 가장 귀한 선물은 예수 그리스도 그분이십니다. 모든 사람들의 유일한 소망이요 생명이요 유일한 구원자이십니다.

그 소중한 분을 우리의 이웃에게 나누어주는 축복의 통로가 되기를 바랍니다.

(2011년 4월 3일)

깊고도 깊은 하나님 마음

"욥이 여호와께 대답하여 이르되 주께서는 못 하실 일이 없사오며 무슨 계획이든지 못 이루실 것이 없는 줄 아오니 무지한 말로 이치를 가리는 자가 누구니이까 나는 깨닫지도 못한 일을 말하였고 스스로 알 수도 없고 헤아리기도 어려운 일을 말하였나이다 내가 말하겠사오니 주는 들으시고 내가 주께 묻겠사오니 주여 내게 알게 하옵소서 내가 주께 대하여 귀로 듣기만 하였사오나 이제는 눈으로 주를 뵈옵나이다 그러므로 내가 스스로 거두어들이고 티끌과 재 가운데에서 회개하나이다 여호와께서 욥에게 이 말씀을 하신 후에 여호와께서 데만 사람 엘리바스에게 이르시되 내가 너와 네 두 친구에게 노하나니 이는 너희가 나를 가리켜 말한 것이 내 종 욥의 말 같이 옳지 못함이니라 그런 즉 너희는 수소 일곱과 숫양 일곱을 가지고 내 종 욥에게 가서 너희를 위하여 번제를 드리라 내 종 욥이 너희를 위하여 기도할 것인즉 내가 그를 기쁘게 받으리니 너희가 우매한 만큼 너희에게 갚지 아니하리라 이는 너희가 나를 가리켜 말한 것이 내 종 욥의 말 같이 옳지 못함이라 이에 데만 사람 엘리바스와 수아 사람 빌닷과 나아마 사람 소발이 가서 여호와께서 자기들에게 명령하신 대로 행하니라 여호와께서 욥을 기쁘게 받으셨더라 욥이 그의 친구들을 위하여 기도할 때 여호와께서 욥의 곤경을 돌이키시고 여호와께서 욥에게 이전 모든 소유보다 갑절이나 주신지라 이에 그의 모든 형제와 자매와 이전에 알던 이들이 다 와서 그의 집에서 그와 함께 음식을 먹고 여호와께서 그에게 내리신 모든 재앙에 관하여 그를 위하여 슬퍼하며 위로하고 각각 케쉬타 하나씩과 금 고리 하나씩을 주었더라"(욥 42:1-11)

욥기는 참 신비로운 성경입니다. 욥기의 깊이를 무엇으로 표현할 수 있을까요? 얕은 냇물은 속이 금방 들여다보입니다. 그러나 깊은 바다를 생각해보십시오! 속에 무엇이 있는지 알 수 없습니다. 수백, 수천 미터 깊은 심연의 세계는 우리가 상상할 수 없는 신비로움을 갖고 있습니다.

성경 중에는 단순한 것도 있습니다. 거기서 별다른 해석이 나올 것이 없습니다. 누군가 그 본문으로 설교를 한다고 하면, 설교를 듣는 청중은 벌써 어떻게 해석하고 적용할지를 짐작합니다.

그런데 어떤 성경은 깊은 바다 같이 그 밑바닥을 헤아리기가 어렵습니다. 그러다보니 다양한 주제, 다양한 해석이 나옵니다. 욥기가 바로 그런 성경입니다. 그래서 클라인스는 '아무리 많은 시간과 공간이 주어진다 해도 욥기가 말하고자 하는 바를 알아내는 것이 너무 어렵다'고 했습니다.

욥기를 여는 가장 큰 열쇠는 신정론(Theodizee)입니다. 신정론이란 '하나님의 의로우심을 변호하는 것'입니다. 이 세상에는 하나님의 의로우심을 의심할 일들이 있습니다. 예를 들어, 악이라는 것이 어떻게 생겨나게 되었는지를 생각해봅시다.

만약에 악이 저절로 생겼다면 하나님의 절대주권이 훼손되는 것이고, 하나님이 악을 허락하셨다면 하나님의 의로우심이 훼손되는 것입니다. 그런데 하나님은 절대주권자면서 의로우신 분입니다. 그렇다면 어떻게 설명을 해야 합니까? 참 어렵습니다.

특별히 욥기는 고난의 문제를 가지고 신정론을 논하고 있습니다. 욥이 겪는 고난의 원인이 무엇입니까? 그가 사악한 죄를 범했기 때문입니까? 그러나 그가 의로운 자임을 하나님이 보증하십니다. 그런 욥에게 어떻게 이런 처절한 재앙이 올 수 있습니까? 그것을 허락하신 하나님은 의로우십니까? 당연히 하나님은 의로우셔야 합니다. 그렇다면 왜 의로운 욥에게 징벌 같은 재난을 허락하셨을까요? 참 어렵습니다. 그러기에 욥기는 아주 깊고 깊은 바다와 같은 성경입니다.

오늘은 좀 다른 각도에서 욥기를 보고 싶습니다. 욥기를 읽으면서 독자들은 욥과 그의 친구들이 전혀 알지 못하는 천상의 일을 보게 됩니다. 1~2장에서 하나님과 사단이 천상에서 대화하는 장면이 소개됩니다. 하나님은 이처럼 그를 경외하고 정직하여 악에서 떠난 자가 없다고 욥을 칭찬하십니다. 그러자 사단은 그게 다 하나님이 욥을 특별히 축복하셨기 때문이라고, 그리고 만약 그 소유물을 빼앗으면 대놓고 원망할 놈이라고 폄하합니다. 그러자 하나님은 사단에게 그렇게 해보라고 허락하십니다.

그러자 지상에서 욥에게 어마어마한 일들이 일어납니다. 열 명의 자녀가 한꺼번에 죽고, 모든 재산이 날아 갑니다. 그리고 몸조차 병으로 만신창이가 됩니다.

이제 천상의 장면은 사라집니다. 그리고 3장부터 37장까지에서는 지상에서 욥과 세 친구와 엘리후가 논쟁을 합니다. 모두 35장에 달하는 긴 지면을 통해, 그들은 자신들이 지금 보고 있는 고난의 현실을 놓고 하나님과 세상 이치에 대한 격렬한 논쟁을 벌이는 것입니다.

그 속에는 얼마나 깊고 심오한 내용이 담겨있는지 모릅니다. 이들 모두가 경건과 지혜에서 탁월한 사람들입니다. 그러기에 욥의 말이건 친구들의 말이건 우리가 즐겨 인용하는 구절들이 많이 있습니다. "네 시작은 미약하였으나 네 나중은 심히 창대하리라"(욥 8:7) "그러나 내가 가는 길을 그가 아시나니 그가 나를 단련하신 후에는 내가 순금 같이 되어 나오리라"(욥

23:10)

친구들의 눈에 욥이 당한 고난의 원인은 단순명료합니다. 하나님 앞에 중한 죄를 범하지 않고서야 이런 엄청난 재난을 당할 리가 없다는 것입니다. 그러기에 그들은 욥을 추궁하면서 죄를 일깨우고 회개를 촉구합니다. 그러면 하나님은 이 고난을 물리고 그를 회복시킬 것이라고 설교합니다.

그러나 욥은 억울합니다. 자신이 무죄하다는 것은 아닙니다. 그러나 아무리 생각해도, 이런 어마어마한 재난을 당할 만큼 잘못 살지는 않았습니다. 그는 자신이 어떤 삶을 살았는지 얼마나 의롭게 살기 위해 노력했는지 열거합니다. 그런데 이런 고난을 왜 자신이 당해야만 하는지 이해할 수 없다며 항변합니다.

욥에게 가장 견딜 수 없는 것이 있습니다. 그는 이 고난의 최종 주권자가 하나님이라는 것을 믿고 있습니다. 이 고난은 하나님으로부터 온 것입니다. 그런데 그 하나님이 침묵하고 계십니다. 그를 만나면 좀 묻고 싶습니다. 왜 자기에게 그러셨는지를. 어떤 말씀이든 대답을 들을 수만 있다면 숨을 쉴 수 있을 것 같습니다. 그런데 하나님은 어딜 가도 만날 수 없습니다. 아무런 대답도 없습니다. 그분의 침묵이 욥에게는 정말로 견딜 수 없는 것입니다.

이들의 논쟁은 37장에서 종료됩니다. 그리고 38장에서 드디어 하나님은 오랜 침묵을 깨고 입을 여십니다. "그 때에 여호와께서 폭풍우 가운데에서 욥에게 말씀하여 이르시되 무지한 말로 생각을 어둡게 하는 자가 누구냐 너는 대장부처럼 허리를 묶고 내가 네게 묻는 것을 대답할지니라"(욥 38:1-3)

욥을 질책하시는 것입니다. '네가 이 고난을 놓고 나에 대해서 많은

말을 했는데, 그것이 옳은 것이냐? 네가 정말 나를 제대로 알고 있다고 생각하느냐?'

그러면서 하나님은 욥에게 수많은 질문을 던지십니다. 대부분이 자연의 세계 속에 숨겨진 신비하고 수수께끼 같은 일들에 관한 질문입니다. '왜 그러는지 네가 아느냐?'

이런 질문폭탄의 의도는 무엇입니까? '이런 보이는 세계의 단순한 것도 알지 못하는 네가 뭐 보이지 않는 나를 안다고, 나를 다 아는 것처럼? 감히?'

여기에 한마디도 답을 내지 못하던 욥은 마침내 항복합니다. "무지한 말로 이치를 가리는 자가 누구니이까 나는 깨닫지도 못한 일을 말하였고 스스로 알 수도 없고 헤아리기도 어려운 일을 말하였나이다"(3)

한마디로 '무지의 지'입니다. 하나님을 제대로 알지 못함을 깨달은 것입니다. 잘 알지 못하는 것을 옳다고 주장하면서 하나님을 원망한 교만, 그 죄를 욥은 회개합니다. "내가 스스로 거두어들이고 티끌과 재 가운데에서 회개하나이다"(6)

욥만이 아닙니다. 세 친구들 역시 마찬가지입니다. "여호와께서 데만 사람 엘리바스에게 이르시되 내가 너와 네 두 친구에게 노하나니 이는 너희가 나를 가리켜 말한 것이 내 종 욥의 말 같이 옳지 못함이니라"(7) 그들 역시 무지한 말로 하나님과 세상 이치를 가리었습니다. 그러므로 하나님은 그들로 하여금 참회의 제사를 드리도록 하셨습니다.

그런 뒤 어떻게 하셨습니까? 하나님은 욥을 축복하셨습니다. 축복하시되, 이전보다 두 배로 축복하셨습니다. 그러면서 고난을 주제로 한 이 성경은 해피엔딩으로 끝이 나는 것입니다.

우리는 욥기를 읽으면서 '고난'이라는 것을 놓고 욥과 많은 부분에서 공감대를 갖습니다. 고난에 직면하면 우리 역시 욥처럼 아주 작아집니다. 그렇게 강하고 안정되어 보였는데, 고난의 펀치를 연이어 몇 대 맞으면 비틀거리고 초라해집니다. 그러면서 생각이 많아집니다. 수많은 회의가 찾아옵니다. "내가 믿는 하나님, 내가 믿어온 하나님은 어디에 계시는가?" 그가 안계시다는 생각조차 듭니다. 하나님의 부재입니다.

또는 그가 전능하신 하나님이 아니라 무기력한 하나님처럼 느껴집니다. "나에게 찾아온 이 고통스러운 현실을 전혀 바꾸어 주지 못하시는 무기력한 하나님! 과연 내가 그를 믿고 의지하는 것이 무슨 소용이 있을까?" 이렇듯 깊은 의구심에 사로잡힙니다.

그러다가 그 하나님은 다시 두려운 분으로 느껴집니다. "나의 작은 죄도 이 잡듯이 찾아내시고, 그 모든 것을 재난을 통해 철저히 벌하시는 가혹하신 하나님! 몽둥이를 드신 그 하나님은 참으로 무정하고 잔인하신 하나님이시다!"

시간이 지나도 뒤바뀌지 않는 이 절망적인 현실은 마침내 하나님이 나를 버리셨다고 생각하게 만듭니다. 수많은 부르짖음에도 응답하시지 않는 하나님은 나를 이 고통 가운데 내 던지시고 등을 돌리고 외면하고 계시는 것처럼 느껴집니다. "내 하나님이여 내 하나님이여 어찌 나를 버리셨나이까 어찌 나를 멀리 하여 돕지 아니하시오며 내 신음 소리를 듣지 아니하시나이까 내 하나님이여 내가 낮에도 부르짖고 밤에도 잠잠하지 아니하오나 응답하지 아니하시나이다"(시 22:1-2) 누구나 고난의 한 가운데 서게 된다면 이 모든 소리를 듣게 될 것입니다.

그러나 이 모든 것에도 불구하고 욥기가 우리에게 주는 것이 있습니다. 욥기를 읽으면서 우리는 우리도 모르게 '하나님의 눈'을 가지고 욥을 바라보게 됩니다. 한편으로는 고난 중에 허우적대는 욥의 눈에 공감하면서, 다른 한편으로는 그 절망에 빠진 욥을 바라보시는 '하나님의 눈'을 가지게 됩니다.

처음부터 끝까지 '하나님의 눈'은 욥을 주시하고 있었습니다. 마치 어항 속의 물고기를 주시하듯이 고난당하는 욥 하나하나를 놓치지 않고 감찰하고 계셨습니다.

처음에는 갑자기 찾아온 재앙 가운데서도 하나님을 원망하지 않고 엎드려 경배하던 욥, 그러나 점차로 그 믿음이 흔들리며 자신이 태어난 날을 저주하던 욥, 친구들과 이웃과 아내에게조차 버림을 당한 외로운 욥, 깊은 절망 속에서 기왓장으로 병든 몸을 긁으며 죽기를 갈망하던 욥! 그 욥은 전혀 알지 못했지만, 모든 것 하나하나를 놓치지 않고 지켜보시는 하나님의 자비와 사랑의 눈을 우리는 이 성경 속에서 분명히 보게 됩니다.

자비의 하나님이셨지만 하나님은 단호한 목적을 갖고 욥을 기다리게 하셨습니다. 좀 더 많은 인내를 주문하시면서 그 인내의 한계까지 하나님은 침묵하셨습니다.

그러더니 욥에게서 이 고백이 나오게 하셨습니다. "내가 주께 대하여 귀로 듣기만 하였사오나 이제는 눈으로 주를 뵈옵나이다"(5) 이 모든 고난의 과정을 지나면서 마침내 욥의 눈이 열렸습니다. 주를 보게 되었습니다. 그를 지켜보시는 그분을 본 것입니다. 이것은 이 세상 무엇과도 바꿀 수 없는 축복이고, 어떤 값을 치루더라도 올라가고 싶은 믿음의 경지였습니다.

하나님은 이 모든 고난의 과정을 통해서 욥을 저 높은 믿음의 단계로 뛰어 오르게 하셨습니다. 높고 험한 산을 마음껏 뛰어다니는 사슴과 같게 하셨습니다. "주 여호와는 나의 힘이시라 나의 발을 사슴과 같게 하사

나를 나의 높은 곳으로 다니게 하시리로다"(합 3:19)

결국 하나님은 그의 목적을 이루셨습니다. "주께서는 못 하실 일이 없사오며 무슨 계획이든지 못 이루실 것이 없는 줄 아오니"(2) 그가 뜻하고 원하시는 대로 이루셨습니다. 그리고 마침내 욥에게 이전보다 더 큰 축복을 내리셨습니다. 이 해피엔딩이 그에게 고난을 허락하신 하나님의 깊고도 깊은 마음입니다.

욥기는 우리에게 이 하나님의 눈을 선물합니다. 욥은 결코 버림받은 것이 아니었습니다. 욥의 하나님은 결코 무기력한 하나님이 아니셨습니다. 그의 죄를 징벌하시는 잔인한 하나님이 아니셨습니다. 하나님은 처음부터 끝까지 천상에서 사랑과 자비의 눈으로 그를 지켜보고 계셨던 것입니다.

우리는 이 '하나님의 눈'을 가슴 깊이 담아두어야 합니다. 믿음으로! 언젠가 우리 역시 고난 가운데서 힘들어할 때에, 욥과 동일한 마음을 갖게 될 것입니다. 깊은 죄책감, 버림받은 심정, 외로움, 처절한 절망감의 쓰나미가 몰려올 것입니다. 마치 그것이 하나님의 뜻인 것처럼 마귀는 우리 속에 속삭일 것입니다. 그런 어리석은 확신에 우리도 모르게 빠져들 것입니다. 그것이 하나님의 참된 이치를 가리고 우리의 생각을 어둡게 할 것입니다.

바로 그때 그 혼돈 속에서 우리는 이 욥기가 주는 '하나님의 눈'을 가슴에서 꺼내들어야 합니다. 그는 보고 계십니다. 그는 감찰하고 계십니다. 비록 지금은 아닌 것 같지만, 그가 없는 것 같지만, 그가 나를 돕지 않는 것 같지만, 그가 나를 버린 것 같고 외면하는 것 같지만, 그러나 욥기는 이렇게 말해줍니다. "그는 나를 돕는 자 중에 계신다. 그는 보이지 않는 곳에서 나를 바라보신다. 한없는 자비와 긍휼의 눈으로!"

그는 이 고난을 통해서 그의 뜻을 이루실 것입니다. 내가 알지 못하는 비밀스러운 그의 뜻을 이루어 가실 것입니다. 틀림없이 이루어 가실 것입니다. 마침내 나의 눈을 열어 그를 보게 해주실 것입니다. 나를 저 높은 곳에 세우실 것입니다. 그리고 그것은 결국 나에게 갑절의 축복이 될 것입니다. 결국은 해피엔딩입니다. 결국은 이기게 될 것입니다.

이 깊고도 깊은 하나님의 마음을 믿음으로 붙드는 우리 모두가 되기를 바랍니다.

(2018년 1월 28일)

때가 아직 낮이매

"예수께서 길을 가실 때에 날 때부터 맹인 된 사람을 보신지라 제자들이 물어 이르되 랍비여 이 사람이 맹인으로 난 것이 누구의 죄로 인함이니이까 자기니이까 그의 부모니이까 예수께서 대답하시되 이 사람이나 그 부모의 죄로 인한 것이 아니라 그에게서 하나님이 하시는 일을 나타내고자 하심이라 때가 아직 낮이매 나를 보내신 이의 일을 우리가 하여야 하리라 밤이 오리니 그 때는 아무도 일할 수 없느니라 내가 세상에 있는 동안에는 세상의 빛이로라 이 말씀을 하시고 땅에 침을 뱉어 진흙을 이겨 그의 눈에 바르시고 이르시되 실로암 못에 가서 씻으라 하시니(실로암은 번역하면 보냄을 받았다는 뜻이라) 이에 가서 씻고 밝은 눈으로 왔더라"(요 9:1-7)

예수님이 제자들과 함께 길을 가고 계셨습니다. 그런데 길을 가시던 중 날 때부터 맹인 된 자를 보게 되셨습니다. 8절의 내용, 즉 사람들이 '이는 앉아서 구걸하던 자가 아니냐'라고 말한 것으로 보아, 그는 아마도 거기에 앉아서 늘 구걸하였던 것 같습니다. 당시 장성한 맹인이 할 수 있는 일이 무엇이 있었겠습니까?

맹인으로 태어난 자, 그래서 매일 구걸로 입에 풀칠하면서 하루하루 살아가는 이 사람은 아마도 당시 유대사회에서 가장 불행한 사람이었을 것입니다.

지금도 마찬가지입니다. 눈을 들어서 세상을 보면, 이처럼 큰 불행을 당한 사람들이 많이 있습니다. 좋은 부모에게서 건강하게 태어나 그냥 무탈하게 살아가는 사람들도 많지만, 비참한 환경에서 태어나 평생을 빈곤과 싸우거나 장애의 몸으로 불편하게 살아가야 하는 사람들이 얼마나 많습니까!

우리교회가 후원하는 기관 중에 거제도에 있는 '애광원'이란 곳이 있습니다. 이곳은 정신지체장애자를 돌보는 곳으로 장애인학교와 직업센터 등을 갖춘 아주 큰 규모의 복지기관입니다. 이곳에 있는 사람들 중 장애 정도가 심하지 않은 이들은 장애인학교도 다니고, 사회에 나가 정착하기도 합니다. 그러나 아주 심한 중증장애인들도 있습니다. 가끔 사역훈련생들과 이곳을 방문할 때면, 항상 원장님에게 민들레집을 방문할 수 있게 해달라고 부탁 합니다. 이곳은 중증장애인을 돌보는 곳입니다. 여기에는 태어나서 죽을 때까지 누운 채 돌봄을 받아야 하는 친구들이 있습니다. 아마도 옛날 같으면 오래 살지 못하고 죽었을 것입니다. 그러나 지금은 국가의 돌봄 시스템으로 이렇게 연명해갑니다.

이들은 자기 의지와 상관없이 이렇게 태어났습니다. 왜 이들은 이처럼 고통 가운데 태어나 평생 힘들게 살아가야 할까요? 무신론자들은 이런 모습을 보면서 하나님의 실패작이라고 노골적으로 조롱합니다.

C.S.루이스가 쓴 〈고통의 문제〉(The Problem of Pain)라는 책을 보면, 이런 고난에 대해서 비신자들이 가질 수 있는 생각이 소개되어있습니다. "하나님이 선하다면 자신이 만든 피조물들에게 완벽한 행복을 주고 싶어 할 것이며, 하나님이 전능하다면 그 소원대로 할 수 있을 것이다. 그런데 지금 피조물들은 행복하지 않다. 그러므로 하나님은 선하지 않은 존재이거나 능력이 없는 존재, 또는 선하지도 않고 능력도 없는 존재일 것이다." 참 얄궂은 표현입니다.

반면에 하나님을 변호하려는 사람들은 그 불행의 원인을 인간 속에서 찾으려고 합니다. 인간 스스로가 잘못했기 때문이라는 것입니다. 여기 제자들의 질문이 그것입니다. "랍비여 이 사람이 맹인으로 난 것이 누구의 죄로 인함이니이까 자기니이까 그의 부모니이까"(2)

이것은 당시 유대인들이 갖고 있던 율법적인 사고입니다. 모든 고난은 죄에 대한 하나님의 징계라는 것입니다. 랍비 암미도 이렇게 가르쳤습니다. "죄 없이는 죽음도 없고, 범죄함 없이는 고난도 없다." 욥의 세 친구들도 이와 같은 사고를 가진 사람들이었습니다.

이런 사고의 틀에서 보면 이 사람이 맹인 된 것도 무조건 죄 때문입니다. 그런데 누구의 죄냐가 궁금한 것입니다.

아직 세상에 태어나기 전이지만, 그래도 이 맹인 자신의 죄일 수 있습니다. 쌍둥이 야곱과 에서는 리브가의 뱃속에서 서로 싸웠습니다. 다윗은 시편 51편에서 자신이 모태에서부터 이미 죄인이었다고 고백하고 있습니다.

그러나 이보다는 맹인 부모의 죄 때문이라는 것이 더 호소력이 있습니다. 율법에도 이렇게 가르칩니다. "형벌 받을 자는 결단코 사하지 아니하시고 아버지의 죄악을 자식에게 갚아 삼사대까지 이르게 하리라"(민 14:18) 부모의 죄 값이 자녀, 손자 대에 형벌로 나타날 수 있음을 암시하는 말씀입니다.

우리 역시 자녀에게 큰 시련이 오면, 부모인 나 때문은 아닌지 돌아보게 됩니다. 이것은 거의 본능적입니다.

이처럼 고난이 죄에 대한 신의 징계라고 하는 인과응보적인 개념은 종교인뿐 아니라, 양심을 갖고 살아가는 사람들 대부분에게 있습니다. 그래서 누군가 큰 사고나 불행을 당하면, "무슨 죄를 지어서?"라고 생각하고, 이웃나라의 자연재해를 보면서 과거에 지은 죄가 많기 때문이라고 생각합니다.

물론 고난의 원인이 죄일 수 있습니다. 분명 죄 때문에 당하는 고난이 있습니다. 그러나 모든 고난의 원인이 죄일 수는 없습니다. 주님의 대답이 그것을 가르쳐줍니다. 모든 사람들이 이것은 당연히 죄의 결과인 것으로 결론지었지만, 주님은 아니라고 말씀하십니다.

하나님 또한 매번 죄를 징계하시고 보응하시는 분은 아닙니다. 만약 그러신다면 지금 우리 중에 살아남아 있을 사람이 누가 있겠습니까?

특별히 고난 중에 있는 사람을 이런 율법적인 사고로 보면서 정죄하는 것은 그에게 고통만 가중시키는 것입니다.

아마도 여기 맹인은 보지 못하는 불편함, 가난과 배고픔의 고통 못지않게, 주위 사람들의 차가운 시선을 감수해야 했을 것입니다 그를 향한 바리새인들의 말을 생각해보십시오. "네가 온전히 죄 가운데서 나서 우리를 가르치느냐"(요 9:34) – "이 죄 중에서 태어난 놈아!"라는 그런 말입니다. 유대인들의 눈에 이 맹인은 하나님께 큰 벌을 받는 죄인이고, 그의 집안은 이스라엘에서 저주받은 집안이었습니다. 종교라는 것이 참 무정하다는 생각이 들지 않습니까?

맹인자신이나 그의 가족 역시 이런 사고의 틀에서 벗어나지 못했습니다. 그러므로 자신들이 저주와 형벌을 받고 있다고 생각하면서 하나님을 몹시 두려워할 수밖에 없었습니다.

그런데 예수님의 대답은 이 모든 것을 한순간에 뒤엎었습니다. "이 사람이나 그 부모의 죄로 인한 것이 아니라 그에게서 하나님이 하시는 일을 나타내고자 하심이라"(3) 그 사람이 맹인으로 태어난 것은 죄 때문이 아니라는 것입니다. 그의 고난은 오히려 하나님이 그의 일을 나타내기 위한 것이라고 말씀하시는 것입니다.

이 말씀을 잘 되새겨봅시다. 제자들은 맹인이 된 원인을 물었지만, 예수님의 대답은 그가 맹인 된 것의 목적이었습니다. 주님은 이 참담한 고난의 '동기'가 아니라, 그 고난을 허락하신 하나님의 '목적'에 주목하십니다. NIV의 번역이 이것을 잘 나타냅니다. "이런 일이 일어난 것은 그 사람 속에서 하나님의 사역이 드러내지기 위한 것이다."

이 장애인 속에서 하나님께서 하시고자 하는 일이 있습니다. 그 일을 위해서 예수 그리스도를 보내셨습니다. 주님이 바로 그 일을 하셨습니다. 땅에 침을 뱉어 진흙을 이기고 그것을 이 맹인의 눈에 바르셨습니다. 그리고는 그에게 실로암에 가서 씻으라고 하셨습니다. 실로암은 보내심을 받았다는 뜻입니다. 그 말씀대로 가서 씻었을 때에 그의 눈이 열렸고, 그는 지금까지 한 번도 보지 못했던 세상을 보게 되었습니다. 그가 밝히 보는 눈으로 돌아왔을 때 모두가 놀라 하나님께 영광 돌렸습니다.

이렇게 맹인의 눈을 열어 보게 하시면서 하나님께 영광 돌리게 하는 일, 그것이 바로 하나님의 일이었습니다. 자, 우리가 여기서 몇 가지 교훈을 받읍시다.

첫째, 고난에 대한 사고의 틀을 바꿉시다.

어떤 고난에 봉착할 때 우리가 흔히 갖는 사고의 틀이 있습니다. 왜 이렇게 되었을까? 누가 잘못했는가? 뭘 잘못 했을까? - 고난의 동기를 따지는 것입니다.

이처럼 고난의 원인에 주목하는 것은 한마디로 뒤를 보는 것입니다. 지나간 것을 추적합니다. 그러다 보면 속상하고 원망스러운 것이 많습니다. 잘못한 내가 밉고, 부모가 원망스럽고, 그런 불행을 야기한 누군가가 원망스럽습니다.

그러나 예수님의 사고의 틀은 하나님의 목적에 주목합니다. "이 당면한 문제에서 하나님이 하시고자 하는 일은 무엇일까? 하나님의 계획은 무엇일까?" 즉, 사람들이 고난의 원인에 주목할 때, 예수님은 고난의 목적에 주목하십니다.

아까 NIV 성경의 번역에서 '그 사람'을 '나'로 바꿔봅시다. "내게 이런 일이 일어난 것은, 내 속에서 하나님이 하시고자 하는 사역이 드러나기 위한 것이다." 고난 속에서 미래를 보는 것입니다.

우리가 뭔가 계획하다가 원하는 대로 되지 않고 일이 틀어질 때에, 자칫 서로 네 탓이라며 비방하고 원망하기 쉽습니다.

그때 이 사고의 패러다임을 가집시다! 계획한 대로 안 되는 것은 불행이 아닙니다. 하나님이 나의 일이 아니라 그의 일을 나타내시려고 하는 것입니다. 이런 사고틀 속에는, 현실의 두려움과 절망을 뛰어넘는 믿음과 소망의 힘이 있습니다. 이런 주님의 안목을 가질 수 있기를 바랍니다!

둘째, 하나님의 일은 우리가 하는 것입니다.

4절의 말씀에 주목해봅시다. "때가 아직 낮이매 나를 보내신 이의 일을 우리가 하여야 하리라 밤이 오리니 그 때는 아무도 일할 수 없느니라"(4)

여기서 주목해야 할 대명사가 있습니다. 내가 아닌 우리입니다. "나를 보내신 이의 일을 우리가 하여야 하리라" 하나님의 일은 주님만 하시는 것이 아니라, 우리가 같이 하는 것입니다.

우리가 누구입니까? 예수님의 제자들이요, 그들을 통해 예수를 믿은 모든 그리스도인들 곧 주님의 몸 된 교회입니다.

하나님의 일은 우리와 무관하게 하나님이 알아서 기적을 일으키시는 그런 것이 아닙니다. 그것은 우리 성도들 각자가 해야 하는 일이고, 교회가 해야 할 일이고, 주 예수의 이름으로 오신 성령과 함께 해야 하는 일입니다.

그 일이 어떤 일입니까? 맹인의 눈을 뜨게 한 것과 같은 그런 일입니다. 불행당한 사람을 치유해주는 일, 그것이 하나님의 일입니다.

그것은 기적의 일만이 아닙니다. 오늘날 맹인과 같은 장애인들이 더 이상 불편하고 불행하게 살아가지 않도록, 그들을 지원하고 돕는 그 일이 하나님의 일입니다.

하루 1달러 이하로 연명하면서 기아와 영양부족으로 고통 받은 지구촌의 사람들을 구제하는 것, 전쟁과 박해를 피해 도망 온 난민들을 돕는 것, 이것이 바로 우리가 해야 할 하나님의 일입니다.

이런 불행을 만난 사람들을 앞에 두고, 불행의 원인은 무엇이며 누구의 잘못인지, 그리고 어떤 역사적인 과오이고 어떤 정치인의 실정이냐를 따지는 것도 필요합니다.

그러나 우리의 눈은, 하나님이 그들 속에서 이루기 원하시는 하나님의 일에 주목해야 합니다. 뒤를 돌아보지 않고 앞을 바라보면서 그 일을 우리가 나서서 하는 것입니다.

무엇보다도 영원한 것에 항상 주목해야 합니다. 그들의 배고픔을 채워줄 빵도 필요합니다. 헐벗은 몸을 덮어줄 옷도 주어야 합니다. 그러나 그 못지않게 중요한 것은 그들의 영혼을 항상 돌아보는 것입니다. 영혼이 구원을 받게 하는 것입니다.

이를 위해 복음을 들려주는 것입니다. 여기서 부지런히 전도하고, 또 땅 끝까지 선교사를 보내어 선교하는 것입니다. 우리가 직접 그 땅을 방문해서 섬기는 것입니다. 이보다 중요한 것이 있겠습니까? 이것이 하나님의 일입니다. 우리를 통해 하나님의 일이 이루어지기를 바랍니다!

셋째, 부지런히 최선을 다합시다.

주님은 하나님의 일을 할 수 있는 시간이 무한한 것이 아님을 경고하십니다. "밤이 오리니 그 때는 아무도 일할 수 없느니라"(4b) 낮이 지나고 해가 지면서 어두운 밤이 올 것입니다. 그러면 일 할 수 없습니다.

일할 수 없는 밤은 언제입니까? 우리의 도움을 받아야 하는 사람이 죽는 시간입니다. 그리고 도와야 할 내가 죽는 시간입니다. 마지막에 주님이 다시 재림해서 모든 구원의 문이 닫히는 시간입니다.

일 할 수 있는 낮은 언제입니까? "내가 세상에 있는 동안에는 세상의 빛이로라"(5) 아직 주님이 세상 가운데 계시는 시간입니다. 이것은 성령의 시간을 가리킵니다. 예수의 이름으로 오신 성령은 지금 이곳에서 우리와 함께 하나님의 일을 하십니다. 그러나 그 시간도 언젠가 끝날 것입니다.

말씀을 맺겠습니다. 사랑하는 성도 여러분, 우리의 생각의 틀을 바꿉시다. 삶의 패러다임을 바꿉시다. 언제 어디서나 어떤 일을 만나든 낙망하며 원망하지 말고, 하나님께서 하시고자 하는 일을 기대합시다. 그것이 무엇일까를 생각합시다.

그리고 그것이 하나님의 일이라고 확신한다면 최선을 다합시다. 마치 오늘이 마지막 기회인 것처럼 열정을 갖고 합시다. 그래서 내일 주님이 오셔서 그의 맡기신 일을 놓고 결산한다고 하실 때에, 착하고 충성된 종이었다고 칭찬받아야 할 것입니다. 그런 신실한 종으로 살아가기를 바랍니다.

(2018년 9월 16일)

예수님이 찾아오신 사람들

주 여호와의 영이 내게 내리셨으니 이는 여호와께서 내게 기름을 부으사 가난한 자에게 아름다운 소식을 전하게 하려 하심이라 나를 보내사 마음이 상한 자를 고치며 포로된 자에게 자유를, 갇힌 자에게 놓임을 선포하며 여호와의 은혜의 해와 우리 하나님의 보복의 날을 선포하여 모든 슬픈 자를 위로하되 무릇 시온에서 슬퍼하는 자에게 화관을 주어 그 재를 대신하며 기쁨의 기름으로 그 슬픔을 대신하며 찬송의 옷으로 그 근심을 대신하시고 그들이 의의 나무 곧 여호와께서 심으신 그 영광을 나타낼 자라 일컬음을 받게 하려 하심이라(사61:1~3)

세상을 사는 삶의 방식에는 두 가지가 있습니다. 위를 보고 사는 삶과 아래를 보고 사는 삶입니다.

위를 보고 사는 삶은 세상 대부분의 사람들이 살아가는 삶의 양식입니다. 더 높은 곳, 더 많은 소유, 더 좋은 환경과 여건에 행복이 있다고 생각합니다.

한번 확인해봅시다. 제가 던지는 질문에 몇 가지에 동의하는지 세보십시오! 1) 한 달에 이백만원을 버는 것보다는 삼백만원을 번다면 훨씬 행복할 것이다. 2) 10평의 서민 아파트에 사는 것보다는 30평의 새로 지은 고층 아파트에 사는 것이 더 행복할 것이다. 3) 이름 없는 대학보다는 명문대학, 그 중에서도 SKY대학에 입학하면 더 행복할 것이다. 4) 이름 없는 중소기업보다는 삼성이나 현대 등의 대기업에 들어가면 더 행복할 것이다. 5) 그런 대기업의 평사원보다 상무 등의 임원이 되면 더 행복할 것이다. 아마 다섯 가지 다 일 것입니다.

우리나라에서 대학을 졸업하고 대기업에 취직하는 것이 얼마나 어렵습니까? 거기서 신입사원이 임원이 될 확률은 0.6% 즉 1000명 중 6명 정도에 불과합니다. 삼성은 국내 직원 20만명 중 1700명만이 임원이고 LG도 임원은 직원 20만명 중 700명에 불과합니다. 그리고 임원이되는 데는 약 23.6년이라는 기나긴 세월이 걸립니다. 그야말로 '미션 임파서블'입니다. 이 0.6%안에 들기 위해서 오늘도 많은 사람들은 매일 새벽별을 보고 나갔다가 자정 돼서나 집에 들어오는 삶을 반복하고 있습니다.

이런 극심한 경쟁에 뒤져서 실직과 탈락의 고배를 마시면서 살아가는 사람들이 많습니다. 그 부산물로 깊은 좌절과 열등감에 시달립니다. 자신만을 불평하는 것이 아니라, 주위 사람들을 또한 불행하게 만들기도 합니다.

몇 년 전 어머니를 살해하고 8개월 동안 시신을 숨겨 두었던 고3학생이 경찰에 붙잡혔습니다. 그는 어머니에게 너무 시달렸습니다. 그녀는 평소 아들이 전국 1등을 해야 한다면서 자주 때렸고, 성적이 마음에 들지 않으면 밥을 안 주거나 잠을 못하게 했습니다.

이런 극단적인 예는 아니더라도, 우리들 역시 대부분 이런 크고 작은 것을 삶의 목표로 삼고 더 나은 내일을 꿈꾸며 에너지를 소진합니다. 이것이 보통 사람이 사는 길입니다. 주님은 이것을 많은 사람들이 쉽게 찾는 넓고 평탄한 길이라고 했습니다.

그러나 우리 그리스도인들은 전혀 다른 삶에 부딪혔습니다. 낮은 곳으로 향하고 아래로 내려가는 삶입니다. 예수님이 보여주셨던 삶입니다. 그분 안에서 우리는 전혀 다른 삶의 모델을 보았고 그 혜택을 가장 먼저 누렸습니다.

이것은 우리에겐 아주 낯선 삶입니다. 그는 모든 인간이 올라가고 싶어 하는 하나님의 영광중에 계신 분이었습니다. 근본 하나님의 본체이시고, 그 영광과 능력에 있어서 하나님과 동등하신 분입니다. 그러나 그는 자신을 비우셨습니다. 그리고 우리와 같은 종의 형체를 입고 세상으로 오셨습니다. 이것이 크리스마스입니다.

그의 첫 방문지는 베들레헴의 냄새나는 마구간이었습니다. 더러운 구유통에 그 어린 몸이 누여졌습니다. 세상에 오시되 그 중에서도 가장 낮은 곳으로 임하셨습니다. 이것이 크리스마스가 주는 첫 번째 메시지입니다.

그는 당시 유대나라 부의 2/3가 몰려있던 예루살렘에서가 아니라, 저 북쪽 변방 나사렛에서 가난한 목수의 아들로 자라나셨습니다. 공생애의 대부분 역시 이 갈릴리지역에서 보내셨습니다. 이곳에 살던 소위 천한 유대인들이 가장 많이 병고침을 받았고, 이 지역에서 가장 많은 제자들이 나왔습니다.

마태는 이것을 다음과 같은 구약예언의 성취로 해석했습니다. "이는 선지자 이사야를 통하여 하신 말씀을 이루려 하심이라 일렀으되 스불론 땅과 납달리 땅과 요단 강 저편 해변 길과 이방의 갈릴리여 흑암에 앉은 백성이 큰 빛을 보았고 사망의 땅과 그늘에 앉은 자들에게 빛이 비치었도다 하였느니라"(마 4:14-16)

그 뿐만이 아닙니다. 그는 고관대작을 가까이 하지 않으셨습니다. 오히려 병자, 세리, 죄인, 창녀들 즉 그 사회에서 버림받은 사람들을 가까이 하셨고, 그들 또한 예수님을 따랐습니다. 이를 비웃어 바리새인들은 그를 "세리와 죄인의 친구"라고 불렀습니다.

오늘 사 61:1-3의 노래 역시 그 메시지를 담고 있습니다. 하나님이 그에게 성령으로 기름 부으셨습니다. 메시아(그리스도)입니다. 그래서 주님은 그리스도로서의 사역을 시작하시면서 이 성경을 인용하셨습니다. (눅 4:18-19) 성령이 임하고 하나님이 그에게 기름 부어 세상에 보내셨습니다.

그가 찾아간 사람들은 어떤 사람들이었습니까? 가난한 자들을 찾아가 기쁜 소식을 전하였고, 마음에 상처가 난 자를 치유해주셨습니다. 포로 되고 갇힌 자들에게는 자유와 해방을 주셨습니다. 슬픈 자는 위로하고 근심에 눌린 사람은 기쁨으로 찬미하게 해주셨습니다.

이런 삶, 이런 사역이 쉬운 것입니까? 아닙니다. 그것은 심히 어렵고 좁은 길입니다. 주님은 이 사명을 이루시기 위해 십자가를 지고 자기 생명까지 내어주셨습니다. "인자가 온 것은 섬김을 받으려 함이 아니라 도리어 섬기려 하고 자기 목숨을 많은 사람의 대속물로 주려 함이니라"(마 20:28)

어떻습니까? 그의 삶은 확실히 다른 것입니다. 그의 삶은 경쟁하여 쟁취하고 소유하고 누린 것이 아니라, 자신이 가진 것을 나누고 아낌없이 쏟아부어주는 삶이었습니다.

그 혜택을 가장 먼저 받은 자들이 누구입니까? 바로 우리 그리스도인들입니다. 죽은 우리가 살아나고, 멸망할 수밖에 없었던 우리에게 영생이 주어졌습니다.

이 은혜를 입은 우리 모두에게 주어지는 도전이 있습니다. "너희 안에 이 마음을 품으라 곧 그리스도 예수의 마음이니"(빌 2:5) 이 예수의 마음을 품으라는 것입니다.

진정 그를 만났다면 그의 은혜가 무엇인지, 그가 걸어간 그 길을 안다면 이제 그의 마음을 우리 속에 담으라는 것입니다.

예수님이 가지신 그 마음 - 그것은 채우는 삶이 아니라 비우는 삶입니다. 지배하고 섬김을 받는 자리가 아니라, 기꺼이 종의 형체를 가지고 섬기는 자리입니다. 남을 밟고 내가 사는 삶이 아니라, 남을 위해서 기꺼이 죽는 십자가입니다.

성탄절 속에는 지금까지 우리가 살아오던 길을 바꾸라는 강력한 메시지가 담겨져 있습니다. 세상 모든 사람들이 가는 그 길에서 예수님이 가신 길로 방향을 바꾸어 가라는 것입니다. 그것은 단순히 한두 가지 행위의 변화가 아닌 패러다임의 변화를 의미합니다. 삶의 근본이 되는 틀과 가치관의 변화를 말하는 것입니다.

이제 위를 보지 말고 아래를 보는 것입니다. 주어진 것에 만족하고 감사하고, 나보다 훨씬 더 큰 고통 속에서 살아가는 사람들을 바라보는 것입니다. 주님이 소자들을 섬기신 것처럼, 우리도 병들고, 헐벗고, 갇혀 있는 사람들, 즉 작은 예수들을 섬겨야 합니다. 여기에 행복이 있고, 여기서 우리는 비로소 진정한 진리와 변화를 경험하게 됩니다.

여기서 잠깐 헨리 나우엔의 이야기를 해보겠습니다. 그는 깊은 학문과 영성을 지닌 하버드 대학 교수였습니다. 그러나 어느 날 이 모든 것을 내려놓고 캐나다 토론토에 있는 중증장애인 기관 데이브레이크의 목회자로 들어갔습니다. 이것은 대단한 결단입니다.

거기서 그는 누군가의 도움이 없이는 아무 것도 할 수 없는 아주 심한 중증장애인 아담을 만났습니다. 아담은 남에게 해줄 수 있는 것이 거의 없을 뿐만 아니라 도리어 가족과 공동체와 사회에 짐만 되는 사람이었습니다. 그를 돌보는데 정말 많은 시간이 요구되었습니다.

하루는 오랫동안 신학을 가르쳐온 친구목사가 이곳을 방문하였습니다. 그는 나우엔이 살아가는 모습을 보고는 분개했습니다. "헨리, 자네가 시간을 소비하고 있는 데가 여기인가? 이 장애인에게 자네의 시간과 에너지를 투자하기 위해 그렇게 많은 사람에게 영감을 주었던 대학을 떠났단 말인가?" 그의 눈에 이 유능한 지성인이 중중장애인을 돌보는 데 시간을 바치는 것은 엄청난 낭비로 보였습니다. 그는 분노에 가까운 어조로 이런 질문을 쏟아 부었습니다. "유능한 사람도 살기 힘든 상황에서 심한 장애가 있는 사람들에게 많은 시간과 돈을 쓰는 이유가 뭔가? 인류가 직면한 실제적인 문제들을 해결하는데 투자되어야 할 시간과 에너지가 왜 이런 사람들에게 사용되어야 하는가?"

대부분의 사람들의 가치를 좌우하는 것은 역시 경제였습니다. 경제적 가치의 유무가 중요했습니다. 생산적인 데 투자되어야 할 돈들이 이런 중증장애인들에게 쏟아 부어진다는 것은 허비였습니다. 적어도 위를 향해 달려가는 사람들의 눈에는 당연한 결론일 것입니다.

모든 것을 내려놓고, 여기 장애인을 섬기는 자리에 와있는 나우엔 역시 그런 가치관에 오랫동안 교육되어지고 물들어 있던 사람이었습니다. 이 뿌리 깊은 가치관이 바뀌는 것은 하루아침에 되는 것이 아니었음을 그 역시 체험했습니다.

그에게 있어서 변화는 이 무능한 장애인 아담을 통해서 찾아왔습니다. 나우엔은 이 장애인 속에서 예수님의 삶을 조금씩 보게 되었습니다. 당시 사람들에게 이해되지 않았던 예수님, 때리면 맞고 비방과 수욕을 감당하신 예수님, 그리고 사람들의 손에 끌려 십자가에 못박히신 예수님을 보게 되었습니다. 아무 말 없이 살아가는 아담을 대하면서, 나우엔은 과거 성경을 읽고 연구하면서도 발견하지 못했던 예수님의 숨겨진 삶에 직면하게 되었습니다.

그는 먼저 자기 속에 숨겨진 엄청난 장애들을 발견하게 되었습니다. 아담의 장애는 오히려 쉽게 눈에 보이는 것이었지만, 그의 장애는 잘 보이지 않았고 잘 인식되지 않는 것이었습니다.

그의 장애는 무엇입니까? 그의 안에는 보이지 않는 강렬하고 끈질긴 경쟁 즉 경쟁의식이 뿌리 깊이 박혀있었습니다. 남보다 한 발 앞서기 위해서 어떤 술수라도 부리려고 하는 마음, 그리고 남들 눈에 자신을 조금이라도 더 두드러지게 보여야 한다는 압박감이 있음을 보았습니다. 그는 그것이 쉽게 고쳐지지 않는 장애임을 깨달았습니다.

그러나 장애인 아담에게는 그런 것이 없었습니다. 이런 점에서 오히려 아담은 강자였습니다. 그는 항상 조용하고 평화롭게, 내면이 견고한 상태로 그곳에 있었습니다. 반면에 나우엔은 실제로 아주 불안정하고 궁핍하고 연약한 인간이었습니다.

말 못하는 장애인 아담은 무언의 메시지를 끊임없이 주고 있었습니다. 경쟁이 아닌 긍휼만이 인간의 소명을 완수하는 길이라는 메시지였습니다. 그는 개인주의, 물질주의, 관능주의가 주도하는 사회규범에 자신을 송두리째 빼앗겨버리는 우리 모두를 철저하게 비판했습니다. 그는 아담 속에서 살아있는 예수님을 경험하였습니다. 만나고 또 만나고 하면서 나우엔 속에서 조금씩 가치관의 역전이 일어나게 되었습니다. 위로 향하던 삶에서 아래로 향하는 삶 즉 예수 그리스도의 마음을 품게 된 것입니다.

나우엔은 그것을 경험하고 난 다음에야 비로소 영적으로 완전히 새로운 영역으로 들어가는 것 같았다고 고백했습니다. 그는 진정으로 이렇게 말했습니다. "아담은 진정한 스승이요 진정한 치유자였다. 그의 치유는 대부분 상처를 인식할 수 없는 사람들을 향해 평안과 용기와 기쁨과 자유를 선포하는 내적인 치유였다." 아담이 34세로 죽은 뒤 얼마 안 있어 나우엔도 세상을 떠났습니다.

저는 솔직히 나우엔이 경험한 이 가치관의 역전을 아직 경험하지 못했습니다. 목사인 저 역시 아직 경쟁과 술수, 남 앞에 훌륭한 사람으로 보이고 싶은 압박감에 시달리고 있습니다. 그리고 수시로 개인주의, 물질주의 관능주의가 주도하는 사회규범에 저 자신을 빼앗기고 있습니다. 저는 그가 경험한 그 진정한 영성이 너무도 부럽습니다.

성탄절을 앞두고, 우리는 병든 이 사회를 안타까운 눈으로 바라봅니다. 권력에 눈이 어두워 선관위 홈페이지를 디도스로 공격한 정치인들, 전당대회에서 폭력을 휘두르는 사람들, 돈에 눈이 멀어 온갖 부정과 비리를 반복하는 사람들, 목적을 이루기 위해서 사람을 수단으로 사용하고 심지어 서슴치 않고 해치는 사람들 – 이것이 어찌 이들만의 문제이겠습니까? 정도가 작을 뿐 우리 안에서도 반복되는 문제입니다.

이제 대림절 마지막 주일인 오늘 이것을 기도합시다. 나우엔이 경험한 가치관의 역전이 내게도 일어나게 해달라고 기도합시다. 부모를 향한, 남편을 향한, 자식을 향한, 아니 나 자신을 향한 불만과 원망의 마음을 내려놓고, 먼저 주신 은혜에 감사합시다.

그리고 우리의 이웃을 돌아봅시다. 병들고, 헐벗고, 고통당하는 사람들은 없습니까? 우리가 돌보아야 할 작은 예수는 없습니까? 찾아가 주어야 할, 위로해주어야 할, 섬겨주어야 할, 우리의 것을 나누어주어야 할 이웃은 없습니까?

예수님이 가지신 그 마음을 품는 우리 모두가 되기를 바랍니다.

(2011년 12월 11일)

경계선에서의 깨달음

"[다윗의 시, 인도자를 따라 여두둔 형식으로 부르는 노래] 내가 말하기를 나의 행위를 조심하여 내 혀로 범죄하지 아니하리니 악인이 내 앞에 있을 때에 내가 내 입에 재갈을 먹이리라 하였도다 내가 잠잠하여 선한 말도 하지 아니하니 나의 근심이 더 심하도다 내 마음이 내 속에서 뜨거워서 작은 소리로 읊조릴 때에 불이 붙으니 나의 혀로 말하기를 여호와여 나의 종말과 연한이 언제까지인지 알게 하사 내가 나의 연약함을 알게 하소서 주께서 나의 날을 한 뼘 길이만큼 되게 하시매 나의 일생이 주 앞에는 없는 것 같사오니 사람은 그가 든든히 서 있는 때에도 진실로 모두가 허사뿐이니이다(셀라) 진실로 각 사람은 그림자 같이 다니고 헛된 일로 소란하며 재물을 쌓으나 누가 거둘는지 알지 못하나이다 주여 이제 내가 무엇을 바라리요 나의 소망은 주께 있나이다 나를 모든 죄에서 건지시며 우매한 자에게서 욕을 당하지 아니하게 하소서 내가 잠잠하고 입을 열지 아니함은 주께서 이를 행하신 까닭이니이다 주의 징벌을 나에게서 옮기소서 주의 손이 치심으로 내가 쇠망하였나이다 주께서 죄악을 책망하사 사람을 징계하실 때에 그 영화를 좀먹음 같이 소멸하게 하시니 참으로 인생이란 모두 헛될 뿐이니이다(셀라) 여호와여 나의 기도를 들으시며 나의 부르짖음에 귀를 기울이소서 내가 눈물 흘릴 때에 잠잠하지 마옵소서 나는 주와 함께 있는 나그네이며 나의 모든 조상들처럼 떠도나이다 주는 나를 용서하사 내가 떠나 없어지기 전에 나의 건강을 회복시키소서" (시 39:1-13)

이 시는 다윗이 그에게 주어진 특별한 상황 속에서 지은 시입니다.

그 주어진 상황을 한 마디로 말한다면 삶과 죽음의 경계선입니다. 한 발짝만 더 간다면, 조금만 더 밀려나간다면 다시는 돌아올 수 없는 죽음의 계곡으로 굴러 떨어지는 것입니다. 그는 지금 이 경계선에 서있습니다.

다윗은 살아오면서 누구보다도 이런 경계선에 많이 서보았습니다. 사울왕이 변심하여 그를 미워하고 죽이려고 할 때에 그가 요나단에게 한 말은 이것입니다. "진실로 여호와의 살아 계심과 네 생명을 두고 맹세하노니 나와 죽음의 사이는 한 걸음 뿐이니라."(삼상 20:3b) 그는 죽음 한 걸음 앞 경계선에 서있는 것입니다.

이후 사울의 집요한 추적을 피해 광야에서 도망 다니던 10년의 세월동안 다윗은 수없이 죽음의 경계선에 섰습니다. 그 상황을 표현한 시구가 바로 이것입니다. "사망의 줄이 나를 얽고 불의의 창수가 나를 두렵게 하였으며 스올의 줄이 나를 두르고 사망의 올무가 내게 이르렀도다"(시 18:4-5)

이 시편 39편에서도 그는 다시 이 경계선에 섰음을 보여줍니다. 정확히 어떤 시점인지는 잘 모릅니다. 이번에 그를 여기로 몰고 온 것은 사울이나 블레셋이 아닙니다. 무서운 병마였습니다. 무슨 병인지는 모르나 병은 호전되지 않고, 오히려 더욱 악화되고 있었습니다. 그는 심각한 죽음의 위협을 느끼고 있었습니다. "주는 나를 용서하사 내가 떠나 없어지기 전에 나의 건강을 회복시키소서"(13) 떠나 없어질 수 있는 상황입니다. 주님이 생명을 취해가실지도 모릅니다. 또 다시 죽음의 경계선에 서게 된 것입니다.

이 경계선에 서는 사람은 어떤 생각을 가질까요? 여러분이 만약에 죽음을 바로 앞에 두는 상황을 맞이한다면 거기서 무엇을 생각하겠습니까? 우리 중에는 병으로 사형선고를 받았거나, 아주 큰 사고를 겪으면서 죽을지도 모를 위기상황을 경험한 사람도 있을 것입니다.

러시아의 문호 도스토에브스키는 사형당하기 바로 직전 황제의 특사로 사면되고 시베리아로 유형을 갔습니다. 이 삶과 죽음의 경계에서 느꼈던 경험이 이후 그의 문학작품에 많이 반영되었습니다.

이 경계선에 서서 깨달은 진리는 얼마나 소중하겠습니까? 우리로 한 번밖에 없는 인생을 허비하지 않도록 해주는 황금 같은 교훈입니다. 다윗이 깨달은 두 가지를 생각해봅시다.

첫째, 무엇이 헛된 것인가를 알게 됩니다.

다윗은 때로 자신을 강하다고 생각했을 것입니다. 사실 다윗은 참 강한 사람입니다. 사자가 자기 양을 물어갈 때에 어린 다윗은 겁도 없이 그 사자를 뒤쫓아 가서 때려눕히고 양을 빼앗아왔습니다. 소년 시절에는 이스라엘군대가 벌벌 떨며 무서워하던 거인 골리앗을 향해 달려가서 그의 목을 베었습니다.

이후 사울에게 쫓기면서 온갖 산전수전을 다 겪었지만 결코 굴복하지 않았습니다. 대단한 사람이 아닙니까?

다윗정도는 아니더라도, 우리 역시 크건 작건 자신에 대한 자신감을 갖고 살아갑니다. 아마도 자수성가한 사람일수록 자기의가 더욱 강할 것입니다. 뭔가 대단한 업적을 이룬 사람들, 능력이 있는 사람들일수록 자기에 대해서 자부심이 강할 것입니다.

그러나 이 경계선에 서면 깨닫게 됩니다. 내가 얼마나 연약한 존재인가를! "여호와여 나의 종말과 연한이 언제까지인지 알게 하사 내가 나의 연약함을 알게 하소서 주께서 나의 날을 한 뼘 길이만큼 되게 하시매 나의 일생

이 주 앞에는 없는 것 같사오니 사람은 그가 든든히 서 있는 때에도 진실로 모두가 허사뿐이니이다"(4-5)

병이 들어도 아직 경계가 멀리 있을 때까지는 자신감이 있고 기가 살아있습니다. 퀴블러로스라는 정신과 의사는, 500명의 말기 암환자를 대상으로 병에 걸린 사람들의 일반적인 반응을 연구했습니다. 여기서 그는 다섯 단계를 발견했는데, 첫 단계는 부정입니다. "저 사람이 죽으면 죽었지 나는 아니야" 둘째 단계는 분노입니다. "왜 하필 나냐?" 하면서 화를 냅니다. 여기까지는 어느 정도 기가 살아있습니다. 그리고 셋째 단계는 타협입니다. 여기저기 알아봐도 암이 걸린 것이 확실하니 받아들입니다. 그러면서도 운명이나 신에게 타협을 구합니다. 헌금도 많이 하고 봉사도 많이 하니 고쳐주십시오! 때로는 평소보다 더 활기차게 보일 수 있습니다. 그리고 넷째 단계는 우울입니다. 타협하고 치료도 열심히 받아보지만, 상태가 점점 더 나빠지면서 환자는 극도의 상실감, 무력감을 느낍니다. "그래 내 차례인가보다" 그리고 마지막 다섯째 단계는 수용입니다. "이제 무슨 소용이 있나" 더 이상 분노하거나 우울해하지 않고 차분해지면서 임종을 준비 하는 것입니다.

우리가 병이 들어 약해진 것이 아닙니다. 본래 우리는 진토와 같이 연약한 존재인데 그것을 알지 못하고 사는 것입니다. "이는 그가 우리의 체질을 아시며 우리가 단지 먼지뿐임을 기억하심이로다 인생은 그 날이 풀과 같으며 그 영화가 들의 꽃과 같도다"(시 103:14-15)

경계선에 설 때에야 비로소 우리는 이것을 깨닫게 됩니다. 그렇다면 그 이전에는 어떻게 살아갑니까? "진실로 각 사람은 그림자 같이 다니고 헛된 일로 소란하며 재물을 쌓으나 누가 거둘는지 알지 못하나이다."(6)

대부분 마찬가지입니다. 사람들에게 중요하다고 생각되는 것들이 있습니다. 그것을 꿈꾸고 바라며 그것 때문에 기뻐합니다. 그것 때문에 사람을 속이기도 하고, 원망하기도 하고, 화도 내고, 속상하기도 하고, 애간장을 태우기도 합니다. 그것이 그렇게 중요한 것이 아니라고 아무리 말해도 듣지 않습니다. 귀로는 들어도 마음에 와 닿지는 않습니다. 왜냐하면 마음이 온통 그런 것에 점령당했기 때문입니다.

아이 성적에 늘 예민하고 신경질적인 엄마가 있었습니다. 한편으로는 내가 왜 이렇게 여기에 집착하지 하면서도 생각을 떨쳐버릴 수 없었습니다. 그러던 어느 날 아이가 갑자기 떠도는 유행병에 걸리고 죽을 고비를 몇 차례 넘기게 되었습니다. 옆에서 지켜본 엄마는 간이 타들어갔습니다. 아이는 겨우 살아났습니다. 깨어난 아이를 붙들고 울면서 말했습니다. "성적 필요 없다. 좋은 대학 필요 없다. 살아있는 것만으로도 감사한다."

이처럼 죽음의 경계선은 우리로 하여금 무엇이 중요한 것인가를 깨닫게 해줍니다.

둘째, 복음의 가치를 알게 됩니다.

죽음의 경계선에 서게 될 때 사람들은 그제야 자신이 살아온 삶의 목표와 소망이 잘못 된 것이었음을 깨닫습니다. 이제 자신이 정말 바라보아야 할 것이 무엇인지를 알게 됩니다. "주여 이제 내가 무엇을 바라리요 나의 소망은 주께 있나이다"(7)

주님보다 귀한 분은 없습니다. 주님은 삶과 죽음의 주권자 되시는 분입니다. 그런데 그분을 바라보자, 죄가 기억납니다. 주님과의 관계를 중요하게 여기지 않는 사람은 죄에 대해서 민감할 수가 없습니다. 죄를 가볍게 여깁니다. 죄를 짓고 잠자리에 드는 것을 두려워하지 않습니다. 그러나 주님께 소망을 두는 사람은 죄가 얼마나 무서운가를 보게 됩니다.

왜 이런 병이 왔습니까? 왜 치유가 되지를 않습니까? 죄 때문입니다. 병은 죄에 대한 하나님의 징계였습니다. "주의 징벌을 나에게서 옮기소서 주의 손이 치심으로 내가 쇠망하였나이다"(10) 8~13절까지 죄의 문제가 계속 반복됩니다. 다윗은 여기서 자신의 죄를 깨닫습니다.

죄가 얼마나 무서운 것입니까? 하나님이 그 죄를 징계하시면 아무리 높이 쌓아올린 탑이라 하더라도 한순간에 무너집니다. "주께서 죄악을 책망하사 사람을 징계하실 때에 그 영화를 좀먹음 같이 소멸하게 하시니 참으로 인생이란 모두 헛될 뿐이니이다"(11)

경계선에 서게 되면 누구나 사람은 자신의 죄에 민감해집니다. 큰소리치며 스스로를 의롭다 여기던 사람들도 이 거대한 두려움 앞에서는 죄를 뉘우칩니다.

거기서 우리는 예수 그리스도의 보혈의 은총이 얼마나 귀한 것인지를 비로소 알게 됩니다. 죄를 없애는데 돈도 아무런 도움이 되지 않습니다. 지식, 학문, 심지어 다른 사람보다 조금 선했던 삶도 아무 소용없습니다. 오직 예수의 피만이 내 죄를 씻을 수 있습니다.

"예수 믿는다고 장사가 잘 되냐? 애가 공부를 잘하냐" 라고 말했던 사람들, 이처럼 지극히 현세적인 사람들조차도 경계선에 서게 되면, 무엇이 진정 복음인가를 알게 됩니다. 값없이 죄 사함 받고 용서 받았다는 것. 이보다 더 큰 축복이 있겠습니까?

자, 그렇다면 경계선에 한번 가보고 싶지 않습니까? 우리 자신이 죽을병에 걸리는 것은 모두 싫을 것입니다. 이것이 아니면 가까운 사람의 죽음이 우리로 하여금 유사한 느낌을 갖게 해줄 수 있을 것입니다. 이러한 점에서, 다윗이 처한 상황에 대한 매튜헨리의 해석은 의미있다고 생각됩니다. 즉, 다윗 자신이 죽을병에 걸렸을 수도 있지만, 가까운 사람의 죽음을 목도하면서 이 시를 지었을 수도 있다는 것입니다.

마틴 루터가 법학을 공부하고 있을 때였습니다. 22세에 비바람과 폭풍이 치던 어느 날, 함께 가던 친구가 벼락을 맞아 즉사하는 것을 목도했습니다. 루터는 너무나도 깊은 두려움에 사로잡혔습니다. 그는 친구의 죽음을 통해서 죽음의 경계선에 선 공포를 뼛속 깊이 체험한 것입니다. 그리고 이 체험은 결국 그를 에어푸르트 수도원으로 들어가게 만들었습니다.

그러므로 하나님은 이렇게 지혜의 길을 주십니다. "초상집에 가는 것이 잔칫집에 가는 것보다 나으니 모든 사람의 끝이 이와 같이 됨이라 산 자는 이것을 그의 마음에 둘지어다 ....지혜자의 마음은 초상집에 있으되 우매한 자의 마음은 혼인집에 있느니라."(전 7:2-4)

죽음의 자리를 회피하지 마십시오! 도리어 장례식장에 자주 가야 합니다. 최근 우리 교회에서는 여러 차례 장례예배를 드렸습니다. 주님께서는 바로 거기서 우리의 종말과 연한을 보게 해주셨습니다. 고인의 죽음을 통해서 우리는 삶과 죽음의 경계선에 함께 서보게 되었습니다.

어떤 순장이 순장보고서에 이렇게 썼습니다. "순원들이 자녀문제, 경제문제로 고민하는 마음의 10%만 주님께로 돌렸으면 좋겠습니다." 교인들이 온통 이 생각으로 꽉 차있다는 것입니다. 다소 과장된 표현일지 모르나 저는 이 글을 읽으면서 아찔한 생각이 들었습니다.

도대체 우리들 속에 믿음이 있는 것인가? 돈 때문에 기쁘고 돈 때문에 슬프고, 자식 때문에 기쁘고 자식 때문에 슬프고, 언제까지 이렇게 살 것인가?

예수는 어디에 갔나? 그의 십자가는 아무런 기쁜 소식이 되지 못하는 것인가? 예수 믿는 기쁨, 예수 안에서의 평화는 누리지 못한 채, 현실의 문제에 꼼짝없이 매여 살아가는 것은 아닌가? 여전히 헛된 일에 분요하면서 누구 손에 갈지 모를 재물을 쌓으려고 피땀을 흘리고 있는 것은 아닌가?

아닙니다. 우리는 부활의 소망을 가지고 보이지 않는 영원한 것을 바라며 살도록 부르심 받은 자들입니다. 이 모든 것은 그저 일시적인 것에 불과합니다. 재물에 대한 집착, 자식에 대한 집착에서 벗어나 이 모든 것을 주님의 손에 맡깁시다. 욕심을 버리고 주어진 것에 만족하고 감사하면서 삽시다. 어차피 이 모든 것들은 지나가는 것입니다.

우리가 바라고 소망할 것은 오직 주님입니다. "주여 이제 내가 무엇을 바라리요 나의 소망은 주께 있나이다"(7)

예수, 오직 예수만을 의지하는 우리 모두가 되기를 바랍니다.

(2011년 10월 16일)

성소에서의 깨달음

"[아삽의 시] 하나님이 참으로 이스라엘 중 마음이 정결한 자에게 선을 행하시나 나는 거의 넘어질 뻔하였고 나의 걸음이 미끄러질 뻔하였으니 이는 내가 악인의 형통함을 보고 오만한 자를 질투하였음이로다 그들은 죽을 때에도 고통이 없고 그 힘이 강건하며 사람들이 당하는 고난이 그들에게는 없고 사람들이 당하는 재앙도 그들에게는 없나니 그러므로 교만이 그들의 목걸이요 강포가 그들의 옷이며 살찜으로 그들의 눈이 솟아나며 그들의 소득은 마음의 소원보다 많으며 그들은 능욕하며 악하게 말하며 높은 데서 거만하게 말하며 그들의 입은 하늘에 두고 그들의 혀는 땅에 두루 다니도다 그러므로 그의 백성이 이리로 돌아와서 잔에 가득한 물을 다 마시며 말하기를 하나님이 어찌 알랴 지존자에게 지식이 있으랴 하는도다 볼지어다 이들은 악인들이라도 항상 평안하고 재물은 더욱 불어나도다 내가 내 마음을 깨끗하게 하며 내 손을 씻어 무죄하다 한 것이 실로 헛되도다 나는 종일 재난을 당하며 아침마다 징벌을 받았도다 내가 만일 스스로 이르기를 내가 그들처럼 말하리라 하였더라면 나는 주의 아들들의 세대에 대하여 악행을 행하였으리이다 내가 어쩌면 이를 알까 하여 생각한즉 그것이 내게 심한 고통이 되었더니 하나님의 성소에 들어갈 때에야 그들의 종말을 내가 깨달았나이다 주께서 참으로 그들을 미끄러운 곳에 두시며 파멸에 던지시니 그들이 어찌하여 그리 갑자기 황폐되었는가 놀랄 정도로 그들은 전멸하였나이다 주여 사람이 깬 후에는 꿈을 무시함 같이 주께서 깨신 후에는 그들의 형상을 멸시하시리이다" (시 73:1-20)

세상에서 살다보면 화날 때가 종종 있습니다. 공연히 짜증내고 별 일 아닌 것에 벌컥벌컥 화내는 그런 화쟁이는 제외입니다. 이렇게 화 잘 내는 성격은 꼭 고쳐야 합니다.

그런 것 말고! 정말 세상에는 우리를 분노하게 하고 시험 들게 만드 는 일들이 종종 일어납니다. 착하고 양심적으로 바르게 사는 사람이 좀 잘되어야 하는데, 그런 사람은 어렵게 살고, 온갖 거짓과 권모술수로 사 는 사람은 잘 살고 있습니다.

이거 뭐가 잘못된 것이 아닌가요? 악한 자가 거만하게 굴 때에 천벌 이라도 내려서, 세상에 의가 승리한다는 것을 좀 보여주면 좋겠지만, 오 히려 현실은 거꾸로 흘러갑니다.

요즘 영화중에는 이름이 베트맨, 스파이더맨, 엔트맨 등 무슨 무슨 '맨'이 붙는 게 많습니다. 여기서는 초인적인 힘을 가진 주인공이 등장 하면서 악당들을 신나게 때려눕힙니다. 사람들이 왜 이런 영화를 좋아 할까요? 못된 놈들이 심판받지 않는 현실이 안타까운 것입니다.

대체로 사람들은 이런 믿음을 갖고 살아갑니다. '악인은 한때는 잘 되는 것 같아도 결국에 가서는 망하고, 반면에 착한 사람은 결국 하늘 의 상을 받게 된다.'

특별히 우리 신앙인들은 더욱 그런 확신을 갖고 있습니다. 이 세상 을 다스리시고 이끌어 가시는 주권자가 하나님이심을 굳게 믿기 때문입 니다. 그 분이 의로우신 분이기에 세상은 결국 정의가 이기게 되어있습 니다. "대저 의인은 일곱 번 넘어질지라도 다시 일어나려니와 악인은 재앙으 로 말미암아 엎드러지느니라"(잠 24:16) "무릇 의인들의 길은 여호와께서 인 정하시나 악인들의 길은 망하리로다"(시 1:6) 이 선과 악의 심판에 대한 믿 음. 이것이 하나님에 대한 믿음의 기초입니다.

그럼에도 불구하고 우리는 종종 이것이 통하지 않는 현실에 부딪힙니다. 불의한 자가 득세하고 악인이 심판을 받기는커녕 도리어 승리합니다.

이런 현실 앞에서 우리는 갈등과 분노를 느낍니다. 분노를 넘어서 시험에 듭니다. '시험에 든다'는 것은 마치 소화불량과도 같습니다. 우리가 알고 있고 믿고 있는 진리와 어긋나는 현실. 이것이 우리 속에 이해되지 못하고 소화되지 못하는 것입니다.

이 시편 73편은 바로 그런 우리를 위한 하나님의 메시지입니다. 그래서 마빈 데이트는 이 시야말로 읽는 이들 속에 가장 큰 공감대를 형성하는 시라고 말합니다. "독자들은 이 시편의 말씀이 자신들의 상황에 맞으며 그래서 자신들에게 새로운 활력을 준다는 점을 발견한다. 이 시편은 고대의 저작이지만 항상 현대적인 것처럼 보인다."

이 시의 저자인 아삽은 지금까지 이런 확고한 신앙 위에 서있었습니다. "하나님이 참으로 이스라엘 중 마음이 정결한 자에게 선을 행하시나"(1) 하나님은 경건한 자를 축복하신다는 공의에 대한 확신이었습니다.

그런데 어느 순간 그는 이 확고한 신앙에서 거의 실족할 뻔하였습니다. 이유가 무엇입니까? "이는 내가 악인의 형통함을 보고 오만한 자를 질투하였음이로다"(3)

악인의 형통함! 이것입니다. 그의 주변에 악한 자들이 있었습니다. 그들은 어떻게 살아가는 자들인가요? "그러므로 교만이 그들의 목걸이요 강포가 그들의 옷이며 살찜으로 그들의 눈이 솟아나며 그들의 소득은 마음의 소원보다 많으며 그들은 능욕하며 악하게 말하며 높은 데서 거만하게 말하며"(6-8) 한마디로 교만과 욕망으로 가득 차 있습니다. 자기가 갖고 있는 힘으로 남을 압제하고 괴롭히는 자들입니다. 거만하게 말하면서 사람을 비웃고, 하나님을 전혀 의식하지 않습니다. "말하기를 하나님이 어찌 알랴 지극히 높은 자에게 지식이 있으랴"(11) 이런 불경스러운 언행으로 하나님을 무시하고 사람들을 학대하는 자들입니다.

이런 사람은 당연히 하나님이 징계하시고 혼내줘야 합니다. 그러나 현실은 정 반대였습니다. 이들은 피둥피둥 살이 찌고, 바라는 것보다 더 풍족한 소득을 얻었습니다. "볼지어다 이들은 악인들이라도 항상 평안하고 재물은 더욱 불어나도다"(12)

시인은 이렇게 생각했습니다. '그래 지금은 잘 되지만, 봐라! 훗날에 반드시 하나님의 공의로운 심판이 나타날 것이다.' 그리고 기다렸습니다. 그런데 어떻습니까? "그들은 죽을 때에도 고통이 없고 그 힘이 강건하며 사람들이 당하는 고난이 그들에게는 없고 사람들이 당하는 재앙도 그들에게는 없나니"(4-5)

늙을 때까지 고난도 재앙도 없이 편안히 삽니다. 그러자 다시 생각했습니다. '그래도 마지막 죽음은 비참할거야. 그걸 보면서 그러면 그렇지 역시 하나님은 의로우시다고 인정하게 될거야' 이렇게 생각했습니다. 그런데 아니었습니다! 그는 죽을 때도 고통 없이 편안히 죽고, 장례식도 성대히 치러졌습니다.

'그래, 그러면 너는 재앙을 피해갔지만, 네 자식 대에 가서 죄 값을 치를 거야' 이렇게 생각했습니다. 하지만, 금수저로 태어난 자식들은 오히려 더 승승장구하고 호의호식합니다. 욥의 말을 빌려봅시다! "어찌하여 악인이 생존하고 장수하며 세력이 강하냐 그들의 후손이 앞에서 그들과 함께 굳게 서고 자손이 그들의 목전에서 그러하구나 그들의 집이 평안하여 두려움이 없고 하나님의 매가 그들 위에 임하지 아니하며"(욥 21:7-9) 정말 이해되지 않습니다.

반면에 나는 어떤가요? 그래도 하나님을 좀 잘 믿으려 하고, 참을 것을 참고, 좀 더 의롭게 살고자 애쓰는 나는 어떤가요? "나는 종일 재난을 당하며 아침마다 징벌을 받았도다"(14) 도리어 끊임없는 재난에 시달리고 아침마다 징계를 당합니다.

이게 무슨 일인가요? 밥 먹듯 죄악을 행하는 저들에게는 관대하신 하나님이, 바르게 살려고 애쓰는 나에게는 왜 이처럼 가혹하게 대하시나요? 저들에게는 부귀영화로 입히시면서 왜 나에게는 고난의 떡을 먹이시나요?

화가 납니다. "이렇다면, 내가 깨끗한 마음으로 살아온 것과 내 손으로 죄를 짓지 않고 깨끗하게 살아온 것이 허사라는 말인가?"[표준새번역](13) 그러면 '이제부터는 나도 저들처럼 살거야' 하는 생각이 막 듭니다.

그러나 나의 양심은 그것을 허락지 않습니다. "나도 그들처럼 살아야지"(15) 하고 말했다면, 나는 주님의 자녀들을 배신하는 일을 하였을 것입니다.

마음에 갈등이 일어납니다. 뭔가 시원한 대답을 얻고 싶습니다. 그러나 쉽게 얻을 수 있는 답이 아닙니다. "내가 이 얽힌 문제를 풀어보려고 깊이 생각해 보았으나, 그것은 내가 풀기에는 너무나 어려운 문제였습니다."(16)

그렇습니다. 여기 아삽이 직면한 문제는 신정론(Theodizee)이었습니다. "정의로우신 하나님이 다스리시는 세상에 왜 이처럼 악이 성행하는가?" 그것은 쉽게 답을 찾을 수 있는 질문이 아니었습니다.

갈등과 혼란 속에 고통스러워하던 어느 날 깨달음이 왔습니다. "하나님의 성소에 들어갈 때에야 그들의 종말을 내가 깨달았나이다"(17)

하나님의 성소에 들어갈 때, 하나님이 계신 거룩한 곳 그 성소에 들어가 하나님의 존전 앞에 설 때에 비로소 닫힌 눈이 열렸습니다. 거기서 그는 깨달았습니다, 그들의 종말을!

그 종말에 악인들은 비참하게 소멸되었습니다. "주께서 참으로 그들을 미끄러운 곳에 두시며 파멸에 던지시니 그들이 어찌하여 그리 갑자기 황폐되었는가 놀랄 정도로 그들은 전멸하였나이다"(18-19)

그렇습니다. 여기 이 세상이 아직 끝이 아니었습니다. 육신의 죽음이 인생의 종말이 아니었습니다. 그 뒤의 여정이 계속되는 것입니다. 만약 여기서의 삶이 그냥 끝이라면 세상은 분명 공평하지 못한 것입니다. 하나님의 공의는 여기서 다 나타나는 것이 아닙니다. 아직 마지막 심판이 남아 있습니다.

이 세상에서 미완성처럼 보이고 때로 불공평하게 느껴졌던 하나님의 공의가 그 영원한 세계 속에서 완성되는 것입니다.

이 영원한 세계를 보는 순간 아삽은 자신이 얼마나 얄팍하고 어리석은 자였는가를 고백했습니다. "내가 이같이 우매 무지함으로 주 앞에 짐승이오나"(22)

그렇습니다. 우리 역시 아삽의 마음을 공감합니다. 세상이 거꾸로 돌아가는 모습을 해석할 수 없어 신앙적으로 갈등하고 답답해하는 우리 역시 마찬가지입니다.

성소에 들어갈 때, 비로소 깨달음을 얻게 됩니다. 다시금 거룩하신 하나님께 가까이 나아갈 때에 영의 눈이 열리면서 종말신앙을 회복하게 됩니다. 그 마지막 날 어떤 일이 일어날까요? 예수 그리스도께서 다시 오실 것입니다. 그리고 하나님의 최후 심판이 있을 것입니다. 마지막 가장 정의로운 재판이 아직 남아있습니다. 죄인과 악인에게는 두려운 날이 될 것입니다.

그러나 의인은 정죄 받지 않습니다. 오히려 죄의 몸을 벗고 영의 몸으로 부활하면서 영광의 처소로 들어가게 될 것입니다.

누가 죄 없는 의인인가요? 예수 그리스도의 보혈로 죄 씻음을 받은 성도들이 아닌가요? 예수의 공로를 의지해서 값없이 영생을 선물로 받은 그리스도인들이 아닌가요?

우리가 영적으로 어두워지면, 이 죄용서와 영생의 소중함을 잊게 됩니다. 현실 문제에 묻혀 구원을 대수롭지 않게 여기게 됩니다.

그러면서 소망을 오로지 이 땅에만 두고 사는 세상 사람처럼 되어버립니다. 우리도 이 땅에서 성공해야하고, 자신이 한 선행의 열매를 여기서 따야하고, 하나님께 헌신한 대가를 이 땅에서 받아야 하고, 여기서 영광을 누려야 합니다.

그러다보니 세상과 자신에게 돌아가는 일을 바라보면서 실망하고 분노하고 질투하고 시험에 드는 것입니다.

그러다가 성소에 들어갈 때에, 은혜의 세계로 돌아올 때에, 하나님을 가까이 느끼고 그 음성에 민감해질 때에, 우리는 불현 듯 깨닫게 됩니다. '이 영생이야말로 얼마나 소중한 것인가!' 그것은 모든 것을 팔아서 사야할 밭에 묻힌 보물입니다. 그 영생은 마지막 날 심판을 이기게 할 것입니다.

또한 예수 그리스도께서 내가 서야할 심판의 자리에 대신 서시고 대신 형벌 받으신 것이 얼마나 큰 은혜인지를 깨닫게 됩니다. 불평이 변하여 감사가 되고, 슬픔이 기쁨으로 변합니다.

영의 눈이 열린 아삽은 은혜의 깊이를 깨닫게 되었습니다. "내가 항상 주와 함께 하니 주께서 내 오른손을 붙드셨나이다"(23) 그렇습니다! 주님은 늘 나와 함께 하시고 내 오른 손을 붙드십니다. 만약 내가 주를 붙들고 있다면, 놓았다 잡았다 불안할 것입니다. 그러나 내가 아니라 주님이 내 손을 붙들고 계십니다. 그는 결코 한순간도 그 손을 놓지 않으십니다. 이것을 믿으십니까?

내 오른손을 붙들고 어찌하십니까? "주의 교훈으로 나를 인도하시고"(24a) 주님은 자기 양이 아니면, 큰 죄를 범해도 징계하지 않습니다. 그러나 자기 양은 다릅니다. 날마다 눈동자같이 지키시며 교훈으로 인도하십니다. 때로 엄하게도 다루십니다. 아침마다 권징하시고 분초마다 시험하십니다.(욥7:18)

그리고 마침내 때가 되면 영광 가운데로 부르십니다. "후에는 영광으로 나를 영접하시리니"(24b) 그리스도인들에게 이 세상은 영광을 누릴 곳이 아닙니다. 여기와 비교할 수 없는 황홀한 영광의 처소가 기다리고 있습니다. 마지막 날 거기서 주님은 우리를 영접하실 것입니다.

이 은혜의 깨달음은 아삽으로 하여금 '무엇이 복인가'를 다시 고백하게 합니다. 무엇이 우리에게 복입니까? 돈을 손에 많이 쥐는 것이 복입니까? 좋은 집에서 진수성찬 산해진미 먹으며 사는 것이 복입니까? 성공과 명예를 거머쥐는 것이 복입니까?

아닙니다. "하나님께 가까이 함이 내게 복이라 내가 주 여호와를 나의 피난처로 삼아 주의 모든 행적을 전파하리이다"(28)

그렇습니다. 우리의 복은 이것입니다. "하나님께 가까이 함이 내게 복이라!" 하나님을 잘 모르면 이 세상 살면서 시험들 일이 많습니다. 만족과 감사가 없습니다. 무엇이 진정 소중한 것인지 분별하지 못합니다. 헛된 것에 얽매이면서 참 자유를 누리지 못합니다.

그분께 가까이 나아가는 것, 그분을 알아가고 그분과 사귐을 갖는 것. 이것이 행복입니다.

그리고 그를 아는 자는 그분께 피합니다. "여호와여 주의 이름을 아는 자는 주를 의지하오리니 이는 주를 찾는 자들을 버리지 아니하심이니이다"(시 9:10) 이곳이 가장 안전한 피난처입니다. 그것을 체험하는 자는 그의 행하심을 선포합니다.

사랑하는 성도 여러분, 우리 하나님은 의로우신 통치자요 공평하신 재판관이십니다. 이 세상에 일어나는 모든 일들을 우리가 다 해석할 수는 없지만, 하나님의 선하신 섭리 가운데 있음을 우리는 믿습니다.

내게 일어나는 모든 일들을 다 이해할 수는 없지만, 하나님은 나를 가장 좋은 곳으로 인도하시는 아빠 아버지이심을 믿습니다. 나의 인생도 그의 선하신 손 안에 있습니다.

그러므로 이제 성소로 돌아오십시오. 하나님께 가까이 나아갑시다. 그분을 좀 더 알아갑시다. 그분과 좀 더 깊은 사귐을 가집시다. 그곳에서 세상을 보는 지혜를 얻읍시다.

주를 가까이 함이 우리의 참된 복입니다. 이 복을 누리는 우리 모두가 되기를 바랍니다!

(2016년 7월 24일)

목자가 이끄시는 내 인생

"[다윗의 시] 여호와는 나의 목자시니 내게 부족함이 없으리로다 그가 나를 푸른 풀밭에 누이시며 쉴 만한 물 가로 인도하시는도다 내 영혼을 소생시키시고 자기 이름을 위하여 의의 길로 인도하시는도다 내가 사망의 음침한 골짜기로 다닐지라도 해를 두려워하지 않을 것은 주께서 나와 함께 하심이라 주의 지팡이와 막대기가 나를 안위하시나이다 주께서 내 원수의 목전에서 내게 상을 차려 주시고 기름을 내 머리에 부으셨으니 내 잔이 넘치나이다 내 평생에 선하심과 인자하심이 반드시 나를 따르리니 내가 여호와의 집에 영원히 살리로다" (시 23편)

오늘은 한해의 마지막 주일입니다. 이 마지막을 우리는 물론 좀 더 바르게 살지 못한 것을 반성하는 시간으로 삼을 수도 있습니다.

그러나 저는 오늘 우리가 올 한해를 어떻게 살아왔나 보다는, 주님이 우리를 어떻게 인도해 오셨는가에 초점을 맞추고 싶습니다. 그러면서 이 마지막 주일 오직 그분께 감사와 영광을 돌리고 싶습니다.

이 시는 다윗의 작품입니다. 그는 자신을 양으로 그리고 주님을 목자로 비유하면서, 이 짧은 여섯 절로 자신의 인생을 일목요연하게 그리고 있습니다.

다윗은 평생 목자였습니다. 어려서는 양을 치는 목자였습니다. 그리고 훗날 왕이 되었을 때는 목동시절에 얻은 지혜를 갖고 백성을 다스리는 목자의 삶을 살았습니다. 그러다보니 누구보다도 목자의 마음을 잘 알고, 그가 양을 어떻게 다루고 인도하시는지 누구보다도 잘 이해했습니다. 그러므로 모두가 공감할 수 있는 이런 위대한 시를 쓸 수 있었습니다.

먼저 1절은 이 모든 시의 전제이면서 결론입니다. "여호와는 나의 목자시니 내게 부족함이 없으리로다"(1)

양은 우람한 몸집에도 불구하고 스스로 살아갈 수 없는 짐승입니다. 눈이 나빠 목초지를 찾을 수 없고, 힘이 없어 늑대와 싸울 수 없습니다. 한마디로 목자 없이는 살 수 없는 짐승입니다. 그러므로 본능적으로 누가 자기 목자인지 잘 압니다.

독일에서 우리가 살던 보쿰은 인구가 40만정도 되는 전형적인 광공업도시였습니다. 우리는 크베어렌부르그(Querenburg)라는 지역에 살았습니다. 우리 집에서 도로 하나만 건너면 아주 울창한 숲이 시작되는데, 끝까지 천천히 걸으면 약 1시간 정도 걸리는 큰 숲이었습니다.

어느 날 특별한 광경을 목도했습니다. 목자가 100 마리 정도의 양무리를 끌고 지나가는 것이었습니다. 도시에서 이런 양떼를 본다는 것은 흔치 않다보니 산책하던 이들이 모두 서서 구경했습니다. 그런데 사람들이 소리 지르고 불러도, 양무리는 목자 뒤만을 좇아 우르르 몰려갔습니다. 한눈을 팔던 놈도 목자가 뭐라고 소리 지르면 다시 잘 따라갔습니다. 목자의 음성만을 듣는 것입니다. 주님 말씀 그대로입니다. "자기 양을 다 내놓은 후에 앞서 가면 양들이 그의 음성을 아는 고로 따라오되 타인의 음성은 알지 못하는 고로 타인을 따르지 아니하고 도리어 도망하느니라"(요 10:4-5)

우리가 바로 그러합니다. 거듭난 하나님의 자녀는 누가 자신의 목자인지 알고 있습니다. 우리의 목자가 누구입니까? 예수 그리스도이십니다. 양을 너무도 사랑하여 그들을 위하여 자기목숨을 버리신 선한 목자요, 사망 권세를 부서뜨리고 부활하셔서 하늘과 땅의 권세를 가지신 전능하신 주님이십니다.

이런 목자를 가진 자는 얼마나 행복합니까! 이 완벽한 목자에게 속한 양에게 부족함이란, 있을 수가 없습니다. "내게 부족함이 없으리로다"(1)

우리 인생은 우리가 아니라 이 목자가 인도하는 것입니다. 그러므로 인생여정의 종착역에 서게 될 때에 우리는 이렇게 고백할 것입니다. "주님이 인도하셨습니다. 내 뜻대로 계획하는 대로 가는 것 같았지만, 결국은 당신의 뜻대로 이끌린 삶이었습니다."

올 한해도 마찬가지입니다. 그렇다면 나를 어떤 길로 인도하실까요? 세 가지 길입니다.

첫째, 은혜와 안식의 길입니다

목자는 항상 머릿속에 목초지와 물을 생각합니다. 매일 양에게 좋은 꼴을 먹이고 잘 쉬게 해야 건강하게 자라기 때문입니다. 그래서 매일매일 푸른 초장 쉴만한 물가로 인도합니다. 양들은 이처럼 늘 반복하는 일은 별로 기억하지 못할 것입니다. 그러나 이리에게 물리거나 낭떠러지에 떨어질 뻔한 일은 잘 기억할 것입니다.

한 해를 돌아볼 때에 우리도 충격스러웠던 일, 근심에 사로잡혔던 일들을 많이 떠올리게 됩니다. 머리에 깊이 각인되었기 때문입니다. 그래서 올 한해는 참 힘들고 고난이 많은 해였다고 생각하기 쉽습니다.

그러나 그렇지 않습니다. 주님은 1년 열두 달 우리들을 잘 먹고 쉬도록 인도하셨습니다. "그가 나를 푸른 풀밭에 누이시며 쉴 만한 물 가로 인도

하시는도다"(2)

365일 매일 하루 세끼를 먹고, 입을 것 입고, 필요한 것도 때를 따라 채움 받았습니다. 누가 그리 하신 것입니까?

저녁에 가족들이 둘러앉아 함께 먹고, 웃고, 담소하며 편안한 시간을 즐기고, 침대에서 깊은 잠을 잘 수 있었던 것은 누구 때문입니까? 그냥 당연한 것입니까?

며칠 전, 미국 중부에 발생한 토네이도로 인해 그 지역은 쑥대밭이 되고 14명의 사상자가 생겼습니다. 그런데 어떤 한 집이 완전 박살났는데, 세 식구 모두 기적적으로 살았습니다. 인터뷰에서 어머니는 이번 성탄절의 선물은 '생명!' 이라고 말했습니다.

저는 이 말을 듣는 순간 그렇다고 생각했습니다. '우리가 이렇게 살아서 한해를 마감하게 된 것은 우연이 아니다. 내 힘도 아니다. 어쩌면 우리가 알지 못하는 수많은 위험이 주위에 도사리고 있었을 것이다. 그러나 목자 되신 주님이 그의 강한 팔로 안아 우리의 생명을 지켜주시고 우리 가정의 안전지대가 되어주셨기 때문이다.'

영적인 양식도 풍성히 채워주셨습니다. 성경을 읽을 때, 매주 설교를 들을 때에, 목장에 모였을 때, 만나를 먹여주시고 그 영양분으로 자라게 하셨습니다.

그럼에도 불구하고 우리는 자주 지치고 넘어졌습니다. 광야 같은 세상이기 때문입니다. 그때마다 어떻게 하셨습니까? "내 영혼을 소생시키시고"(3a) 주님은 메마른 심령에 은혜의 단비를 내려 다시금 소생시켜서 기름지게 하셨습니다.

올 한해, 우리를 푸른 초장 쉴만한 물가로 인도하시고 우리의 영혼을 소생시키신 주님께 감사와 영광을 돌리기 바랍니다.

둘째, 의의 길입니다.

만약 여러분의 아이가 학교에서 도둑질을 하다 징계를 받았다고 한다면 어떻겠습니까? 여러분은 큰 수치와 부끄러움을 느낄 것입니다. 부모는 반듯하게 살았을지 모르나, 자식교육을 제대로 시키지 못한 것입니다.

우리가 아무렇게나 살면서 세상에서 지탄받는 사람이 되면, 먼저 하나님의 거룩하신 이름이 훼손되지 않을 수 없습니다. 그러므로 주님은 먼저 이렇게 하셨습니다. "자기 이름을 위하여 의의 길로 인도하시는도다"(3)

올 한해, 이것이 주님의 인도하심이었습니다. 번영과 성공보다는 우리를 거룩함으로 인도하려 하셨습니다. 교훈과 책망과 바르게 함과 의로 교육함으로 말입니다.

먼저 무엇이 올바른 길인지를 교훈하셨습니다. 그리고 그 길에서 벗어나 곁길로 가면 책망하셨습니다. 회초리도 들고 꾸짖기도 하셨습니다. 그래서 돌아오면, 이미 죄로 흩뜨려지고 굽어진 우리의 삶을 다시 바르게 펴주셨습니다. 그리고 우리로 하여금 완전함에 이를 때까지 의로 교육을 시키시는 것입니다.

올 한해 우리를 사생아처럼 버려두지 않으시고 바른 길과 의의 길로 인도하신 주님, 때로 아픈 매를 대고 책망하신 주님께 감사와 영광을 돌리기를 바랍니다.

셋째, 고난과 승리의 길입니다.

4절은 "내가 사망의 음침한 골짜기로 다닐지라도"로 시작합니다.

"사망의 음침한 골짜기"(4) - 이것은 죽음의 위기가 있는 아주 위험하고 어두운 계곡입니다.

목자는 왜 양을 이처럼 위험한 곳으로 끌고 갑니까? 좋은 초장으로 가기 위해서입니다.

그렇습니다. 전능하신 하나님이 우리의 목자라고 해도 어려움과 위기가 올 수 있습니다. 목자가 양을 일부러 골짜기로 몰아넣는 것이 아닌 것처럼, 하나님이 일부러 우리를 고난 속에 몰아넣는 것이 아닙니다. 더 좋은 목초지로 가기 위해서인 것처럼, 주님 역시 마침내 복을 주시기 위한 것입니다.

올 한해 우리 모두에게는 사망의 음침한 골짜기가 있었습니다. 저에게도 있었습니다. 어쩌면 아직 그 골짜기를 다 통과하지 못한 사람도 있을 것입니다.

이 골짜기를 잘 통과하기 위해 필요한 가장 중요한 무기는 다른 무엇이 아닌 '견고한 믿음'입니다. 무슨 믿음입니까? 그가 우리와 함께 하신다는 임마누엘의 믿음입니다. "내가 사망의 음침한 골짜기로 다닐지라도 해를 두려워하지 않을 것은 주께서 나와 함께 하심이라 주의 지팡이와 막대기가 나를 안위하시나이다"(4)

특별히 어두운 골짜기, 고난과 두려움의 시간에는 더더욱 목자가 보이지 않으면서 그분이 안계시다고 착각하기 쉽습니다. 그러나 아닙니다. "주께서 나와 함께 하심이라" 주님은 한순간도 나를 떠나신 적이 없습니다. 형통할 때나 고난의 때나 그는 변함없이 우리 곁에 계셨습니다. 이것은 느낌이나 체험이 아닙니다. 하나님의 신실하신 약속입니다.

보이지 않는 어두운 곳에서도 주님은 그의 지팡이와 막대기로 우리를 만지시면서 그가 옆에 계심을 확신시켜 주십니다.

1849년 Duff 박사가 히말라야 산맥을 등반하던 중 있었던 일입니다. 그는 가파른 산등성이 길을 걸어 올라갔습니다. 왼쪽에는 깊은 낭떠러지가 있는 좁고도 위험한 길이었습니다. 그런데 거기서 그는 자기 앞에 양떼를 인도하는 목자를 관찰할 수 있었습니다.

그 목자는 자기 키 만큼 큰 막대기를 갖고 있었는데, 그 막대기 한쪽 끝은 구부러진 고리가 달려 있었고, 다른 한쪽 끝은 철테가 감겨져 있었습니다. 목자는 가다가 수시로 뒤를 돌아보았습니다. 혹시나 낭떠러지에 가까이 접근하는 양이 있으면 그 고리로 양의 뒷다리를 끌어당겼습니다. 이 광경을 보면서 그는 비로소 "주의 지팡이와 막대기가 나를 안위하시나이다."라는 말의 의미를 이해하게 되었습니다.

그렇습니다. 주님은 변함없이 내 곁에 계십니다. 그러므로 두려워하지 맙시다.

목자는 양으로 하여금 이런 시련의 통로를 지나게 한 후 마침내 승리하게 해주십니다. "주께서 내 원수의 목전에서 내게 상을 차려 주시고 기름을 내 머리에 부으셨으니 내 잔이 넘치나이다"(5)

이 승리의 자리로 가게 하기 위해서 주님은 우리를 여러 모양, 여러 갈래 길로 인도해 오신 것입니다. 우리에게 여러 가지 도전과 시련과 위기가 있겠지만, 마지막은 결국 승리입니다.

그러므로 우리는 이 주님을 믿습니다. 올 한해 우리를 이처럼 인도하신 주님은, 내년 한 해도 변함없이 신실하게 우리를 인도해주실 것입니다. 그 다음해도, 또 그 다음해도 그리고 인생의 마지막 여정까지 변함없이 주님은 우리의 신실하신 목자가 되어주실 것입니다. "내 평생에 선하심과 인자하심이 반드시 나를 따르리니 내가 여호와의 집에 영원히 살리로다"(6)

말씀을 맺읍시다.

이 유명한 시편 23편 전체를 한마디로 말하라고 한다면, '여호와 하나님에 대한 깊은 신뢰'입니다. 그래서 이 시를 "확신의 시", "신뢰의 시"라고 부르기도 합니다.

그것은 '그분이 존재하신다. 전능하시다'에 대한 확신이 아닙니다. '그분이 내 인생을 책임져 주신다'에 대한 확신입니다.

그렇습니다. 우리의 목자 주님은 우리의 인생을 책임져 주십니다. 이 확신을 갖고 올 한해를 감사하며, 새로운 한해를 힘 있게 맞이할 수 있기를 바랍니다!

(2015년 12월 27일)

아버지의 수를 읽어라

내 형제들아 너희가 여러 가지 시험을 당하거든 온전히 기쁘게 여기라 이는 너희 믿음의 시련이 인내를 만들어 내는 줄 너희가 앎이라 인내를 온전히 이루라 이는 너희로 온전하고 구비하여 조금도 부족함이 없게 하려 함이라 너희 중에 누구든지 지혜가 부족하거든 모든 사람에게 후히 주시고 꾸짖지 아니하시는 하나님께 구하라 그리하면 주시리라 오직 믿음으로 구하고 조금도 의심하지 말라 의심하는 자는 마치 바람에 밀려 요동하는 바다 물결 같으니 이런 사람은 무엇이든지 주께 얻기를 생각하지 말라 두 마음을 품어 모든 일에 정함이 없는 자로다(약1:2~8)

바둑을 두는 사람들은 바둑시합을 두고 치열한 집싸움이라고 합니다. 그러나 사실은 치열한 머리싸움입니다. 상대방이 바둑돌을 어딘가에 놓을 때에 생각하는 것입니다. "왜 거기에 놓았을까? 그 다음에는 어디에 놓으려고 하는 것일까? 궁극적인 목적은 무엇인가?" 상대방의 마음을 읽어야 합니다.

고수와 하수의 차이는 이것입니다. 고수는 상대방의 수를 몇 수 앞서서 읽을 줄 압니다. 반면에 하수일수록 상대방의 생각과 전략을 제대로 읽지 못합니다.

중학생 때에 바둑 두던 생각이 납니다. 초보하수인 저는 흑을 쥐고, 고수인 제 친구는 백을 잡았습니다. 물론 제가 몇 점을 깔고 시작하는 것입니다. 드디어 구석 집을 놓고 싸움이 붙었습니다. 저는 지금 싸우는 이 집만 보는 반면, 그는 바둑판 전체를 보고 있었습니다. 저는 '저 친구가 저기만 말을 놓지 않으면 내가 이거 잡아먹을 수 있는데'하면서 속으로 조바심했습니다. 아, 그런데 이 친구가 갑자가 저 멀리에 말을 놓는 것이 아니겠습니까. 저는 '이게 웬 떡이냐 이놈이 이걸 보지 못하다니' 하면서 재빨리 '아다리'했습니다. 그런데 아랑곳하지 않고 친구는 또다시 엉뚱한 곳에 말을 놓았습니다. 저는 백 몇 놈을 잡아먹고 마침내 귀퉁이 집을 차지했습니다. 저는 승리한 것입니다. 그런데 어떤 일이 일어났겠습니까? 제가 그 작은 집의 승리에 집착하는 동안, 제 친구는 저 넓은 땅에 벌써 흰 말뚝을 박아 놓은 것이었습니다. 그 친구는 하수인 저의 마음을 훤히 읽고 있었지만, 저는 그의 생각을 전혀 알지 못했습니다. 바둑의 지혜가 없었던 것입니다.

우리의 인생은 어찌보면 바둑과 같습니다. 최고수인 하나님 아버지가 백을 쥐고, 하수인 내가 흑을 쥐고 인생이라는 바둑판에서 시합을 하고 있습니다. 하나님은 나의 수를 훤히 내다보십니다. 그러나 나는 그의 수를 좀처럼 알지 못합니다. 백기사인 하나님은 종횡무진 말을 놓으시는데, 도무지 왜, 무엇 때문에 그러는지를 이해하지 못합니다.

이해하지 못하는 것은 그것이 내 공식에 맞지 않기 때문입니다. 사람에게는 누구나 자기 공식이 있습니다. 그 공식을 갖고 사물을 해석합니다. 하수일수록 공식이 단순합니다. 6급이 아는 바둑의 정석은 아주 기본적인 것입니다. 그 규칙을 갖고 바둑을 두다보면 벽에 부딪힙니다. 바둑의 세계는 그런 몇 개의 규칙으로 되는 것이 아니기 때문입니다. 그러나 8단이 아는 바둑의 정석은 무궁무진합니다. 수만 가지 경우의 수를 꿰뚫고 있습니다.

신앙인에게도 나름의 공식이 있습니다. 쉬운예로 "영혼이 잘되면 육신이 건강하고 범사에 잘된다.”는 말씀이 있습니다. 이 말은 다시 말하면 “내가 영적생활을 잘하고 기도 열심히 하면 건강이 따라오고 사업도 잘 된다.”라고 하는 말입니다. 이것을 소위 삼박자 구원이라고 하는데, 이런 공식을 열심히 심어주는 교단이 있습니다.

‘영통하면 인통하고 물통한다’ 즉 대체로 신앙생활 잘하면 사람 관계도 좋아지고 사업도 형통해서 잘살게 된다는 것입니다.

그러나 우리의 현실은 이런 단순한 공식으로 이해되지 않는 것들이 많이 있습니다. 여기저기 다양한 고난의 복병이 숨어있습니다. 신앙생활을 충실히 해도 여러 가지 시련을 만날 수 있습니다. 믿었던 사람이 배신하고, 큰 병이 생기고, 깊은 한숨으로 자식 걱정 해야하고, 사업이 기울고, 재산을 날리고, 가난이 찾아오고, 시험에 낙방하고, 직장을 잃을 수 있습니다. 이렇게 현실의 거대한 벽에 부딪힐 수 있습니다.

하나님은 내 인생의 바둑판에서 종종 내가 원하지 않는 곳, 예상하지 못한 곳에 돌을 놓으십니다. 우리는 씨름하듯이 질문합니다. “왜 내가 이런 어려움을 당해야 하지?” “왜 내 인생에 이런 가시가 계속 있어야 하지?” 대부분 쉽게 답을 내기 어려운 질문입니다.

오늘 이 성경은 고난을 이해하고 대면하는 중요한 열쇠를 하나 던져주고 있습니다. 이 말씀은 이런 도전적인 명령에서 시작합니다. (2) “내 형제들아 너희가 여러 가지 시험을 당하거든 온전히 기쁘게 여기라” “고난당할 때에 기뻐하라 그것도 온전히 기뻐하라!”고 합니다. 가능한 이야기입니까? 불합리한 명령이 아닙니까?

여기 시험을 가리키는 페이라스모스는 크게 두 가지의 뜻을 갖고 있습니다. 하나는 유혹(Temptation)이고 다른 하나는 테스트(Test)입니다. 유혹은 우리의 믿음을 꺾고 넘어지도록 하는 사단의 덫입니다. 반면

테스트는 우리의 믿음을 한 단계 더 높이기 위해서 하나님이 주시는 것입니다.

그러나 사실 우리 현실에 찾아오는 고난을 놓고, 어떤 것이 하나님이 주시는 것이고 어떤 것이 사단이 주는 것인지 분별하기 어렵습니다. 우리가 확신할 수 있는 것은, 사단이 주는 것이라 할지라도 하나님이 허락하시지 않으면 우리에게 고난이 찾아올 수 없다는 것입니다.

욥의 예를 보십시오! 그의 고난은 어디서 왔습니까? 하루아침에 재산과 자녀들을 잃고, 중병에 걸린 것은 누가 한 일입니까? 사단입니다. 그러나 그가 맘대로 하는 것이 아닙니다. 먼저 하나님의 재가를 받습니다. "여호와께서 사탄에게 이르시되 내가 그의 소유물을 다 네 손에 맡기노라 다만 그의 몸에는 네 손을 대지 말지니라"(욥 1:12)

하나님이 사단에게 욥의 소유물을 건드릴 권한을 맡기셨다는 것이 언뜻 이해하기 어려운 대목입니다. 하나님의 재가를 받은 사단은 욥이 가진 모든 것을 철저히 파괴시켰습니다. 그는 욥을 망하게 하려는 나쁜 목적에서 이렇게 했습니다. 그러나 고난을 허락하신 하나님의 목적은 전혀 다른 것이었습니다. 욥을 더 높은 신앙의 단계로 끌고 올라가서 마침내 복을 주시려는 것이었습니다.

그러므로 나의 고난이 어디서 왔는지는 중요하지 않습니다. 중요한 것은 우리에게 찾아오는 여러 가지 시험들이 결국 하나님의 주권 하에 일어난다는 사실입니다. 고난은 하나님이 우리의 인생이라는 바둑판에 툭 던지신 바둑알입니다. 왜 여기에 놓으셨는지, 그 수를 읽을 수 있어야 합니다. 이것이 지혜입니다.

하나님이 왜 내게 여러 가지 믿음의 시련을 허락하십니까? 왜 그는 이런 식의 바둑을 두십니까? 그 답은 이것입니다. "이는 너희 믿음의 시련이 인내를 만들어 내는 줄 너희가 앎이라 인내를 온전히 이루라 이는 너희로 온전하고 구비하여 조금도 부족함이 없게 하려 함이라"(3-4)

한마디로 하나님은 여러분과 저를 온전하고 조금도 부족함이 없는 자로 만들려는 욕심을 가지고 계십니다. 우리 중에도 자식에 대한 욕심이 많은 부모가 있습니다. 아이를 최고로 만들려고 합니다. 학교 마치면 피아노학원으로, 그 다음은 태권도도장, 그 다음은 과외수업 ... 엄마가 운전기사입니다. 그렇게 한다고 해서 최고가 되는 것이 아닙니다. 우리 아이를 어거스틴이나 루터, 칼빈과 같은 영적인 거인으로 만들고 싶다는 꿈을 가지십시오

하나님은 그의 자녀 된 우리 한 사람 한 사람을 대충 갖추어진 사람이 되게 하시지 않으십니다. 어느정도 수준에 이르면 만족하시는 것이 아닙니다. 조금도 부족함이 없이 온전한 자녀로 만들기를 원하십니다. 자기를 닮은 사람을 만들고 싶으신 것입니다.

그러므로 예수님도 이렇게 가르치셨습니다. "그러므로 하늘에 계신 너희 아버지의 온전하심과 같이 너희도 온전하라"(마 5:48)

우리는 세상 사람들보다 조금 나은 모습에 대충 만족해야 하는 사람들이 아닙니다. 우리의 목표는 하나님 아버지 그분입니다. 이것이 하나님이 정해주신 목적지입니다.

그렇다면 온전함의 척도 즉 바로메타는 무엇입니까? 인내입니다. 인내(휘포모네)란 참을성, 확고함, 견고함, 지속성을 가리킵니다. 인내를 온전히 이룬 사람은 곧 온전한 사람입니다. 우리 하나님 아버지는 어떤 분입니까? 오래 참으시는 분입니다.

예수 그리스도는 우리에게 일절 참음의 본을 보이셨습니다. 겟세마네 동산에서 분을 이기지 못한 베드로가 칼을 들어 예수님을 잡으러 온

말고의 귀를 치자 예수님께서 그 귀를 고쳐주시면서 말씀하셨습니다. "이것까지 참으라"

대제사장의 뜰에서 자기를 거짓 모함하는 자들의 모욕과 무례한 자들의 구타를 참으셨습니다. 스승의 면전에서 그를 모른다고 세 번이나 저주하면서 맹세한 수제자의 배반도 참으셨습니다. 빌라도의 법정에서 억울한 고소와 불의한 판결과 모진 채찍질을 참으셨습니다. 머리에 가시면류관을 쓰시고, 비아돌로로사 고난의 길을 올라가 골고다 언덕에서 십자가에 못 박히셨습니다. 그리고 6시간을 그 나무에 매달려 모든 것을 참고 견디셨습니다. 시작부터 끝까지 모든 것이 말도 안 되는 사건이었습니다. 부조리하고 불합리하고 불의함으로 똘똘 뭉쳐진 그 자리에서 주님은 묵묵히 참고 계셨습니다. "그가 곤욕을 당하여 괴로울 때에도 그의 입을 열지 아니하였음이여 마치 도수장으로 끌려가는 어린 양과 털 깎는 자 앞에서 잠잠한 양 같이 그의 입을 열지 아니하였도다"(사 53:7)

이것이 그리스도의 인내입니다. "주께서 너희 마음을 인도하여 하나님의 사랑과 그리스도의 인내에 들어가게 하시기를 원하노라"(살후 3:5) - 하나님은 우리가 예수님처럼 인내의 사람이 되길 원하십니다.

그렇다면 그 인내는 어디서 생깁니까? 공부방에서 생깁니까? 형통하고 편안한 환경에서 생깁니까? 아닙니다. 예수님과 꼭 같이 고난을 통해서입니다. "이는 너희 믿음의 시련이 인내를 만들어 내는 줄 너희가 앎이라"(3)

고난이 없이는 인내가 만들어지지 않습니다. 고난을 겪지 않은 성도는 결코 온전해 질 수 없습니다. 성장하지 못합니다. 인내를 만들 기회를 얻지 못했기 때문입니다.

이것이 하나님께서 그의 자녀 된 우리들에게 고난을 허락하시는 이

유입니다. 우리를 인내의 사람으로 만드시는 것입니다. 이런 고난의 연단을 통해서 우리 속의 부족한 것을 채우시고 온전케 빚어 가시는 것입니다. 이 목적으로 하나님은 장고 끝에 바로 거기에 바둑돌을 놓으신 것이고, 그래서 지금 나에게 그런 어려움이 찾아온 것입니다. 이것을 믿습니까? 믿는다면, 이 명령은 더 이상 불합리하게 여겨지지 않을 것입니다. "내 형제들아 너희가 여러 가지 시험을 당하거든 온전히 기쁘게 여기라"(2)

고난의 유익을 볼 수 있는 믿음의 눈이 있다면 그것은 도리어 기쁨과 감사의 조건이 될 것입니다. 이 하나님 아버지의 수를 읽어야 합니다. 이것이 참 지혜입니다. 이 지혜가 부족하기에 우리는 여러 가지 시험을 만나면 당황하고 근심하고 두려워하고 분노하고 원망하고 절망하는 것입니다.

그러므로 야고보는 그 지혜를 하나님께 구하라고 명했습니다. "너희 중에 누구든지 지혜가 부족하거든 모든 사람에게 후히 주시고 꾸짖지 아니하시는 하나님께 구하라 그리하면 주시리라"(5) 이런 기도는 하나님이 가장 기뻐하시는 기도입니다. 반드시 응답하십니다. 그러므로 의심하지 말고 두마음을 품지 말고 구하십시오!

이 시대에 우리에게 진정 필요한 것은 바로 이런 지혜입니다. 아버지의 수를 읽을 수 있는 지혜, 그 지혜로 여러분의 현실을 보십시오! 슬픔이 아니라 기쁨이고, 원망이 아니라 감사입니다. 절망이 아니라 소망이며, 두려움이 아니라 평안입니다.

일본의 마쓰시다를 일으킨 마쓰시다 고노스케회장은 어떤 자리에서 자신이 하늘의 큰 은혜를 세 가지 입고 태어났다고 말했습니다. 그 세 가지 큰 은혜가 무엇일까요? '가난한 것', '허약한 것', '못 배운 것'이라고 했습니다. 그 소리를 듣고 사람들이 놀라서 물었습니다. "이 세상의 불행을 모두 갖고 태어나셨는데도 오히려 하늘의 은혜라고 하시니 이해할 수 없습니다." 그러자 마쓰시다 회장은 이렇게 대답했습니다. "나는 가난 속에서 태어났기 때문에, 부지런히 일하지 않고서는 잘 살 수 없다는 진리를 깨달았습니다. 또 약하게 태어난 덕분에, 건강의 소중함도 일찍이 깨달아 몸을 아끼고 건강에 힘써 지금 90살이 넘었어도 30대의 건강으로 겨울철 냉수마찰을 하고 있습니다. 또 초등학교 4학년을 중퇴했기에, 항상 이 세상 모든 사람을 나의 스승으로 받들어 열심히 배우고 노력하여 많은 지식과 상식을 얻었습니다. 그러므로 내 불행한 환경은 모두가 나를 이만큼 성장시켜주기 위해 하늘이 준 시련이라 생각되어 감사하고 있습니다."

지금 당신이 감사할 큰 은혜는 무엇입니까? 지나간 불행은 원망의 대상이 아니라, 도리어 감사의 대상입니다. 지금의 시련은 슬픔의 대상이 아니라 기쁨의 대상입니다. 그 고난 뒤에 숨어있는 하나님 아버지의 수를 읽으십시오! 우리 아버지는 우리를 온전케 빚어 가시고 싶은 것입니다. 그러므로 당면한 그 문제로 인하여 두려워하거나 낙망하지 말고, 평안과 소망을 갖고 우리의 인생을 주의 손에 맡기는 우리 모두가 되기를 바랍니다.

(2011년 2월 28일)

하나님의 때와 나의 때

어떤 병자가 있으니 이는 마리아와 그 자매 마르다의 마을 베다니에 사는 나사로라 이 마리아는 향유를 주께 붓고 머리털로 주의 발을 닦던 자요 병든 나사로는 그의 오라버니더라 이에 그 누이들이 예수께 사람을 보내어 이르되 주여 보시옵소서 사랑하시는 자가 병들었나이다 하니 예수께서 들으시고 이르시되 이 병은 죽을 병이 아니라 하나님의 영광을 위함이요 하나님의 아들이 이로 말미암아 영광을 받게 하려 함이라 하시더라 예수께서 본래 마르다와 그 동생과 나사로를 사랑하시더니 나사로가 병들었다 함을 들으시고 그 계시던 곳에 이틀을 더 유하시고 그 후에 제자들에게 이르시되 유대로 다시 가자 하시니 제자들이 말하되 랍비여 방금도 유대인들이 돌로 치려 하였는데 또 그리로 가시려 하나이까 예수께서 대답하시되 낮이 열두 시간이 아니냐 사람이 낮에 다니면 이 세상의 빛을 보므로 실족하지 아니하고 밤에 다니면 빛이 그 사람 안에 없는 고로 실족하느니라 이 말씀을 하신 후에 또 이르시되 우리 친구 나사로가 잠들었도다 그러나 내가 깨우러 가노라 제자들이 이르되 주여 잠들 었으면 낫겠나이다 하더라 예수는 그의 죽음을 가리켜 말씀하신 것이나 그들은 잠들어 쉬는 것을 가리켜 말씀하심인 줄 생각하는지라 이에 예수께서 밝히 이르시되 나사로가 죽었느니라 내가 거기 있지 아니한 것을 너희를 위하여 기뻐하노니 이는 너희로 믿게 하려 함이라 그러나 그에게로 가자 하시니 디두모라고도 하는 도마가 다른 제자들에게 말하되 우리도 주와 함께 죽으러 가자 하니라(요 11:1-16)

요한복음으로 다시 돌아왔습니다. 지난 두 주에 걸쳐서, 우리의 신앙생활은 십자가에서 재림까지의 여정임을 돌아보았습니다.

그리스도의 십자가 승리로 하나님나라가 이 땅에 시작되고, 그리스도의 재림으로 그 나라가 완성됩니다. 또한 십자가로 말미암아 죄 사함을 받고 하나님의 자녀로 거듭난 사람은, 재림의 날에 부활의 영광 가운데로 들어가게 됩니다.

이미 구원을 받았지만 아직 구원이 이루어지지 않았고, 이미 하나님의 나라는 임했지만 아직 완성되지 않은 이 '이미 와 아직 사이의 시간'은 고난의 여정입니다. 우리는 미래의 영광을 바라보면서, 지금은 죄가 관영하며 유혹과 시험으로 가득 찬 광야 길을 가고 있는 순례자입니다.

이 길을 우리의 힘만으로는 갈 수 없습니다. 그러므로 하나님이 보내신 보혜사 성령께서 우리와 함께 하시고 우리를 도우십니다. 성령이 하시는 가장 중요한 것은 우리를 위해 기도하는 것이고, 우리가 기도할 수 있도록 돕는 것입니다.

아울러 예수님도 우리에게 그의 이름을 무기로 주시면서, 무엇이든지 그의 이름으로 구하면 하나님 아버지께서 응답하실 것이라고 하셨습니다. 직접 구하십시오! 그러면 그가 반드시 응답하리라 약속하셨습니다. 우리가 구하면 얻을 것이고, 두드리면 열릴 것이고, 찾으면 찾을 것이라고 하셨습니다. 이처럼 주님은 누구보다도 기도의 중요성을 강조하셨을 뿐만 아니라, 우리가 기도해야 살 수 있음을 친히 본으로 보여주셨습니다.

신앙생활은 다른 무엇이 아닙니다. 하나님을 의지하면서 그의 도우심을 받아 살아가는 것입니다. 그럴 때에 이스라엘이 광야에서 기적의 하나님을 수없이 경험했듯이, 우리 역시 이 순례의 여정에서 기적의 하나님을 경험하게 됩니다.

사방이 막혀 있을 때에 바다를 열어 피할 길을 내어주시고, 목마름에 지쳐있을 때에 바윗덩어리에서 마실 물을 내어주십니다. 매일 매일의 양식을 하늘에서 내려주시고, 기도의 손을 높이 들 때에 우리를 괴롭히는 자들을 물리치시며, 구름기둥과 불기둥으로 인도하십니다. 이런 기적의 하나님을 경험해 가기를 바랍니다.

그러나 이 신앙의 여정에서 우리는 종종 갈등과 의구심에 사로잡히게 됩니다. 그 대부분의 원인은 하나님의 때와 나의 때가 다르기 때문입니다.

우리는 지금이야말로 하나님께서 역사하셔서 이 문제를 해결해주셔야 할 때라고 생각합니다. 그러나 하나님은 아직 그 때가 아니라고 말씀하십니다. 우리는 이제 그만 두고 포기할 때라고 생각합니다. 그러나 하나님은 아직 포기할 때가 아니라고 말씀하십니다.

내 때와는 다른 이 하나님의 때를 받아들이고 기다리는 것이 쉽지 않습니다. 이럴 때에 우리는 "왜(Why)?" 라는 질문을 하게 됩니다. 왜 하나님은 침묵하실까요? 왜 나를 돕지 않으실까요? 그래서 의심하고 낙심하며, 때로는 조급함을 이기지 못하고 세상적인 방법으로 해결하려는 어리석음을 범하기도 합니다.

'때'에 대한 생각이 달라서 일어나는 갈등은 사람들 사이에서도 마찬가지입니다. 부부가 아이의 양육문제로 갈등하는 이유도 이 '때'라고 하는 것에 있습니다. 어린 자녀를 놓고 아빠는 놀도록 놔둬야 할 때라고 생각하는데, 스카이 캐슬의 엄마들은 무조건 공부시켜야 할 때라고 생각합니다.

부모는 딸이 이제는 시집가야 할 때라고 생각하는데, 딸은 결혼은 아직 멀고 먼 이야기라고 생각합니다. 정부는 경기회복을 위해서 대기업들이 투자를 해야 할 때라고 생각하는데, 기업들은 주저합니다. 아직 때가 아니라고 생각하는 것입니다.

그리고 시간이 지난 후 나타난 결과에 대해서 자기의 그 '때'가 옳았다, 틀렸다고 하면서 스스로 후회하기도 하고 상대방을 공격하기도 하는 것입니다.

왜 이처럼 하나님의 때와 나의 때가 다를까요? 이것은 당연한 것입니다. 1m 앞도 제대로 분간하지 못하는 양 같은 우리와, 영원한 미래를 내다보시는 하나님의 생각이 같을 수 없습니다. 또한 우리는 당장의 어려움에서 벗어나는 것만을 생각하지만, 하나님의 뜻은 훨씬 큰 것입니다. "이는 하늘이 땅보다 높음 같이 내 길은 너희의 길보다 높으며 내 생각은 너희의 생각보다 높음이니라"(사 55:9)

오늘 이 나사로 이야기는 바로 이것을 말해줍니다. 유대 땅 예루살렘 인근 마을 베다니에 사는 나사로가 병이 들었습니다. 죽을병입니다. 그의 두 자매 마르다와 마리아는 성경의 독자들에게는 잘 알려져 있습니다. 여기서 특별히 마리아를 예수님께 향유를 붓고 머리털로 그의 발을 닦던 신실한 여인으로 소개합니다.

이 자매들은 오라비의 병이 심상치 않자 급히 예수님께 사람을 보내 이 사실을 알렸습니다. "주께서 사랑하시는 자가 병들었습니다." 이 말에서 우리는 예수님과 이들 사이의 관계를 알 수 있습니다. "예수께서 본래 마르다와 그 동생과 나사로를 사랑하시더니"(5)

아마도 의사라면 이 정도로 자기가 사랑하는 자가 죽을병이 걸려서 부를 때에 만사 제쳐놓고 달려갈 것입니다. 당시 갈릴리에 머무셨던 예수님도 그렇게 하실 수 있었습니다. 그런데 예수님은 오히려 그곳에 이

틀이나 더 유하신 뒤에, 제자들에게 유대 땅으로 가자고 하셨습니다. "나사로가 잠들었으므로 내가 깨우러 가야겠다." 제자들은 이 말씀을 나사로가 잠들어 쉬는 것으로 생각했지만, 예수님의 말씀은 그가 죽었음을 의미하는 것이었습니다.

나사로는 이미 죽었습니다. 주님이 이틀을 지체하는 사이에 아예 죽은 것입니다. 점점 생명이 꺼져가는 오라버니를 붙들고 눈이 빠지게 예수님을 기다렸을 두 자매를 상상해봅시다. 수없이 밖을 내다보고 서성였을 것입니다. 그 타들어가는 심정은 젊은 가족의 죽음을 경험한 사람만이 이해할 수 있을 것입니다.

주님이 베다니에 도착했을 때는 모든 것이 끝나있었습니다. 장례도 치렀고 시신을 염해서 무덤에 안치한 뒤였습니다. 뒤늦게 나타나신 주님을 보면서 마르다와 마리아가 돌아가며 꼭 같이 말합니다. "주께서 여기 계셨더라면 내 오라버니가 죽지 아니하였겠나이다"(21, 32) 이 말 속에는 일종의 회한과 원망이 담겨져 있습니다. '왜 이렇게 늦게 오셨습니까? 주님이 여기 계셨으면 살 수 있었을 텐데... 정말로 야속합니다!'

우리는 이 사건의 결말을 잘 알고 있습니다. 주님은 죽은 지 나흘이나 된 이 나사로를 살리시고 무덤에서 불러내셨습니다. 모두가 놀랐습니다. 있을 수 없는 기적이 일어난 것입니다. 두 자매는 오라비를 되찾았고, 거기 함께 한 제자들과 유대인들은 그곳에 임한 하나님의 영광을 바라보면서 주님을 믿게 되었습니다.

이것이 바로 주님의 의도였습니다. 나사로가 병들었다는 소식을 들었을 때에 주님은 이렇게 말씀하셨습니다. "이 병은 죽을병이 아니라 하나님의 영광을 위함이요 하나님의 아들이 이로 말미암아 영광을 받게 하려 함이라"(4) 또 제자들에게 주신 말씀도 생각해봅시다. "내가 거기 있지 아니한

것을 너희를 위하여 기뻐하노니 이는 너희로 믿게 하려 함이라"(15)

주님은 이 사건을 통해서 세상에 하나님의 영광을 드러내기를 원하셨습니다. 그로 인해 하나님의 아들인 자신이 영광을 받으시고, 그 결과로 그곳에 있는 사람들로 하여금 믿음을 갖게 하려는 것이었습니다.

그 영광은 부활의 영광이었습니다. 죽은 나사로를 살리는 이 놀라운 기적을 통해 생명의 주권자 되신 하나님을 드러내셨습니다. 그리고 사람들로 하여금 예수님이 부활의 주님이요 구원의 그리스도이심을 믿게 하셨습니다. "예수께서 이르시되 나는 부활이요 생명이니 나를 믿는 자는 죽어도 살겠고 무릇 살아서 나를 믿는 자는 영원히 죽지 아니하리니 이것을 네가 믿느냐" (요 11:25-26)

이것이 주님의 뜻입니다. 이 주님의 때는 마리아와 마르다가 생각한 그 때와 다른 것입니다. 그들이 간절히 기대한 것은 예수님이 속히 와서 병을 고쳐주는 것이지만, 주님은 그 이상을 보고 계셨습니다. 이 가정에 상상할 수 없는 생명의 축복이 임할 뿐 아니라, 하나님의 영광이 만천하에 드러날 시간인 것입니다.

마리아와 마르다 처럼 우리 역시 언제나 나의 때에 집착하기 쉽습니다. 지금 문제가 해결되고 어려움을 벗어나야 한다고 생각합니다. 지금이 하나님이 도우시고 역사하셔야 할 때라고 생각합니다. 그러나 그것은 내가 생각하는 나의 때일 뿐입니다.

아직 하나님의 때가 아닙니다. 많은 경우 우리는 아직 그의 기적을 볼 준비가 되어있지 않습니다. 지금 하나님이 구원을 행하시면, 십중팔구 우연히 된 일로 해석해버리거나 누군가의 도움으로 해결되었다고 생각하며 오히려 사람에게 영광 돌리게 될 것입니다. 또는 자기 자신이 잘나서 그렇게 된 것이라며 자기자랑에 빠질 것입니다. 그래서 그 일을 이루신 주님께 영광돌리지도 감사치도 않을 것이고 믿음도 자라지 않을 것입니다.

반면에 하나님의 때가 있습니다. 주께서 친히 역사하실 그 때에는 그의 영광이 세상에 드러나고 그가 친히 영광을 받으시며, 우리에게는 더욱 더 좋은 결과가 주어지게 될 것입니다. 그럴 때 그 경험과 그 사건은 우리의 믿음을 한 단계 더 높은 곳으로 이끌어주게 됩니다.

사랑하는 성도 여러분, 내가 바라는 그 때와 하나님이 역사하시는 그 때가 같지 않음을 항상 인정합시다. 내 때를 고집하지 말고 겸손히 하나님의 때를 기다립시다. 그러면 모든 것이 훨씬 좋은 결과로 나타나게 될 것입니다.

저는 목회자로서 교회를 섬기다 보면 여러 다양한 사람들을 겪고, 또 여러 가지 문제에 부딪히게 됩니다. 많은 것들은 주님이 주시는 도움과 지혜로 큰 어려움이 없이 풀려갑니다.

그러나 그렇지 못한 것들도 있습니다. 이 문제는 속히 해결되어야 한다고, 주님의 교회에서 이런 일이 있어서는 안 된다고 생각하며 신앙양심 안에서 내가 할 수 있는 일을 다 해보지만, 해결이 되지 않고 해결의 길도 보이지 않습니다.

그러면 저는 어떤 이유와 목적이 있는지는 모르지만, 아직 하나님의 때가 되지 않은 것이라고 받아들입니다. 문제 해결을 위해 무리수를 두지 않습니다. 곡식과 가라지의 비유처럼 가라지를 뽑으려다가 곡식마저 뽑힐 수 있으므로 그냥 하나님이 친히 일하실 그의 때를 기다립니다.

이전에 그런 문제들을 저 자신의 지혜와 인간적인 방법으로 해결하려고도 해보았습니다. 그러면 하나님이 기뻐하시지 않음을 깨달았습니다. 한쪽은 해결되는 것 같은데, 다른 쪽에 더 큰 어려움이 생깁니다. 하나님의 영광이 드러나는 것이 아니라 오히려 가려집니다. 이런 경험을 하면서 좀 늦더라도 교회의 주인 되신 주님께 맡기고 그의 때를 기다리는 것이 옳음을 알게 되었습니다.

저는 종종 우리 사랑하는 교우들에게서 이 '때'를 기다리지 못하고 넘어지는 모습을 보게 됩니다. 조금만 더 기다리면 더 좋은 것을 주시고 더 은혜롭게 만들어 가실 텐데, 그것을 참지 못하고 인간적이고 세상적인 방법으로 해결하려고 하다가 도리어 덫에 걸리는 것입니다.

그런 사람도 있을 것입니다. 하나님이 아직은 심은 자리에서 묵묵히 일할 때라고 하시는데, 자신은 그만둘 때라고 뛰쳐나갑니다. 결국 하나님의 때에 올 축복을 보지 못하는 것입니다.

하나님의 때를 분별하고 기다릴 줄 모르면, 그의 영광을 보지 못할뿐 아니라 자기 혈기와 조급함에 넘어져서 영적인 곤고함으로 곤두박질치게 되는 것입니다. 유감스럽게도 그런 교인들이 적지 않음을 보게 됩니다.

오늘 이 성경 말씀은 우리에게 분명히 보여줍니다. 마리아와 마르다는 사랑하는 오라비를 잃은 절망과 슬픔을 잠깐 겪었지만, 결국 다시 그를 찾았고 말로 다 할 수 없는 영광을 맛보고 말았습니다. 그들이 원하는 때에 주님이 오셨고 그들이 원하는 일만을 하셨다면, 결코 이 큰 영광과 기쁨을 누리지 못했을 것입니다.

이것이 주께서 그 사랑하는 자에게 행하시는 일입니다. 여러분은 주께서 사랑하는 자입니다. 목자 되신 주께서 책임지시는 그의 양입니다. 이것을 의심하지 말고 믿으십시오!

사랑하는 성도 여러분, 내 때가 아니라 하나님의 때가 있습니다. 그것을 잠잠히 기다립시다. 그러면 하나님은 그의 때에, 그의 방법과 능력으로 놀라운 일을 이루십니다. 우리를 깊은 웅덩이에서 건지실 뿐 아니라 견고한 반석에 세우시고, 심지어 우리가 바라고 기대한 것보다 훨씬 큰 은혜를 부어주십니다.

하나님을 신뢰하고 그의 때를 기다리며, 마침내 풍성한 은혜를 누리는 우리 모두가 되기를 바랍니다!

(2019년 1월 27일)

목적이 이끄는 인생

"이스라엘이 모든 소유를 이끌고 떠나 브엘세바에 이르러 그의 아버지 이삭의 하나님께 희생제사를 드리니 그 밤에 하나님이 이상 중에 이스라엘에게 나타나 이르시되 야곱아 야곱아 하시는지라 야곱이 이르되 내가 여기 있나이다 하매 하나님이 이르시되 나는 하나님이라 네 아버지의 하나님이니 애굽으로 내려가기를 두려워하지 말라 내가 거기서 너로 큰 민족을 이루게 하리라 내가 너와 함께 애굽으로 내려가겠고 반드시 너를 인도하여 다시 올라올 것이며 요셉이 그의 손으로 네 눈을 감기리라 하셨더라" (창 46:1-4)

2년 전 이사를 했습니다. 10년 넘게 산 집이다 보니 버릴 것이 참 많이 나왔습니다. 공간을 많이 차지하는 장이 하나 있었습니다. 오래 썼지만 새것 같아서 가져가려고 했습니다.

그런데 문제가 생겼습니다. 이사 갈 집이 새 아파트다 보니 각 방마다 붙박이장이나 설치 된 장들이 있습니다. 다른 장이 필요 없게 된 것입니다. 결국 대부분을 처분해버렸습니다.

만약에 장이 입이 있다면 이렇게 하소연 했을 것입니다. "주인님 저를 비싸게 사셨잖아요. 저는 깨끗하고 쓸 만합니다. 이렇게 버려지는 것은 억울합니다."

그러면 무엇이라고 말하겠습니까? "그래 안다. 하지만, 새집에서 너는 이제 더 이상 쓸모가 없어졌구나. 내가 장을 이고 살 수야 없지 않니"

그렇습니다. 아주 단순한 사실이지만, 제 방 공간을 차지하는 수많은 물건들은 저의 목적에 부합한 것들입니다. 무슨 목적입니까? 주인인 제가 사용할 목적입니다. 제게 필요가 없는 물건을 제방에 모셔둘 이유는 없는 것입니다.

이 단순한 진리를 갖고 세상을 봅시다. 세상 사람들은 모두가 자기 인생의 주인을 자기 자신이라 생각합니다. 그래서 자기 꿈이 중요하다고 생각하고, 자기의 목적에 맞는 계획을 세워서 자기 인생을 그 쪽으로 끌고 가려고 합니다.

그러나 하나님을 만날 때, 우리는 모세와 같이 그 앞에서 신을 벗게 됩니다. 그는 스스로 계신 분이요, 모든 만물을 존재케 하는 존재의 근원이 되시는 분입니다. 세상만물의 주인입니다.

그래서 저 역시 그를 위해 만들어졌고, 지금도 그를 위해 존재하는 종입니다. 신앙의 눈은 그것이 우리의 자리임을 깨닫게 합니다.

이것을 깨달은 사람은 삶의 키워드가 달라집니다. 내 행복, 내 꿈, 내 목적이 아닙니다. 하나님의 영광, 그의 나라, 그의 뜻입니다. 주기도문대로 우리가 먼저 구해야 할 것은 그것입니다.

그렇다면 신앙인의 진정한 행복은 어디에 있습니까? 하나님이 그의 목적을 위해 나를 필요로 하시고, 또 나를 사용하시는 그것에 있습니다. 그의 귀한 그릇으로 쓰여지는 것입니다.

야곱의 인생은 그것을 가르쳐줍니다. 그는 벧엘에서 처음으로 하나님을 만났습니다. 여기서 야곱은 비로소 아브라함과 이삭의 하나님을 '나의 하나님'으로 고백하게 되었습니다.

벧엘의 하나님은 야곱에게 언약을 주셨습니다. "이 땅을 네게 기업으로 주고, 땅의 티끌같이 네 후손을 번창하게 하리라. 그리고 마지막에 너와 네 후손으로 말미암아 세상 모든 민족이 복을 얻으리라!"(창 28:13-14)

그 언약은 땅의 기업과 자손의 번성을 약속하는 축복이면서 동시에 사명이었습니다. 모든 민족을 구원하는데 야곱과 그 후손을 사용하시겠다는 것이었습니다.

이를 위해 야곱을 하란으로 보내 20년간 훈련하고 연단시키셨습니다. 그곳에는 삼촌 라반이라는 아주 악랄한 훈련조교가 있었습니다. 또한 원치 않는 결혼과정들을 통해 열 두 아들을 얻게 하셨습니다. 이스라엘 12지파를 준비하신 것입니다.

하란을 떠나 다시 가나안에 정착하는 과정에서도 얍복강의 씨름, 에서사건, 디나 사건 등등 크고 작은 시련들을 통해 야곱과 그의 아들들을 강하게 빚어가셨습니다.

그러나 그것이 시련의 끝이 아니었습니다. 야곱은 12아들 중 라헬소생의 요셉과 베냐민을 더 사랑했습니다. 특별히 요셉은 총기가 넘쳤고 꿈을 꾸는 영민한 아이여서 더욱 그랬습니다.

그런데 어느 날, 아들들이 피에 젖은 채색옷을 들고 뛰어 들어왔습니다. "아버지 보십시오. 이 옷을 찾았는데, 요셉의 옷이 아닙니까?" "이게 뭐냐? 옷에 피가 낭자하지 않냐? 우리 요셉이 짐승에게 찢겨 잡아먹혔구나!"

요셉이 죽었다고 생각했습니다. 야곱은 순간 자기 옷을 다 찢고는 굵은 베로 허리를 묶고 울부짖었습니다. "내가 죄를 지어 아들에게 이런 화가 미쳤구나! 내가 차라리 죽어 아들 있는 곳으로 가겠다." 사랑하는 아들을 잃은 그 슬픔을 누가 위로할 수 있었겠습니까!

어떻게 이런 일이 일어날 수 있습니까? 하나님이 택하신 야곱이고 특별한 언약의 사람 이스라엘인데, 그에게 어떻게 이런 불행이 올 수 있단 말입니까? 야곱은 묻고 또 물었겠지만, 하나님은 침묵하셨습니다.

나타나지도 않고, 아무런 답도 주지 않으셨습니다. 상처가 치유되는 데는 많은 시간이 필요했습니다.

그러나 또 다른 고난의 시간이 기다리고 있었습니다. 지난 7년간 대풍년으로 곡식도 잘 자라고 짐승도 실하게 크면서 야곱의 재산이 크게 불어났습니다.

그러나 좋은 시절이 지나고 혹독한 흉년이 시작되었습니다. 비가 오지 않았습니다. 땅이 바짝 마르니 풀들이 죽고 짐승들도 죽어갔습니다. 야곱은 제사도 드리면서 간절히 기도했을 것입니다. 그러나 하나님은 여전히 침묵하셨고, 기근은 더욱 깊어갔습니다.

힘들고 곤고한 삶이 계속되는 가운데 뭔가 살길을 찾아야 했습니다. 애굽에 가면 곡식을 구할 수 있다는 소문을 듣고, 야곱은 베냐민을 제외한 아들 10명을 모두 보냈습니다.

아마도 오가는 길이 몇 주 이상 걸렸을 것입니다. 야곱이 노심초사하며 기다린 끝에 아들들이 양식자루를 잔뜩 싣고 돌아왔습니다. 다행입니다. 얼마간은 살 수 있게 되었습니다.

그런데 시므온이 안 보였습니다. 자루를 열어보니 돈이 그대로 있는 게 아닙니까? 이들 속에 기쁨이 아닌 두려움이 몰려왔습니다.

아들들이 설명합니다. "애굽에 가서 곡식을 사려고 줄을 서있는데, 거기 바로왕에 버금가는 총리가 방문했어요. 그런데 우리를 보더니 애굽을 정탐하러 온 첩자라며 다짜고짜 끌고 가는 거예요. 우리는 결코 첩자가 아니고, 가나안에 사는 사람들로 이런 가족들이 있다고 말했지요.

그러자 무서운 총리가 시므온을 가두면서 '다음에 올 때 너희 막내동생을 데리고 와라 그러면 너희 말을 믿겠다' 고 하는 거에요. 다음에

갈 때는 베냐민을 꼭 데려가야 합니다."

이 말을 들은 야곱은 또 깊은 충격을 받았습니다. '아니 세상에 일이 꼬여도 이렇게 꼬일 수 있나? 식량 구하러 애굽에 가는 가나안 사람들이 얼마나 많은데, 하필 우리 아들들이 재수 없게 걸렸는가? 첩자는 무슨 첩자냐? 베냐민은 또 왜?'

야곱은 단호했습니다. "내가 요셉을 잃었는데 이제 시므온을 잃고 또 베냐민까지 잃으라고? 그러면 나는 살지 못한다. 차라리 나를 죽이고 베냐민을 데려가라"

아무도 더 이상 말을 꺼내지 못했습니다. 그러나 양식이 점점 떨어져 갔습니다. 아들들은 아버지를 보챘습니다. "아버지 이러다 큰일 납니다. 가족이 다 죽습니다."

야곱은 더 이상 버틸 수 없었습니다. 어느 날 결단합니다. 결단에 앞서 전능하신 하나님께 은혜를 구했습니다. 총리의 마음을 움직여 시므온과 베냐민을 돌려보내 주게 해달라고 빌었습니다. 그리고 마침내 베냐민을 보내기로 결단했습니다. "내가 자식을 잃게 되면 잃으리로다"(창 43:14)

그들이 돌아올 때까지 얼마나 마음을 조아렸겠습니까? 아들들이 모두 무사히 돌아오기를, 특별히 베냐민이 꼭 돌아오기를 얼마나 간절히 기도했겠습니까?

마침내 아들들이 돌아왔습니다. 그리고 정말 뜻밖의 소식을 전했습니다. "아버지 요셉이 살아있습니다. 애굽의 그 총리가 바로 요셉이었습니다." 야곱은 전혀 믿을 수 없었습니다. "도대체 무슨 소릴 하는 거냐? 죽은 애가 어떻게 애굽의 총리란 말이냐?"

도무지 믿지 못하던 야곱은 밖에 대기한 화려한 수레를 보면서 거짓말이 아니라는 생각이 들었습니다. 이것을 믿자 모든 것이 달라졌습니다. 생기를 잃고 다 늙어버린 그 속에 다시금 기운이 소생했습니다. "이스라엘이 이르되 족하도다 내 아들 요셉이 지금까지 살아 있으니 내가 죽기 전에 가서 그를 보리라 하니라"(창 45:28)

그리고 요셉의 요청대로 모든 가족을 데리고 애굽으로 내려가게 되었습니다. 먼저 브엘세바에 들러 거기서 단을 쌓고 하나님께 희생 제사를 드렸습니다.

그날 밤 하나님이 비로소 오랜 침묵을 깨시고 "야곱아 야곱아" 부르시며 찾아오셨습니다. "하나님이 이르시되 나는 하나님이라 네 아버지의 하나님이니 애굽으로 내려가기를 두려워하지 말라 내가 거기서 너로 큰 민족을 이루게 하리라 내가 너와 함께 애굽으로 내려가겠고 반드시 너를 인도하여 다시 올라올 것이며 요셉이 그의 손으로 네 눈을 감기리라 하셨더라"(3-4)

야곱은 서서히 깨달아갔습니다. 자신에게 찾아온 수많은 고난의 의미를! 마치 복잡한 퍼즐과 같은 것이었는데, 마지막 조각이 맞추어지자 기가 막힌 그림이 만들어졌습니다.

왜 이런 시련이 왔는지, 요셉을 잃는 슬픔, 극심한 가뭄, 또 다시 시므온과 베냐민을 잃을 두려움.. 그 긴긴 고난의 시간에 왜 하나님이 침묵하셨는지 깨달아졌습니다. 그가 걸어온 험악한 세월이 가지는 의미를 이해했습니다.

하나님이 야곱 권속들을 애굽으로 보내시기 위해서였습니다. 그것을 위해 이 모든 일들을 계획하시고 진행하셨습니다.

왜 애굽입니까? 하나님은 그 거대한 목양지에서 이스라엘을 양육하시려는 것입니다. 그래서 큰 민족으로 자라게 한 후 다시 이 가나안으로 돌아와 이 땅을 기업으로 받게 하시려는 것입니다.

그리고 이스라엘의 유다지파에서 다윗의 후손으로 그리스도가 오실 것입니다. 그는 온 인류의 죄를 지고 십자가에 못 박혀 죽으신 뒤 부활하실 것입니다.

이후로 구원을 받는 길이 활짝 열릴 것입니다. 누구든지 그의 이름을 부르는 자는 구원을 받게 될 것입니다.

이 엄청난 구원의 섭리를 위해서 하나님은 야곱을 택하시고, 그의 인생을 사용하셨습니다. 그 과정에서 즐거운 일도 있었지만 애통하는 일도 있었고, 편안한 시간도 있었지만 괴로운 시간도 있었습니다. 하나님이 시원하게 가르쳐주기도 하셨지만 오랜 시간 침묵하기도 하셨습니다.

야곱의 인생은 실로 자기를 위한 것이 아니라 하나님을 위한 것이었고, 자신이 끌고 가는 것이 아니라 하나님의 목적이 이끄는 인생이었습니다.

여러분, 우리도 마찬가지입니다. 그리스도인들은 새 언약의 백성들입니다. 그것은 아주 큰 축복이면서 동시에 사명입니다.

우리가 예수를 믿음으로 말미암아 받은 축복을 생각해보십시오. 하나님의 자녀라는 최고 존귀한 신분의 자리에 앉게 되었습니다. 이보다 더 높은 권좌와 명예는 없습니다. 그리고 우리 모두가 엄청난 재산을 유산으로 받는 상속인이 되었습니다. 그 재산은 세계 최고 부자인 빌게이츠와도 결코 비교할 수 없는 어마어마한 것입니다.

예수 그리스도로 말미암아 우리는 이미 성공한 자들이 되었습니다. 이제 남은 인생은 덤으로 사는 인생일 뿐입니다.

하나님은 이 덤의 인생을 그의 나라와 그의 뜻을 위해 쓰기 원하십니다. 이 목적을 갖고 우리를 인도하십니다. 그러므로 하나님의 자녀의 인생은 자신이 원하는 대로 되는 것이 아닙니다. 우리 모두가 지나온 길을 돌아보면 내가 끌고 온 것이 아니라, 주님이 인도하셨다는 고백이 저절로 나올 것입니다.

물론 아직 그분의 침묵 속에 왜 이런 일이 일어나는지 이해되지 않는 것도 있을 것입니다.

하나님의 말씀이 가르치는 바는, 주님은 여러 상황들을 통해서 우리를 좋은 그릇으로 빚어 그의 선한 일에 사용하신다는 것입니다. 그때 그 고난이나 위로가 온 것은, 또 힘든 일이나 좋은 일이 찾아온 것은, 모두가 다 나를 위한 것이었습니다. 그러나 더 궁극적으로는 나를 통해 그분의 뜻을 이루시기 위한 것이었습니다.

그러므로 우리에게 생각의 전환이 필요합니다. 내 인생을 내가 아니라, 하나님의 목적이 이끄는 인생이 되도록 맡기는 것입니다. 누가 행복하고 성공한 사람입니까? 잘 사는 사람, 많이 가진 사람, 편하고 형통한 길을 가는 사람이 행복한 것이 아니라, 나의 주인에게 필요한 사람이 되고 여전히 그의 손에 쓰임 받는 것이 가장 큰 행복이요, 기쁨이 되는 것입니다.

1년 반전에 목 디스크 수술을 하게 되었습니다. 뼈 사이 디스크가 망가지고 또 뼈가 자라면서 신경을 눌렀습니다. 그 통증으로 인해 수술하지 않으면 안 되게 되었습니다. 나는 이 수술과정에서 전신마취도 두렵지 않았고, 뼈를 긁어내고 못을 박는 것도 별로 염려되지 않았습니다. 수술 집도할 분은 이 분야에 워낙 탁월한 의사였기 때문입니다.

그런데 수술 전 의사가 그런 말을 했습니다. 수술기구가 목 앞쪽을 열어 뒤로 가다보니 목청을 다칠 가능성도 있음을 염두해 두라는 것입니다. 목소리를 잃을 수 있다는 것입니다. 목소리를 잃는다. 그러면 어떻게 설교하나요? 그러면 어떻게 사역을 하나요? 다른 것은 두렵지 않았지만, 이것이 두려웠습니다. '주님 아직도 제가 필요하고 저를 쓰기 원하신다면, 저의 목소리를 보호해주십시오.'

마취에서 깨어나면서 서서히 목소리가 돌아왔습니다. 병원에 있는 동안은 아주 쉰소리만 나서 혹시 문제가 있나 염려하기도 했습니다. 그러나 시간이 지나면서 목소리는 원래대로 돌아오게 되었습니다.

목소리가 돌아온 그 자체보다도 그것이 하나님이 아직 나를 사용하기 원하신다는 사인을 받은 것 같아 너무 기쁘고 감사했습니다.

그래서 저는 기도했습니다. "제가 늙어 죽을 때까지 주님 일을 하게 해주십시오. 평탄한 길이든 험한 길이든 주님의 나라와 뜻을 위해 귀하게 쓰여 지게 하시고, 더 이상 제가 하나님의 일을 할 수 없는 그 때가 되면 저를 꼭 데려가 주십시오. 죽을 때까지 충성하겠습니다."

사랑하는 성도 여러분, 이 보잘 것 없는 우리가 하나님의 뜻과 목적을 이루는 데 사용되는 것보다 더 축복된 것이 있겠습니까? 비록 그 과정에 고난도 있고 내가 원치 않는 일이 일어난다고 해도, 그의 목적이 우리의 인생을 이끄신다면 그보다 더 귀한 것은 없을 것입니다.

올 한해 그분의 목적이 이끄는 인생이 되기를 바랍니다.

(2017년 2월 21일)